Schmitt und Sombart

Schmitt und Sombart

Der Briefwechsel von Carl Schmitt
mit Nicolaus, Corina und Werner Sombart

Herausgegeben von

Martin Tielke

in Zusammenarbeit mit
Gerd Giesler

Duncker & Humblot · Berlin

Bibliografische Information der Deutschen Nationalbibliothek

Die Deutsche Nationalbibliothek verzeichnet diese Publikation in der Deutschen Nationalbibliografie; detaillierte bibliografische Daten sind im Internet über http://dnb.d-nb.de abrufbar.

Umschlag:
Carl Schmitt (© Carl-Schmitt-Gesellschaft e.V.)
Nicolaus und Corina Sombart (© Familienarchiv Sombart)
Werner Sombart (© ullstein bild – Roger-Viollet)

Fremddatenübernahme: L101 Mediengestaltung, Berlin
Druck: BGZ Druckzentrum GmbH, Berlin
Printed in Germany

ISBN 978-3-428-14706-9 (Print)
ISBN 978-3-428-54706-7 (E-Book)
ISBN 978-3-428-84706-8 (Print & E-Book)

Gedruckt auf alterungsbeständigem (säurefreiem) Papier
entsprechend ISO 9706 ♾

Internet: http://www.duncker-humblot.de

Editorisches Vorwort

Der hier abgedruckte Briefwechsel Carl Schmitts mit Nicolaus, Corina und Werner Sombart gibt alle überlieferten Briefe wieder, in denen aber auch deutlich wird, dass die Überlieferung nicht völlig lückenlos ist. Die Briefe befinden sich fast sämtlich im Nachlass Carl Schmitt, der unter der Signatur RW 0265 und RWN 260 im nordrheinwestfälischen Landesarchiv, Abteilung Rheinland, in Duisburg aufbewahrt wird. Einige Briefe liegen im Nachlass des Schmitt-Forschers Piet Tommissen ebenda (RW 0579), der sie offenbar von Schmitt erhielt. Soweit es sich um Schreiben an Schmitt handelt, ist die Provenienz klar. Dagegen haben die Briefe von Schmitt einen anderen Weg hinter sich. Nicolaus Sombart hat seine Briefe von Schmitt und die seiner Mutter 1988 über das Auktionshaus Hauswedell & Nolte verkauft (s. Auktion 270 vom 18.–20. Mai 1988, Katalog S. 519, Nr. 3382). Sie gelangten dann über Armin und Wulf Mohler Ende 2012 an das nordrheinwestfälische Landesarchiv, Abt. Rheinland, wo sie heute Bestandteil des Schmitt-Nachlasses sind. Nicolaus Sombart hat noch zu Lebzeiten einen Vorlass an die Berliner Staatsbibliothek gegeben, der dort jetzt zusammen mit späteren Übernahmen unter der Signatur Nl 405 als sein Nachlass aufbewahrt wird. Dieser Bestand ist nicht erschlossen, jedoch kann sicher gesagt werden, dass weitere Briefe Schmitts in ihm nicht vorhanden sind. Dafür gibt es hier zahlreiche, biographisch sehr aufschlussreiche Briefe von Nicolaus an seine Mutter. Seine Sammlung Schmittiana, vor allem Widmungsexemplare von Büchern Schmitts, hat Nicolaus Sombart 1996 über das Berliner Antiquariat Elvira Tasbach verkauft. Diese Stücke sind seither verstreut, jedoch durch den gedruckten und reich bebilderten Katalog ziemlich gut zu fassen. Der schlecht erschlossene Nachlass Werner Sombart, den das Geheime Preußische Staatsarchiv in Berlin unter der Signatur VI.HA, Nl Sombart verwahrt, enthält einen umfangreichen Anteil Korrespondenz, doch befinden sich darin lediglich zwei wenig aussagekräftige Postkarten Schmitts. Substanziellere Schreiben von ihm an Werner Sombart lassen sich erschließen, fehlen jedoch.

Während die Briefe von Schmitt, Corina und Werner Sombart alle mit der Hand geschrieben sind, gibt es bei Nicolaus Sombart sowohl hand- wie maschinenschriftliche. Wie aus seinen Briefen an die Mutter hervorgeht, erwarb Nicolaus 1949 eine Schreibmaschine; in der Folge wechseln hand- und maschinenschriftliche Briefe von ihm ab. Die orthographischen Eigenheiten der Briefschreiber sind weitgehend beibehalten, wobei offensichtliche

Fehlschreibungen stillschweigend korrigiert sind. Die Schreibmaschine von Nicolaus konnte offenbar die Umlaute nicht wiedergeben; auch das ist stillschweigend geändert. Die Zeichensetzung, die vor allem in den Briefen von Corina, aber auch von Nicolaus Sombart, recht eigenwillig ist, ist nur zurückhaltend korrigiert.

Die Briefe von Corina Sombart haben eine Verfasserin, für die Deutsch nicht Muttersprache war. Obwohl sie so gut wie fehlerfrei schrieb, kommen doch gelegentlich syntaktische Eigenheiten vor, die, sofern sie nicht geradezu falsch sind, unverändert bleiben. Auch die schwankende Schreibweise von „Nikolaus“ und „Nicolaus“ – er änderte als Erwachsener das „k“ in ein „c“ – ist beibehalten. Dagegen sind vereinzelt vorkommende grammatische Fehler in eckigen Klammern korrigiert.

Bei den Datumsangaben schreiben beide den Monat einmal in römischen, dann in arabischen Ziffern; auch ist nicht immer das Jahr genannt. Ebenso gibt es gelegentlich keine oder eine nur abgekürzte Ortsangabe. Im Text sind diese Angaben normiert und gegebenenfalls in eckigen Klammern ergänzt; im Nachweis der Briefe sind sie in der Form der Vorlage wiedergegeben.

Während die Handschriften von Carl Schmitt und Corina Sombart gut zu lesen sind, bieten die von Nicolaus und Werner Sombart gewisse Probleme. Einzelne Worte konnten nicht entziffert werden; sie sind durch drei Punkte in spitzen Winkelklammern gekennzeichnet. Ebenfalls sind unsichere Lesarten auf diese Weise markiert. Zusätze des Herausgebers stehen dagegen in eckigen Klammern.

Vor allem in den Briefen von Carl Schmitt und Nicolaus Sombart wird immer wieder deutlich, dass das, worum es den Briefpartnern ging, nur zum Teil sichtbar wird. Das liegt vor allem daran, dass für Carl Schmitt das Gespräch weit wichtiger war als das Medium Brief: „die briefliche Erörterung irgendeines Themas liefert einen selbst (und das Thema) viel zu sehr an Kausalitätsklappereien aus, indem sie Frage und Antwort in Ursache und Wirkung verunstaltet. Das ist kein Gespräch, keine Schwingung und keine Strahlung.“ (Schmitt an N. Sombart, 10.3.1949). Diese Bevorzugung des Gesprächs findet sich bei Schmitt immer wieder. Daher sind in seinen Briefen viele Dinge nur angerissen, und die Briefe bilden sozusagen nur die Spitze eines Eisbergs. Das gilt insbesondere für den alten und uralten Schmitt, dem das Schreiben zunehmend zur Qual wurde.

Die Rechte an den Texten Carl Schmitts liegen bei Prof. Dr. Jürgen Becker (München). Für Nicolaus, Corina und Werner Sombart liegen sie bei der Familie Sombart. Herrn Becker wie Frau Thamara Sombart (Straßburg) und Herrn Alexander Sombart (Antwerpen) sei gedankt für ihre Zustimmung zur Publikation und ihre Unterstützung. Dr. Wolfgang Fietkau (Mülheim) hat den Auszug aus dem Moniteur (Brief Nr. 54) ins Deutsche übersetzt; er und Irmelind Trempler (Mülheim) haben das französische Gedicht von Corina Sombart auf Carl Schmitt (Anhang Nr. 7) in eine gereimte deutsche Fassung übertragen. Auch ihnen sei dafür herzlich gedankt. Schließlich bedankt der Herausgeber sich bei Dr. Matthias Meusch und den Mitarbeitern des Landesarchivs Nordrhein-Westfalen, Abt. Rheinland (Duisburg), für ihre stete freundliche Hilfsbereitschaft. Das Erscheinen dieses Buches wäre nicht möglich gewesen ohne die Initiative und die generöse Unterstützung durch Dr. Gerd Giesler. Ihm von Herzen zu danken, ist dem Herausgeber mehr als eine Pflicht.

Inhalt

Abgekürzt zitierte Literatur

BW EJ: *Ernst Jünger/Carl Schmitt*, Briefe 1930–1983. Hrsg., kommentiert und mit einem Nachwort von Helmuth Kiesel, 2. Aufl., Stuttgart 2012

BW GJ: *Gretha Jünger/Carl Schmitt*, Briefwechsel (1934–1953). Hrsg. von Ingeborg Villinger und Alexander Jaser, Berlin 2007

BW Mohler: *Carl Schmitt*, Carl Schmitt – Briefwechsel mit einem seiner Schüler. Hrsg. von Armin Mohler in Zusammenarbeit mit Irmgard Huhn und Piet Tommissen, Berlin 1995

Glossarium: *Carl Schmitt*, Glossarium. Aufzeichnungen aus den Jahren 1947 bis 1958. Erweiterte und kommentierte Neuausgabe. Hrsg. von Gerd Giesler und Martin Tielke, Berlin 2015

Jugend: *Nicolaus Sombart*, Jugend in Berlin 1933–1943. Ein Bericht, 6. Aufl., Frankfurt a. M. 2001

Katalog Tasbach: Carl Schmitt. Die Sammlung Dr. Nicolaus Sombart. Antiquariat & Verlag Elvira Tasbach, Berlin 1996

Pariser Lehrjahre: *Nicolaus Sombart*, Pariser Lehrjahre 1951–1954. Leçons de Sociologie, 3. Aufl., Hamburg 1995

Rendezvous: *Nicolaus Sombart*, Rendezvous mit dem Weltgeist, Heidelberger Reminiszenzen 1945–1951, Frankfurt a. M. 2000

van Laak: *Dirk van Laak*, Gespräche in der Sicherheit des Schweigens. Carl Schmitt in der politischen Geistesgeschichte der frühen Bundesrepublik, Berlin 1993

Briefwechsel
Carl Schmitt – Nicolaus Sombart
1943–1979

1
Nicolaus Sombart an Carl Schmitt

Frankreich, Anfang 1943

Lieber und verehrter Herr Professor!

Ich lag auf Dock und war darum manövrierunfähig! Das alte Traumschiff, auf dem die bunte Gesellschaft meines Ichs ihre Feste gefeiert hatte, ist abgetakelt worden, und man ist drauf und dran, ein graues, camoufliertes Kanonenboot daraus zu machen!

Was waren das für Feste, unter dem purpurnen Baldachin, beim Punsch der guten Laune und dem Feuerwerk der Einfälle … Muntere Kumpane: Regisseure, Soziologen, Schauspieler, Maler und Autoren in seidenen Gewändern und gepflegten Sentenzen. Ein argloser Wind trieb damals in die feinen farbigen Segel.

Aber damit ist es nun zuende … Man hat den luxuriösen Plunder im Bauch des Schiffes verborgen, sich als Freibeuter angetan mit großen Terzerolen im Gürtel …

Es geht jetzt auf ferne Fahrt und nur geheime Konterbande, in Mondnächten heraufgeholt, provoziert die Vision des alten Lebens, das der rauhe Ton der Kameraden längst vergessen ließ.

Soweit mein Selbstbildnis Anfang 43.[1]

Darf ich Ihnen vom neuen Gefährt meine herzlichsten Grüße signalisieren und vor allem den intimsten Dank für ein Büchlein, dessen Lot nie enden soll.[2]

Ich sprach von den Bannwaren, die man noch mit sich führt, die zwischen den Decks verborgen sind; zu ihnen wird Ihr Büchlein gehören! Denn es ist ja von damals, als die Passagiere noch zu ihrem Vergnügen fuhren.

Übrigens ist diese nautische Metapher recht treffend für den Zustand der Isoliertheit, in dem man sich befindet … man ist eben ein Schiff …

Gestatten Sie den Sprung zu sagen, dass von hier aus die maritime Weltkonzeption dem Geist adäquater sein müsste, [ich] meine dem Individuellen Geist … (Auf dem Land bilden sich zu leicht Herden.)[3] –

„Land und Meer“ wird Schule machen wie die „Lettres persanes“ von Montesqieu. Die Form ist selten gelungen um etwas zu sagen, indem man

---

[1] Vgl. damit das Gedicht „Selbstbildnis 1942“ (s. Anhang Nr. 2).

[2] *Carl Schmitt*, Land und Meer. Eine weltgeschichtliche Betrachtung (Reclams Universalbibliothek, 7536), Leipzig 1942.

[3] Dieser Satz am Rand doppelt angestrichen, wohl von Schmitt.

etwas anderes sagt … Für Anima ist es geschrieben,[4] und die intelligentesten Leute werden Mühe haben, es zu erschöpfen.

So nett fand ich die Sache mit den Juden die, nachdem Leviathan und Behemot sich zerfleischt haben, deren Fleisch schön gepökelt verzehren. Und dann: die Kunst als Kraft des Raumbewusstseins. Die ganze Ästhetik, die Wissenschaft, die als Schulbeispiel für die kritischen Begriffe, deren Realität längst verloren ist, dasteht, das Monstrum, wird mit einem Schlage erwürgt, erdrosselt, guillotiniert, garrotiert und faschiert.[5]

Man sollte eine kunstgeschichtliche Studie schreiben, die diese Gedanken an den <…> durchführt … Die Snobs werden plötzlich den Boden unter den Füßen verlieren und die Laien Mordio schreien. Darum ist es vielleicht doch besser, es noch für sich zu behalten. Die Kunst zählt zu den letzten Bollwerken, die, eiserner als Stalingrad, von der alten Kultur gehalten werden.

Doch, Herr Professor, ich habe wieder Spaß am Aufziehen bunter Wimpel, was zu meiner Schaluppe nicht passt … Vielmehr steht es ihr zu, still und bereit vor sich hinzufahren, mit unbekanntem Kurs auf bekanntes Ziel.

In meinem Logbuch steht manche Reflexion, denn ich habe viele Abenteuer hinter mir <…> so, dass bei einem bestimmten Bewusstseinsstand einem nichts unterlaufen kann, aus dem man nicht Lehren, Beobachtungen, Erkenntnisse und Neuigkeiten ziehen kann. Denn niemals sind es die Dinge, die neu sind, sondern immer nur wir.

So habe ich zum Beispiel Nationalökonomisches beobachtet, indem ich dies interessante Gebilde, das ein Flugplatz darstellt,[6] untersuchte. Die riesige Fläche, die als Rollfeld benötigt wird, wird gleichzeitig landwirtschaftlich genutzt. Ein freier Farmbetrieb mit Schweine- und Rinderzucht ist dem angeschlossen, Schafherden bevölkern die großen Rasenflächen …

Der Ertrag dieses „Betriebes“ reicht vollauf, um das gesamte militärische Personal zu ernähren, das als faule Kriegerkaste in den mehr oder weniger gepflegten Unterkünften herumliegt. Die Arbeit wird von Heloten (Holländern, Franzosen oder Polen) geleistet, die irgendwelche Inspektoren anleiten.

So spiegelt sich in diesem <…> Flecken Land der Staat, wie man ihn wohl möchte: eine Herrenschicht, die fliegt und wacht, und <…>. Eine <Klassen>schicht, die Land- und sonstige Arbeiten leistet.

---

4 „Land und Meer“ trägt die Widmung: „Meiner Tochter Anima erzählt“.

5 Dieser Absatz ist am Rand angestrichen.

6 Sombart war zur Wehrmacht eingezogen und bewachte als Soldat den Notflugplatz Vitry-en-Artois in Nordfrankreich.

So ist ein Flugplatz tatsächlich das einzig Positive, was der Krieg an Organisation und „Neu-Ordnung" geleistet hat – denn wie große Inseln im völlig deorganisierten Europa werden die Horte ewig bestehen können – ohne Hunger, unangreifbar.

(Kultur wird in Form von Wander-Bureaus geliefert.)

Rein nationalökonomisch sind aber diese Herrendomänen von größtem Interesse.

Doch von neuem schweife ich ab. Ich tue darum besser zu schließen, mit der Bitte, nichts für ungut zu nehmen und in mir Ihren gehorsamsten und verehrendsten Schüler zu wissen.

Empfehlungen an Frau Professor und Grüße an Anima

Ihr N. Sombart

2
Carl Schmitt an Nicolaus Sombart

Berlin, 29.1.1947

Mein lieber Nicolaus!

Vielen Dank für Deinen Brief vom 11. Januar, dessen Grüße und Wünsche ich herzlich erwidere, auch im Namen von Frau Schmitt, die sich, ebenso wie ich, über die Nachrichten von Dir und Ninetta[7] sehr gefreut hat. Leider hast Du nichts von Deiner Mutter berichtet. Wir hörten von Vater Johann[8] aus Los Angeles, dass sie in Kissingen ist und schöne Ikonen malt. Der Weg von Kissingen nach Berlin geht anscheinend über Kalifornien. Aber das ist eine 20 Jahre alte Lieblingsthese von mir, dass Berlin in der geistigen Luftlinie näher bei Moskau und bei New York liegt als bei Kissingen oder Heidelberg, unter uns gesagt sogar näher bei Stalingrad und San Fran-

---

[7] Ninetta Sombart (geb. 1925), Malerin, Schwester von Nicolaus. Vgl. *Volker Harlan*, Ninetta Sombart. Leben und Werk, Stuttgart 2004 (S. 187 ff. auch Fotos von Nicolaus). Ninetta heiratete den aus Österreich gebürtigen amerikanischen Soldaten Wilhelm (Bill) Bruckner, mit dem sie im Frühjahr 1947 in die USA ging. Hier bekam das Paar die Kinder Christopher, Peter, Philipp und Corinna.

[8] Ioann Schachovskoj, Archimandrit der russisch-orthodoxen Kirche in Berlin. Corina Sombart und Duška Schmitt nahmen aktiv am Gemeindeleben teil und unterstützen die häufig verarmten russischen Emigranten. Schachovskoj wohnte in Schlachtensee in der Nachbarschaft Schmitts. Nach dem Krieg ging er in die USA und wurde Erzbischof von San Francisco. Vgl. Jugend, S. 116 ff.; *Volker Harlan*, a. a. O., S. 191.

cisco als bei Potsdam oder Weimar. East is East and West is West and never the two shall meet.[9] Na ja, aber am Potsdamer Platz treffen sie sich doch heute in natura.

Dein Brief hat meinen Wunsch, Dich wiederzusehen, auf das lebhafteste gesteigert. Aber wann könnte ein solcher Wunsch in Erfüllung gehen? Reisegenehmigungen gibt es für mich nicht. Frau Hahm[10] fährt dieser Tage nach dem Westen. Frau Schmitt hofft, zu Ostern Anima sehen zu können, von der wir seit über zwei Jahren getrennt sind.[11] Sie ist in Cloppenburg (im Oldenburgischen) bei guten Leuten und beklagt sich über den Mangel an interessanter Lektüre. Diese armen Professorenkinder! Sie gelten als anmaßend, weil sie noch Maße haben und sich der allgemeinen Verdummung zu entziehen suchen.

Das Thema „Klasse" ist als Dissertations-Vorwurf sehr weit.[12] Daß es, besonders in den Jahren nach 1919, viel erörtert worden ist, braucht kein Hindernis zu sein, das ermöglicht vielleicht sogar begrenzende Unterscheidungen, die ihrerseits eine konzentrierende These ermöglichen, wie sie zu einer guten Dissertation gehört. Bei diesem Anlaß möchte ich Dich bitten, einmal den 3. Abschnitt meiner Abhandlung über „Die geistesgeschichtliche Lage des heutigen Parlamentarismus" aus dem Jahre 1923 nachzulesen; dieser Abschnitt enthält einige Bemerkungen dazu, wie aus den natürlicherweise zahlreichen „Klassen" die Eine, ganz große, ganz fabelhafte „Klasse" wird, die nie dagewesene (und daher auch nicht so leicht wieder verschwindende) totale, globale, universale und schließlich situationslos phänomenale Klasse. Dieser 3. Abschnitt ist damals nicht beachtet worden; Deinem Vater war er zu ideologisch-konstruierend; die meisten andern waren zu unwissend; nur der gute Spranger hat es bemerkt;[13] nach meiner letzten Erfahrung mit ihm (vgl. die nur privatim für Dich beigefügte Notiz vom Sommer 1946 über unser letztes Gespräch vom

---

9 Aus: *Rudyard Kipling*, The Ballad of East and West.

10 Haidi Hahm, Ehefrau des Direktors des Museums für deutsche Volkskunde, Prof. Konrad Hahm. Die Ehepaare Schmitt und Hahm waren befreundet. Haidi Hahm hat Schmitt bei seiner Ausbombung 1943 sehr geholfen.

11 Wegen des sich verschärfenden Bombenkrieges in Berlin kam die Tochter Anima Schmitt im Juni 1943 zu Bekannten nach Cloppenburg; vgl. dazu *Reinhard Mehring*, „Eine Tochter ist das ganz andere." Die junge Anima Schmitt (1931–1983), Plettenberg 2012.

12 In dem nicht erhaltenen Brief vom 11.1.1947 hatte Sombart seine Absicht mitgeteilt, über den Begriff der Klasse zu dissertieren; vgl. seinen Brief vom 28.8.1947. Vgl. auch das Referat, das er im Wintersemester 1947 im Seminar von A. Weber hielt (im Nachlass N. Sombart in der StaBi Berlin).

13 Vgl. den Brief Eduard Sprangers an Carl Schmitt vom 30.11.1923. In: Schmittiana NF II, Berlin 2013, S. 132 f.

Juni 45)[14] muß ich befürchten, daß sein Interesse mehr pädagogisches Wohlwollen für einen jungen Gelehrten war und nicht der Eifer reiner Kontemplation, der mich so quält. Aber wie dem auch sei, sieh Dir das Kapitel meiner damaligen Abhandlung einmal an. Ich habe keine Bibliothek mehr und bin dieses menschlichsten und höchstpersönlichen Eigentums verlustig.[15] Alle andern Verluste an sog. Wertobjekten habe ich als Gepäckerleichterungen empfunden, den Verlust meiner Bibliothek empfinde ich fast als Verstümmelung. Darum gewährt es mir einigen Trost, zu wissen, daß Du mir den Gefallen tust, eine Äußerung von mir, die über 20 Jahre zurück liegt und die ich selber nicht mehr verifizieren kann, für mich zu lesen und zur Kenntnis zu nehmen.

Ich erinnere mich einer Bemerkung, die Du vor einigen Jahren einmal auf einem Spaziergang machtest und die mir mit einem Schlag bewies, dass Du ein soziologisches Auge, einen soziologischen Blick hast. Du sprachest von der Soziologie der Kameradschaft und des Lagers. In dem Jahr Camp, das ich erfahren habe, musste ich oft daran denken. Ein solches Lager ist ein soziologisches Laboratorium, völlig unersetzlich für den Soziologen. Nun will ich nicht etwa von mir und meiner Camp-Zeit erzählen, sondern Dich darauf hinweisen, dass Lage und Lager nicht nur sprachlich zusammenhängen und dass insbesondere das Schiff, wenigstens als altes ozeanisches Segelschiff, das ungeheuerlichste Beispiel einer „Situation“ darstellt. Meine Forschungen zum Begriff der Piraterie haben mir dazu herrliches Material geliefert (hast Du übrigens noch ein Exemplar „Land und Meer“? Ich kann Dir noch eins schenken). Das wichtigste ist (was Du auch sofort in seiner ganzen Tragweite verstehen wirst), daß „Pirat“ mit allen Folgen dieses Begriffs, nicht primär der Führer oder die Mannschaft ist, sondern das Schiff als solches, das steht schon im Mittelalter rechtshistorisch fest. Wird ein solches Schiff gefasst, so wird jeder, der auf dem Schiff ist, gehängt, auch der letzte Küchenjunge; Ausnahmen wurden nur für die in Ketten liegenden Gefangenen gemacht, die offensichtlich nicht dazu gehören. Da hast Du ein Exempel soziologischer Schuld, die zu den Jasperschen metaphysischen, politischen, moralischen etc. etc. Schuldarten als interessanteste hinzukommt. Classis, das ist die Flotte. Herrliche Zusammenhänge.

Noch ein Wort, lieber Nicolaus. Du gebrauchst in Deinem Begriff den Ausdruck „Eulenspiegelei“. Sehr gut, sehr lustig, capisco. Die Sache ist

---

14 Spranger befragte Schmitt 1945 im Auftrag der Berliner Universität nach seinem NS-Engagement; vgl. Nachlass Schmitt, RW 0265 Nr. 21466 sowie *Carl Schmitt*, Ex Captivitate Salus, Köln 1950, S. 9–12.

15 Die Bibliothek Schmitts wurde im Oktober 1945 von der amerikanischen Besatzungsmacht beschlagnahmt und erst 1952 zurückgegeben. Dazu: *Martin Tielke*, Die Bibliothek Carl Schmitts. In: Schmittiana NF I, Berlin 2011, S. 257–332.

aber sehr ernst, denn ihre Wurzel ist etwas sehr Deutsches, eine bestimmte Art Ironie, die ich in der heutigen Lage ungeheuerlich wachsen und in unabsehbare Auswirkungen sich steigern und vertiefen sehe.[16] Kierkegaards Dissertation über den Begriff der Ironie (etwa 1841) gehört durchaus zu Deutschland. Das ist nicht nur „romantisch", sondern ein Ausdruck der conscientia vulnerata,[17] an der wir, nach dem Wort Innozenz III., schon um 1200 gelitten haben.

Wenn Du nach Berlin kommst, können wir Dich bei uns unterbringen. Den Tod von Karl Mannheim habe ich mit aufrichtiger Betrübnis erfahren.[18] So gehen sie dahin. Erweise Dich des Genius loci, von dem Du schreibst, würdig.

Gib mir bald wieder Nachricht und sei herzlich gegrüßt von Deinem alten und unveränderlichen

Carl Schmitt

3
Nicolaus Sombart an Carl Schmitt

Heidelberg, 28.8.1947

Sehr verehrter Herr Professor,

Seit einer Ewigkeit höre ich nichts mehr von Ihnen außer Gerüchten. Wie geht es Ihnen? Ich würde mich so freuen auf diesen Brief hin, der ein Gruß steter geistiger Verbindung sein soll, eine Antwort zu erhalten.

Ich arbeite noch immer, – allerdings sehr unregelmäßig und hin und hergerissen durch die Verlockungen, die literarische Aufgaben mir sind,[19] – an meiner Dissertation, über die ich Ihnen im Frühjahr schon einmal schrieb, und auf deren Thema, den BEGRIFF DER KLASSE, Sie auch mit einer Reihe außerordentlicher Anregungen eingegangen waren. Wie fehlen mir diese Anregungen!

Wie von einem Strudel erfasst gerät man, wenn man sich einmal darauf einlässt heutzutage gründliche, d.h. philosophisch fundierte Arbeit zu ma-

---

[16] Vgl. dazu den Eintrag vom 7.10.1947 im Glossarium.

[17] Conscientia vulnerata, „das verwundete Gewissen"; vgl. den Eintrag im Glossarium vom 16.11.1952.

[18] Der Soziologe Karl Mannheim, seit 1933 in der Emigration, war am 9.1.1947 in London gestorben. Schmitt hat sich mit ihm auseinandergesetzt in: *Carl Schmitt*, Ex Captivitate Salus, Köln 1950, S. 13–24.

[19] Zu dieser Zeit erschien: *Nicolaus Sombart*, Capriccio Nr. 1. Des Wachsoldaten Irrungen und Untergang, Frankfurt a.M. 1947.

chen, in die Abgründe. Ständig schlagen über mir die Wellen einer Problematik zusammen, der ich mich nicht gewachsen fühle, die mich aber andererseits wie ein köstliches Element trägt. Das größte Unglück ist, dass man sich so verlassen fühlt.

Als Ziel, das ich gerne erreichen möchte bei den Untersuchungen über die Klasse, sehe ich die (an einem Beispiel gelungene) Darstellung der Entstehung der neuen Nomenklatur des Weltverständnisses, deren hermeneutischer Wert sich unter ontologischem Aspekt bewährt.

Bei der Verschleierung aller echten Probleme durch die psychologische Methode, die von der Philosophie über die Nationalökonomie bis zur „Soziologie" vorherrscht, heißt es einen Abraum bewältigen, der verzweifeln macht.

Doch ich will mich nicht in larmoyanten Allgemeinheiten verbreiten. Vielmehr wünschte ich einmal ein sehr ins Spezielle gehendes Gespräch mit Ihnen. Darf ich Sie nicht einmal besuchen kommen?

Im September habe ich Aussicht für 6 Wochen nach Italien zu kommen.[20] Das wäre nicht zu sagen schön. Doch niemand weiß, was der Kontrollrat beschließen wird. On verra …

Mein Freund Tinus Emge[21] bittet mich übrigens Sie von ihm sehr zu grüßen. Er ist hier fast mein einziger Umgang, doch eignet er sich mehr auf den Wegen, die zu den Schönen der Stadt, als an das Domizil der Dame Sophia führen.

Ich bitte Sie Frau Professor Schmitt meine Handküsse zu übermitteln; und Anima herzliche Grüße zu sagen. Ich hoffe es geht Ihnen beiden gut.

Für Sie bleibe ich Ihr treu ergebener Schüler

Nicolaus Sombart

4

Nicolaus Sombart an Carl Schmitt

Heidelberg, 9.12.1948

Sehr verehrter Herr Professor!

Zuallererst: entschuldigen Sie bitte, dass ich mit der Hand schreibe. Leider ist meine Maschine im Moment nicht in Ordnung.

---

20 Sombart studierte im Winter 1947 bei Benedetto Croce am „Istituto Italiano per gli Studi Storici" in Neapel. Vgl. Rendezvous, S. 148 ff.

21 Richard Martinus Emge (1921–2013), Soziologe, Sohn des Rechtsphilosophen und Kollegen Schmitts an der Berliner Universität Carl August Emge.

Und nun: ich melde mich aus Italien zurück, in Heidelberg, an meiner Dissertation sitzend, deren Entwurf ich hoffe Ihnen bald – wenn es mir irgend möglich ist persönlich – vorzulegen.

Indessen, ich habe einen speziellen Grund, wenn ich Ihnen heute schreibe: mir steht eine Rundfunkdisputation mit Dr. Heinrich Gremmels[22] bevor über das Problem der Elite in der deutschen Demokratie, heute. Das wird eine nette Sache, und ich hoffe gute Arbeit zu machen.

Dieser Gremmels nun ist doch Ihr Schüler? Mir fiel sein Buch (Totale Mobilmachung) auf,[23] und obwohl er Sie schändlich unzitiert ließ, schrieb ich ihm sofort in diesem Sinne.

Die Frage, die ich nun habe, ist folgende: billigen Sie eine Kritik, die in Gremmels einen typischen (und gefährlichen) Vertreter einer Neo-politischen Romantik erkennt?[24] (Insofern also der Meinung ist, dass er schlecht bei Ihnen gelernt hat?) Die im Stillen (unter den Stillen im Lande) schwelende Renaissance apologetischen konservativen Denkens ist ja allgemein zu beobachten.

Ihr Einbruch in die Diskussion um eine Gestaltung des positiven deutschen Staatsrechts nach der Niederlage von 1945 scheint mir mit Gremmels Buch in verhängnisvoller Weise vollzogen.

Tocqueville, dessen singulären Charakter in einer ganz bestimmten europäischen Situation Sie in Ihrem Buch so glänzend nachgewiesen haben,[25] muss jetzt die Hauptargumente für einen Kampf liefern, in dem der Feind die „Demokratie“ ist. Dabei wird das Ressentiment schlecht verhehlt. Fragt man nach der eigenen Stellung, so ist es die einer höchst geheimnisvollen (theologisierenden) „Elite“ (offenbar das Vehikel, in das sich der Weltgeist

[22] Karl Heinrich Gremmels (1913–1977), Jurist, wurde 1940 von Schmitt promoviert, war ab 1949 Stadtdirektor in Königslutter. Sein Briefwechsel mit Schmitt ist veröffentlicht in: Schmittiana VII, 2001, S. 51–109. Die erwähnte Rundfunkdisputation wurde am 15.3.1949 um 21.15 Uhr im Abendstudio von Radio Frankfurt gesendet; neben Sombart und Gremmels nahmen noch Friedrich Minssen und Gerhard Nebel daran teil. Am selben Tag notiert Schmitt in sein Glossarium: „Das traurige Gespräch über Demokratie und Elite: ein Soziologensohn, ein Studienratssohn, ein Ex-Studienrat veranstalten eine schlechte Anfängerübung. Traurig.“ Vgl. auch Schmitts Brief an E. Jünger vom 24.3.1949; BW EJ, S. 235 f.

[23] *Heinrich Gremmels*, Der Leviathan und die totale Mobilmachung, Wuppertal 1948. Dazu schrieb Schmitt dem Autor: „Ihr Leviathan ist ein Kaninchen und Ihr Staat ein Schrebergarten.“ (Schmittiana VII, 2001, S. 79).

[24] Der Satz von Schmitt am Rand angestrichen, das Wort „billigen“ unterstrichen.

[25] Schmitts Tocqueville-Arbeit lag wohl schon 1941 vor (RW 0265 Nr. 20011). Er hat sie als „Cap. 14 des Nomos“ seit 1946 an Freunde verschickt (vgl. RW 0265 Nr. 19600). Im Druck erschienen ist sie aber nicht im „Nomos der Erde“, sondern in: *Carl Schmitt*, Ex Captivitate Salus, Köln 1950, S. 25–33.

nunmehr eingeschifft hat). Diese Elite ist weder eine soziologische, noch eine verfassungstechnische, noch eine echt politische, noch eine staatsrechtliche, noch eine irgendwie sachlich brauchbare, sondern im Grunde ein poetisch-sentimentaler Begriff. (Novalis könnte ihn in dieser Form geprägt haben.)

Wenn Sie Lust, und ein wenig Zeit haben, verehrter Herr Professor, so schicken Sie mir doch ein paar Zeilen, und sagen mir, ob Sie meine Polemik richtig finden. (Sie zielt mehr auch auf Ernst Jünger, dessen Aperçus vielleicht ausgebeutet werden.)

Ich verabschiede mich, indem ich die Gelegenheit benutze, Ihnen heute schon meine herzlichen Weihnachtsgrüße zu sagen. Auch Anima und Frau Schmitt bitte ich meine besten Wünsche zu übermitteln.

In großer Verehrung verbleibe ich Ihr sehr ergebener

Nicolaus Sombart

5
Nicolaus Sombart an Carl Schmitt

Heidelberg, 6.3.1949

Verehrter, lieber Herr Professor,

Ich war sehr unglücklich, garnichts mehr von Ihnen gehört zu haben, und machte mir schon Sorgen. Nun bekam ich indirekt Nachricht von Ihnen und höre, dass es Ihnen gut geht; – Dr. H. Gremmels sagte es mir, mit dem ich zum Wochenende in Frankfurt zu jener Diskussion zusammentrat, von der ich Ihnen wohl schon vor Weihnachten einmal eine Andeutung machte. Auch Gerhard Nebel war von der Partie, und wir waren allesamt sehr zufrieden mit dem Unternehmen; wohlgemerkt nicht mit der Qualität der Diskussion selber, – die ein ziemlich inkohärentes Improvisieren auf vier Instrumenten war, – sondern von der Begegnung und den Gesprächen, die sie mit sich brachte.

Beglückend war es, Konkretes von der Wirksamkeit der einzigartigen Elite zu hören, zu deren Gefolge Gremmels und Nebel gehören und in deren „unteren Rängen“ ich für mich auch ein bescheidenes Adeptenplätzchen beanspruchen möchte. – Ich weiß nicht, ob Sie ermessen können, was es für einen jungen Deutschen heute bedeutet, von dem Vorhandensein eines solchen kraftvollen geistigen Ordnungsfaktors zu wissen; mir bestätigt es aufs Schönste meinen Entschluss, aus Italien nach Deutschland zurückgekehrt zu sein.

Allerdings steh ich der „Heroengemeinschaft“ keineswegs unbesorgt gegenüber … ich kenne (aus mir selbst!) die Stimmen jener radikal autochthonen Kräfte einer „Neuen Zeit“ nur zu gut, die ihr die Gefolgschaft versagen. In einem neuen Buch will ich versuchen diese Problematik Gestalt werden zu lassen. Doch davon dürfte ich garnichts erzählen: wichtig ist, dass ich meine Dissertation (endlich) fertig mache; (eine rechte Missgeburt, woran die mésalliance mit dem Doktorvater[26] wohl die Schuld trägt; doch erfüllt sie ihren Zweck.) –

In der Anlage finden Sie einen kleinen Essay, der in der NEUEN ZEITUNG erschienen ist;[27] (wahrscheinlich haben Sie ihn schon dort gesehen.) Ich würde brennend gerne wissen, was Sie davon halten, und ob Sie meinen, dass man so etwas machen kann (und darf).

Indem ich Sie bitte, Frau Professor meine gehorsamsten Empfehlungen zu übermitteln, schließe ich für heute, als Ihr aufrichtig ergebener

Nicolaus Sombart

6
Carl Schmitt an Nicolaus Sombart

Plettenberg, 10.3.1949

Mein lieber Nicolaus!

Das Beste wäre, wir träfen uns einfach irgendwo. Ich möchte Dich gerne wiedersehen und die briefliche Erörterung irgendeines Themas liefert einen selbst (und das Thema) viel zu sehr an Kausalitätsklappereien aus, indem sie Frage und Antwort in Ursache und Wirkung verunstaltet. Das ist kein Gespräch, keine Schwingung und keine Strahlung. Überlege also, wie das im Laufe der nächsten Wochen oder Monate einzurichten wäre. Mein Reisepotenzial ist nicht groß. Du bist vielleicht durch Deine Arbeit in Anspruch genommen. Ich muss Dir aber diese Anregung aussprechen, weil ich sonst womöglich auch Deinen letzten Brief, vom 6. März, nur in Gedanken und nicht in schriftlicher Fixierung beantworte.

Der „Mann in der Zelle“ hat meine alte Liebe zu Dir hell entfacht. Es sind Momente darin, die Deine ureigenste Genialität sichtbar machen (dazu gehört für mich z. B. die Stelle über den Goethevers „über meiner Mütze

---

26 Alfred Weber. Zu „mésalliance“ vgl. unten, Brief Nr. 15 und Anhang Nr. 5.

27 *Nicolaus Sombart*, Der Mann in der Zelle. Wiederveröffentlicht in: Wilfried F. Schoeller (Hrsg.), Diese merkwürdige Zeit. Leben nach der Stunde Null. Ein Textbuch aus der „Neuen Zeitung“, Frankfurt a. M. 2005, S. 331 ff.

nur die Sterne"[28]), anderes scheint mir zu psychologisch, Zeitgespräch und allzu naheliegende Reflexion. Jeder Absatz und sogar jeder Satz beschäftigt mich. Immer habe ich die (ohne Zudringlichkeit gemeinte) Sorge, dass Du Dich zu billig machst, wenn Du solche Keime in den Müllhaufen eines Zeitungsaufsatzes wirfst. Aber das alles kann man im Gespräch sagen, nicht in einem Brief schreiben. Die heutige Methode der Tagebuch- und Briefpublikationen hat dem Briefwechsel seine Unmittelbarkeit genommen, seine Präsenz, auf die es mir allein ankommt.

Gremmels schrieb mir, dass Euer Gespräch am 15. März abends zu hören ist. Ich werde dann also mit Anima zu einem Bekannten gehen, der ein Radio hat und mich freuen, Eure Stimmen zu vernehmen und Eure Sprache zu verstehen. Das ist zwar auch nicht die Präsenz auf die es mir ankommt, aber doch eine moderne Präsentification.

Ich schicke Dir den beiliegenden „Gesang des Sechzigjährigen", den ich im vorigen Sommer einigen Gratulanten geschickt oder vorgelesen habe.[29] Es sollte erst eine Walt Whitman-Parodie werden, verlief aber schon nach den ersten 5–6 Zeilen ganz anders. Ich habe die Erfahrung gemacht dass nur Leute, die wirklich und leibhaftig in der Zelle waren, dieses Dokument im Ganzen und im Einzelnen begriffen, insofern gehört es zu dem Thema Deines „Mannes in der Zelle". Auch in seiner „inneren Zeit", die Zellen-Zeit ist, Gefängniszellen- (nicht etwa Mönchszellen-) Zeit.

Lass Dich durch diesen Nicht-Brief nicht in Deiner Examensarbeit unterbrechen und gib mir gelegentlich Nachricht, wie wir uns wiedersehen könnten. Sage bitte Deiner Mutter die besten Grüße und Wünsche von Frau Schmitt und mir und sei herzlich gegrüßt von Deinem

Carl Schmitt

---

28 Vgl. *Goethe*, West-östlicher Divan, in: Goethes Werke, hrsg. von Erich Trunz (Hamburger Ausgabe), Bd. 2, S. 9: „Laßt mich nur auf meinem Sattel gelten!/Bleibt in euren Hütten, euren Zelten!/Und ich reite froh in alle Ferne,/Über meiner Mütze nur die Sterne." Vgl. auch den Eintrag im Glossarium vom 8.3.1949.

29 Schmitt schickte ein Typoskript mit der Widmung „Für Nicolaus Sombart, zur Erinnerung an C. S. 10/3 49". Darin ist die Zeile „Dem Freitod durch Henkershand sah ich ins Auge" rot unterstrichen. Vgl. Katalog Tasbach, S. 14. Der Text erschien erstmals im Druck in: *Carl Schmitt*, Ex Captivitate Salus, Köln 1950, S. 92 f.

7
Nicolaus Sombart an Carl Schmitt

Heidelberg, 14.7.1949

Sehr verehrter, lieber Herr Professor,

Anfang August werde ich aufbrechen, um meiner Schwester in Kampen einen Sommerbesuch abzustatten.[30] Auf dem Wege zu ihr komme ich, wenn mich nicht alles täuscht, über Plettenberg. Ist es Ihnen angenehm, wenn ich die Fahrt unterbreche, um Sie endlich, nach langer Zeit, zu besuchen? Schon der Gedanke, Sie zu sehen, erfüllt mich mit warmer Freude …

Hier in Heidelberg habe ich in letzter Zeit einen vortrefflichen jungen Mann kennengelernt, Hanno Kesting,[31] und von den vielen anregenden Gesprächen waren Sie wieder einmal der Mittelpunkt.

Ich hätte viel zu berichten, aber Sie haben ja gesagt, dass Sie Briefe ablehnen. Vor allem dies: ich habe meine „Klasse" aufgegeben, und arbeite jetzt (ganz bescheiden) über St. Simon! Im Sinne der Fixierung einer „europäischen" Kontinuität im 19. Jahrhundert, die nicht diejenige der Marxistischen Geschichtsinterpretation ist. St. Simon also nicht „Vorläufer" und „utopisch unwissenschaftlicher Früh-" Sozialist, sondern: Sozialismus wird erst verständlich, nachdem man gezeigt hat, was in St. Simon eigentlich vor sich gegangen ist. Nun ja. –

Darf ich Sie bitten, Herr Professor, mir zu schreiben, ob Sie mich brauchen können um diese Zeit (erste Tage August) – und ob eventuell in einem Gasthaus für eine Nacht ein Zimmer zu finden wäre.

Mit herzlichen Grüssen für Anima und verehrungsvollen Empfehlungen an Frau Schmitt bin ich wie immer Ihr

Nicolaus Sombart

---

30 In Kampen auf Sylt hatte Sombarts Halbschwester Clara (geb. 1891), die mit dem Hirnforscher Hans-Gerhard Creutzfeldt (Entdecker der Creutzfeldt-Jakob-Krankheit) verheiratet war, ein Haus.

31 Hanno Kesting (1925–1975), Soziologe. Über sein Verhältnis zu Schmitt vgl. *van Laak*, S. 271–276; über das Verhältnis zu Sombart vgl. Rendezvous, S. 250 ff. und passim. Vgl. auch den Brief Kestings unter Nr. 5 im Anhang.

8
Nicolaus Sombart an Carl Schmitt

Kampen, 16.8.1949

Sehr verehrter Herr Professor,

Bitte, seien Sie mir nicht böse, dass ich Ihnen jetzt erst meinen Dank für die schönen Tage in Ihrem Haus entbiete; von Plettenberg ging es in vielen, teilweise sehr stürmischen Etappen in dieses Paradies hinauf, und erst jetzt habe ich die Muße für diesen Brief, an dessen rechter Gestalt mir besonders viel liegt.

Ich weiß nicht ob Sie gefühlt haben, was mir das Wiedersehen mit Ihnen und Ihrer Familie nach so langen Jahren bedeutet hat. Es war ein so sehr innig gehegter Wunsch, dass es dazu kommen sollte, und ich war tief beeindruckt von der Verfassung, in der ich Sie getroffen habe. Wie immer, nach den Gesprächen mit Ihnen, habe ich Anregungen für lange Zeit mitgenommen.

Und doch, und das soll in diesem Brief stehen, bin ich traurig, fast unglücklich abgefahren. Wie muss ich es beschreiben? Ich konnte das Gefühl nicht loswerden, dass Sie mich irgendwie aufgegeben und abgeschrieben haben; dass ich einen Lehrer verloren hätte. Verstehen Sie es bitte richtig, wenn ich das so ganz ohne Umschweife bekenne. Es ist einfach deswegen, weil ich damit nicht fertig werde. Es beunruhigt mich schrecklich, denn ich frage mich, welche Erwartungen hast du enttäuscht, was ist so unerfreulich an dir …

Hier, auf dieser windigen Insel, unter einem Himmel an dem ständig neue Wolkendramen ausgetragen werden, ist vielleicht genügend Weite, um sich wieder einmal ganz zu sammeln. Die Begegnung mit Ihnen wird der Ausgangspunkt aller Meditationen sein.

Übrigens, es macht Ihnen vielleicht Spaß das zu hören, habe ich im NWDR eine große Sendung über den Benito Cereno angeregt, deren Ausarbeitung mir übertragen wird.[32] Ihr „Mythos“ soll darin lebendig werden!

Indem ich Sie bitte auch Frau Professor ausdrücklich meinen Dank für Ihre aufopfernde Gastfreundschaft zu sagen, verbleibe ich, mit herzlichen Grüßen für Anima, in aufrichtiger Verehrung

Ihr Nicolaus Sombart

---

[32] Die Erzählung „Benito Cereno“ von Herman Melville erschien 1938 erstmals auf Deutsch und wurde für Carl Schmitt ein Interpretament der geschichtlichen wie seiner persönlich-individuellen Lage. Am 3.2.1941 schrieb er in sein Tagebuch: „Ich bin der arme Benito Cereno.“ (Glossarium, S. 309). Wie sehr ihn das beschäftigte, zeigt sein Nachlass, in dem sich nicht nur das Typoskript der Sendung, die erst 1954 im Hessischen Rundfunk gesendet wurde, befindet (RW 0265 Nr. 20445), sondern auch zahlreiche weitere Materialien zu Benito Cereno (RW 0265 Nr. 20183, 20440–20444, 20446, 20447, 21090, 21271, 21882).

9
Carl Schmitt an Nicolaus Sombart

Plettenberg, 21.8.1949

Mein lieber Nicolaus!

Gut, dass Du so offen geschrieben hast. Ich selber habe eigentlich nichts gemerkt. Nur beim Abschied am Bahnhof fühlte ich einen Schatten, doch war ich zu sehr mit meinen Gedanken, oder, was schlimmer ist, mit meinen Begriffen beschäftigt. Wie soll ich Dich „abschreiben", wie Du mit einem hässlichen Wort sagst? Ich stellte fest, dass Du kein Gelehrter geworden bist, sondern ein Schriftsteller; das ist kein Grund zu divorcieren. Meine Erwartung, in Dir einen Gelehrten der Werner Sombart – Max Weber – Zeit wiederzufinden, war doch im Grunde naiv. Ihr lag die Erwartung einer Doublette Deines Vaters zugrunde, und Du hast gut daran getan, meine Senilismen zu enttäuschen. Dein Besuch war sehr schön. Schade war nur, dass Du 3 Tage früher als angemeldet, erschienen bist. Aber das ist doch nicht tragisch. Tragisch ist eher, dass ich heute ein armer Teufel bin, der mit 60 Jahren seinen Freunden noch nicht einmal ein Glas Wein anbieten kann.

Auf die Entwicklung des B.[enito] C.[ereno] My.[thos] bin ich gespannt. Übrigens finden sich darüber zwei Bemerkungen in Ernst Jüngers „Strahlungen" (die ich einen Tag nach Deiner Abreise erhielt), unter dem Datum Paris 18. Okt. 1941 und 11. Sept. 1943.

Die Schreibweise des Namens „Creutzfeldt" treibt mich zu der Frage, ob Deinc Gastgeber in Kampen mit einem früheren Vizepräsidenten des Reichsjustizprüfungsamtes in Berlin verwandt sind.[33] Ich kannte ihn in der Zeit 1935–44; im Frühjahr 45 soll er ums Leben gekommen sein, ein Opfer der Ausrottung (Genocide) des preussisch-deutschen Beamtentums.

Erhole Dich gut auf Kampen und sei von uns allen herzlich gegrüßt, besonders von Deinem alten Don Capisco[34]

C. S.

---

[33] Kurt Creutzfeldt (18.11.1881–25.4.1945), Jurist, ab 1935 Vizepräsident des Reichs-Justizprüfungsamtes, ab 1943 Senatspräsident am Oberlandesgericht Berlin.

[34] Mit dem Namen „Don Capisco" hat Schmitt sich wohl erstmals 1943 gegenüber Ernst Jünger bezeichnet. Er stellt sich damit in die Tradition des spanischen neostoizistischen Autors Baltasar Gracián, dessen rationale und urteilsfähige Romanfigur Critilo (in „Das Kritikon") wohl das Vorbild für Don Capisco ist.

10
Nicolaus Sombart an Carl Schmitt

Heidelberg, 19.12.1949

Sehr verehrter Herr Professor!

Ihnen und Ihrer Familie sende ich meine herzlichsten Weihnachtsgrüße und Glückwünsche für 1950! Ich muss sagen, ich bin <recht> gespannt auf die 2. Hälfte unseres Saeculums! Sie wissen, die Maxime meines St. Simon „je vis dans l'avenir"[35] habe ich übernommen. – Was die „Jünger-Kritik" betrifft, so bitte ich noch um Aufschub! Immerhin bin ich glücklich, jetzt einen „Gegenhelden" zu haben, der die mauvaise foi Struktur Jüngers evident macht: den <...>artigen Bert Brecht.

Ich grüße Sie in aufrichtiger und <...> Verehrung

Ihr N. S.

11
Nicolaus Sombart an Carl Schmitt

Heidelberg, 27.3.1950

Sehr verehrter Herr Professor,

wie verabredet schicke ich Ihnen hier den Marcuse[36] und einige Nachweise zur Geschichte der großen Parallele.[37]

Ich stehe noch ganz unter dem Eindruck meines Besuches in Plettenberg. Es war wunderbar, und ich möchte Ihnen von Herzen für Ihre Aufnahme danken! Ich kam nicht ohne Bangen, will ich gestehen, nachdem mir unsere letzte Begegnung soviel Kummer bereitet hatte. Aber nun fühle ich, dass alles wieder in Ordnung ist, und bin ganz glücklich. Kaum dass wir uns getrennt hatten, fiel mir zu dem, was Sie über die Erde sagten, (oder besser gesagt, andeuteten), der Satz von St. Martin ein:

---

[35] „Ich lebe in der Zukunft." Als mündliche Äußerung Saint-Simons überliefert; vgl. *Maxime Leroy*, La vie véritable du Comte Henri de Saint-Simon (1760–1825), Paris 1925, S. 328.

[36] *Herbert Marcuse*, Hegels Ontologie und die Grundlegung einer Theorie der Geschichtlichkeit, Frankfurt a. M. 1932.

[37] Zur „großen Parallele" vgl. *Carl Schmitt*, Drei Stufen historischer Sinngebung. In: Universitas 5, 1950, S. 927–931 (unter dem Originaltitel „Drei Möglichkeiten eines christlichen Geschichtsbildes" wieder veröffentlicht in: *Hans Blumenberg/Carl Schmitt*, Briefwechsel 1971–1978 und weitere Materialien. Hrsg. von Alexander Schmitz und Marcel Lepper, Frankfurt a. M. 2007, S. 161–166).

„L'homme est la prière de la terre".[38] Wenn Sie ihn noch nicht kannten, soll er mein Gastgeschenk sein.

Übrigens wird es Sie interessieren, dass in der Schule von Sartre sehr seltsame Arbeiten über die Erde entstanden sind (ich kenne sie nur aus Zitaten), von Gaston Bachelard, der über die Erde, die Luft und das Wasser geschrieben hat, über die Erde unter den Titeln: „La Terre et les rêveries de la volonté" [Die Erde und die Träumereien des Willens] und „La Terre et les rêveries du repos" [Die Erde und die Träumereien der Ruhe].

Gehört der späte Comte mit seiner Mystik auch in den Bereich Ihres „tellurischen" Denkens. Sie erinnern seine Trinität von Raum, Erde und Humanité? Die Erde, le globe, als der Große Fetisch ...

Leider sind Briefe kein guter Ort für Fragen und Gespräche. Ich vertage sie auf ein hoffentlich nicht fernes Wiedersehn. Nur eine Frage möchte ich noch formulieren dürfen, sie beschäftigt mich zu sehr. Wo steht eigentlich für den „archéophile" der Feind?

Für den néophile ist die Sache klar. Mein großer novateur, St. Simon, sagt einfach nur: „Citoyens! Vous avez des ennemies plus acharnés que les Perses, l'ignorance et ceux qu'elle fait vivre."[39] – Das ist eine sehr konkrete Nominierung und trifft ins Zentrum der geschichtlichen Dialektik von Verhüllung und Enthüllung. Der néophile ist der „Enthüller" par excellence. Die Ignoranz, die er brechen will, ist nichts als die negative Erfahrung überlegener, ihm verborgen gehaltener „Herrschaftsgeheimnisse". Ist der neophile am Ende der Feind des archéophile? Dann rücken Sie in die Rolle des katechon. –

Schluss. Ich verabschiede mich mit der Bitte, Frau Schmitt meinen herzlichsten Dank für ihre Gastfreundschaft zu vermitteln, und Anima (wenn sie nichts dagegen hat) freundschaftlich zu grüßen.

In aufrichtiger Verehrung verbleibe ich

Ihr getreuer
Nicolaus Sombart

P.S.

Es kann sein, dass ich ein Paar Hausschlüssel in Plettenberg liegen gelassen habe. Sie sind, wie üblich, durch einen Metallring miteinander verbunden.

---

[38] „Der Mensch ist das Gebet der Erde." Louis Claude de Saint-Martin (1743–1803), Philosoph, Freimaurer, Mystiker. Der Satz stammt aus seinem Buch: Le Ministère De L'Homme-Esprit. Par Le Philosophe Inconnu [i.e. Louis Claude de Saint-Martin], Paris 1802.

[39] „Bürger, ihr habt Feinde, die erbitterter sind als die Perser: die Unwissenheit und diejenigen, die sie leben lässt." *Henri de Saint-Simon*, Oeuvres, vol. 18/2, Paris 1868, S. 127.

Sollten sie gefunden worden sein, wäre ich sehr dankbar, wenn Anima sie mir schicken würde.

[*auf den Rückseiten:*]

(Große Parallele)

Jean-Paul Rabaut Saint-Étienne (1743–1793!)
(Freund Turgots, Protestant, Theoretiker des Dritten Standes schon vor 1789; mit den Girondisten verfolgt und umgebracht)

1792 die erste (brauchbare und ernstzunehmende) zeitgenössische Darstellung der Französischen Revolution; später von Lacretelle jeune fortgesetzt, und bis Thiers das Standardwerk.

Im Anhang unter dem Titel:

„Réflexions Politiques sur les circonstances présantes [recte: présentes]" erste geschichtsphilosophische Deutungsversuche.

Revolutionen = Übergangszeiten. Das große Beispiel: Übergang vom Polytheismus zum Christentum, „qui ne fut que la révélation des mystères ou des vérités qui étaient cachées aux profanes." [das nur die Enthüllung der Geheimnisse war oder der Wahrheiten, die im Profanen verborgen lagen] (p. 407)

„Les révolution[s], qui naissent du passage d'une opinion à l'autre [recte: à une autre] sont toujours sanglantes, parce que ceux qui vivent [recte: vivaient] de l'ancienne opinion sont intéressés à empècher l'établissement de l'opinion nouvelle. Alors ce n'est plus un combat d'opinion [recte: d'opinions] seulement, c'est une guerre d'hommes." [Die Revolutionen, die aus dem Übergang von einer Meinung zu einer anderen entstehen, sind immer blutig, weil diejenigen, die in der alten Meinung lebten, daran interessiert sind, die Etablierung einer neuen zu verhindern.] (408)

„Il en est de l'évangile de la declaration des droits comme de celui des chrétiens." [Es ist daher die Deklaration der Rechte ebenso Evangelium wie dasjenige der Christen.] (416)

(zitiert nach der 5. Auflage, Aug. 1809, Paris)

Saint-Simon, Nouveau Christianisme.

1. Es gibt folgende Gründe anzunehmen, dass der Vergleich der Gegenwartszeit mit dem Übergang zum Christentum nicht eine originelle Idee von St. Simon ist.

   a) Rabaud Saint-Étienne's Geschichte der Französischen Revolution, das allgemein gelesene (und von St. Simon zitierte) Standardwerk der Zeit, enthält diesen Gedanken.

b) Einfluss von

Karl Ernst Oelsner[40] (1764–1828), der diese Idee wissenschaftlich vertrat (und den St. Simon – in anderem Zusammenhang – nennt!)

(Oelsners Hauptwerk:

Des effets de la religion de Moham[m]ed pendant les trois premier[s] siècles de la [recte: sa] formation [recte: fondation] sur l'esprit, les moeurs et le gouvernement des peuples chez lesquels cette religion c'est [recte: s'est] établi[e], Paris 1810) [Auswirkungen der mohammedanischen Religion währen der ersten drei Jahrhunderte ihrer Gründung auf den Geist, die Sitten und die Regierung der Völker bei denen diese Religion etabliert war.]

Nachweis:

(α) Karl Gustav Jochum von Pernau[41], Reliquien aus seinen nachgelassenen Papieren, gesammelt von Heinrich Zschokke, 1836, tom I, p. 201 ff.: Oelsner in Paris stellt (p. 204) fest, dass der Vergleich der Gegenwartszeit etc., wie er bei St. Simon erscheint, von Oelsner stammt. Desgleichen:

(β) Varnhagen von Ense, vergl. Ludmilla Assing, Briefwechsel zwischen Varnhagen von Ense und Oelsner, nebst Briefen von Rahel, Stuttgart, 1865, tom. I, p. VI–VII.

weitere Quelle:

(γ) Briefe des königl. Preuss. Legationsraths Karl Ernst [!] Oelsner an den wirklichen Geh. Rath Fr. Aug. Staegemann, aus den Jahren 1815–1827, herausgegeben von Dr. Dornow[42], Leipzig 1843, tom. I, p. XI …

2. Es gibt Autoren, die die Ansicht vertreten, der „Nouveau Christianisme" sei überhaupt nicht von Saint-Simon, sondern von Heöné Wronski[43], einem in Paris lebenden und schreibenden polnischen Arzt, der in der Tat, ab 1811 eine (später immer mystischer und chiliastischer werdende) „Réligion scientifique" proklamierte und mit Autoren wie Alexis Dumesil[44] und Azaïs[45] in den Umkreis eines chiliastischen Christentums gehörte, das um diese Zeit (Napoleon der Antechrist etc.) – florierte.

---

[40] Recte: Konrad Engelbert Oelsner.

[41] Recte: Carl Gustav Jochmann.

[42] Recte: Dorow.

[43] Recte: Josef Hoëné-Wronski.

[44] Recte: Dumesnil.

[45] Pierre Hyacinth Azaïs.

Hauptquellle, von der alle anderen abschreiben:

Frédéric de Rougemont (1807–1876; konvertierter Hegelianer), Les deux cités. La Philosophie de l'histoire aux différants [differents] âges de l'humanité, Paris, 1874, tom. II, p. 439.

„Cet ouvrage,[46] que Wronski me disait, en 1831, n'être point de Saint-Simon ..." [Dieses Werk, so sagte mir Wronski 1831, ist durchaus nicht von Saint-Simon ...] etc.

12
Nicolaus Sombart an Carl Schmitt

Heidelberg, 26.4.1950

Sehr verehrter Herr Professor,

Seien Sie bitte so nett, und lassen Sie mir den MARCUSE wieder herkommen! Es hat sich offenbar ein Interessent dafür gefunden, der die Uni-Bibliothek veranlasst, mich mit Mahnungen zu drangsalieren. Ich hoffe nur, Sie haben einigen Spaß daran gehabt. Inzwischen schreitet meine Saint-Simon-Reinschrift fort. An akzessorischer Lektüre: Brinkmanns Theorie der Revolution, obzwar nahezu unlesbar, doch eine hintergründige Sache mit großartigen Gesichtspunkten.[47] Herrlich: Rankes Epochen der Neueren Geschichte, und (als Kontext gewissermaßen ...) Tocquevilles Souvenirs, die ich nicht kannte. – Vorgestern hatte ich die Freude, Frau Schmitt[48] zu sehen, und so von Ihnen zu hören. Wie schade, dass Sie nicht kommen werden, wir hatten schon Fühler zu B.s Institut[49] ausgestreckt.

In Verehrung
Ihr Nicolaus Sombart

13
Carl Schmitt an Nicolaus Sombart

Plettenberg, 2.5.1950

Mein lieber Nicolaus!

Der Verlag Greven in Köln, ein überaus solides Unternehmen (durch eine fabelhafte Fahrplan- und Adressbuch-Druckerei krisenfest), interessiert sich

---

[46] Handschr. Hinzugefügt: „Le Nouveau Christianisme".

[47] *Carl Brinkmann*, Soziologische Theorie der Revolution, Göttingen 1948.

[48] Duška Schmitt, die Ehefrau von Carl Schmitt, lag vom 12. bis 26. April 1950 wegen ihrer Krebserkrankung in einer Heidelberger Klinik.

[49] Institut für Philosophie, an dem Prof. Franz Josef Brecht lehrte.

für das Manuskript Deiner Saint-Simon-Arbeit;[50] ich gebe diese Feststellung unter Befürwortung weiter. Du könntest Dich, gegebenenfalls, an Herrn Dr. Epting,[51] Greven-Verlag, Köln a. Rh., Weyerstr. 19 wenden. Marcuse ist an Dich abgeschickt worden; vielen Dank! Den Sartre (L'Être et le Néant) von Kesting habe ich mitgeschickt. Zu Sartre nur der Vers:

Nicht anzuraten ist jeder Schmaus
Denen die träumen.[52]

In Erwartung guter weiterer Nachrichten von Dir

Dein Carl Schmitt

Koselleck-Referat ist sehr gut;[53] erzähl ihm die Geschichte vom Ketzerrichter![54] Grüße an H. Kesting. Soll ich das Ms. des Referates zurückschicken?

14
Carl Schmitt an Nicolaus Sombart

Plettenberg, 13.7.1950

Zu schade, mein lieber Nicolaus, daß ich nicht mit Dir und Hanno Kesting den Geburtstag feiern konnte, zu dem Ihr beide so aufmerksam gratuliert habt. Das müssen wir also nachholen. Ich denke, daß Hanno Kesting in den Ferien kommt und hoffe, daß wir uns auch bald sehen. Wie weit ist die Saint-Simon-Arbeit? Der Verlag Greven in Köln ist sehr zu empfehlen nach meinen bisherigen Erfahrungen. Ich hätte Dir gern einige Notizen aus Nürnberg gezeigt, die ich unter der Überschrift Weisheit der Zelle veröffentlichen

---

[50] Es handelt sich um: *Nicolaus Sombart*, Die geistesgeschichtliche Bedeutung des Grafen Henri de Saint-Simon. Ein Beitr. zu einer Monographie des Krisenbegriffs, Heidelberg, maschr. Diss. phil. vom 16. Jan. 1951.

[51] Karl Epting (1905–1979), Romanist, während des Krieges Leiter des Deutschen Instituts in Paris und Herausgeber der Zeitschrift „Deutschland-Frankreich", in der auch Carl Schmitt veröffentlichte. Schmitt kannte ihn seit seinen Vortragsreisen nach Paris.

[52] Aus dem Gedicht „Der Fasan" von Georg Britting.

[53] Gemeint ist wahrscheinlich: *Reinhart Koselleck*, Von der Garantie des ewigen Friedens. Kants Friedensplan (1949), Maschr., 15 Bl. (Exemplar im Nachlass Schmitt, RW 0265 Nr. 20029). Den Historiker Reinhart Koselleck (1923–2006) lernte Sombart als Soldat kennen; über ihre Beziehung vgl. Rendezvous, S. 250 ff. und passim.

[54] Bezieht sich auf: *Immanuel Kant*, Die Religion innerhalb der Grenzen der bloßen Vernunft, in: *ders.*, Werke in zehn Bänden, hrsg. von W. Weischedel, Darmstadt 1975, Bd. 7, S. 860 ff. Vgl. auch den Eintrag vom 4.5.1950 im Glossarium.

möchte.[55] Was ich bisher durch Peter Scheibert[56] aus USA bekam, z.B. Ernst Bloch, Freiheit und Ordnung, ist enttäuschend. Ich schicke Dir die Einleitung zu einer Donoso-Publikation,[57] weil ich weiß, daß Du nichts rechtes mit ihm anzufangen weißt. Aber es gibt mehr Möglichkeiten einer Geschichte, als Eure Aktualität sich träumen läßt. Sieh Dir bitte diese Einleitung einmal an, schon wegen Deines Saint-Simon, der sogar den großen Donoso bestimmt hat. Mir ist das tatsächlich erst nach unsern Gesprächen richtig klar geworden. Ich wiederhole demnach meine Frage: Quousque tandem? und bedaure, einer so hochinteressanten Sache mit einem so banalen Schulmeisterzitat einen Antrieb geben zu müssen.

Herzliche Grüße und Wünsche für Dich und Hanno Kesting!
Stets Dein alter
Carl Schmitt

Frage zu dem beil. Aufsatz[58] über Legalität: Kannst Du feststellen, ob im Kommunistischen Manifest der Satz steht: Der Feind gibt die Gesetze? Mir fehlt hier das Material.

15
Nicolaus Sombart an Carl Schmitt

Heidelberg, 4.9.1950

Sehr verehrter Herr Professor!

Wie Sie inzwischen vielleicht durch Hanno K.[esting] gehört haben, bin ich mit meiner Arbeit an der Dissertation über Saint Simon fertig, ja, das Ergebnis hat sogar A.[lfred] W.[eber][59] vorgelegen und er hat es schnaubend (weil zu viel Hegel und keinerlei Kultursoziologie) akzeptiert. Ich denke also im Oktober das Rigorosum hinter mich zu bringen, und hätte es dann

---

55 Veröffentlicht in: *Carl Schmitt*, Ex Captivitate Salus. Erfahrungen aus der Zeit 1945/47, Köln 1950, S. 79–91. Auch erschienen in: FAZ vom 26.8.1950.

56 Peter Scheibert (1905–1995), Osteuropahistoriker, 1949/50 bei der Notgemeinschaft der Deutschen Wissenschaft für das Bibliothekswesen tätig. In dieser Funktion bereiste er die USA. Von 1960 bis 1981 war Scheibert Professor für Osteuropäische Geschichte in Marburg. Vgl. Jugend, S. 119–121. Zu Blochs „Freiheit und Ordnung“ vgl. Glossarium vom 15.6.1950.

57 *Carl Schmitt*, Donoso Cortés in gesamteuropäischer Interpretation, Köln 1950, S. 7–21.

58 *Carl Schmitt*, Das Problem der Legalität. In: Die Neue Ordnung 5, 1950, S. 270–275.

59 Alfred Weber (1868–1958), Kultursoziologe, Prof. in Heidelberg, Doktorvater von Nicolaus Sombart.

also erst einmal geschafft! Sobald die Abschriften gemacht sind, werde ich Ihnen ein Exemplar zuschicken – rasend gespannt, was Sie sagen werden, denn Sie wissen, nur das interessiert mich. Ab morgen werde ich (siehe Rückseite) in Frankfurt tätig sein; Lektorat, Neue Rundschau (!) und etwas Uni, bei Adorno.[60] Mein erstes Projekt ist ein „Handbuch für – Gefängnisinsassen". (So, wie man früher Baedeker machte) – Ich grüße darum besonders den Autor der „Weisheiten der Zelle"! Doch muss ich Ihnen auch noch für das Donoso-Vorwort danken, das in wunderbarer Weise mit meinem St. Simon koinzidiert. Wenn Krise Geschichte ist und Geschichte Bürgerkrieg, gibt es nur eine Geschichtsphilosophie!

Ich hoffe sehr, sehr, Sie bald zu sehen!

Mit den ergebensten Grüßen
Ihr N. S.

16
Nicolaus Sombart an Carl Schmitt

Frankfurt, 13.10.1950

Sehr verehrter Herr Professor,

Mit Bestürzung entnehme ich einem Brief von Hanno Kesting, dass Sie hier in Frankfurt vergeblich meiner geharrt haben sollen – ich frage mich wann und wo! Sofort rief ich bei Dr. Korn[61] an, der mir der einzige schien, von dem Aufklärung über dies Mysterium zu erwarten wäre, – doch auch er wusste nur zu berichten, dass Sie gelegentlich Ihres letzten Besuches die Möglichkeit, mich noch zu sehn, beiläufig erwähnt haben – mehr nicht. Was also liegt vor? Ist ein Brief verloren gegangen, in dem Sie mich an einen bestimmten Ort beordert hatten? Oder ist ein Telefonanruf leichtsinniger- und fahrlässigerweise unterblieben oder nicht ausgerichtet worden? Ich bin ratlos. Denn – ich habe nicht einmal gewusst, dass Sie in Frankfurt waren, geschweige denn, dass Sie mich hatten sprechen wollen. Aber nicht genug damit, Sie verfehlt und verpasst zu haben, gerate ich auch noch in den Verdacht der Ungezogenheit und Unzuverlässigkeit! So sehe ich mich doppelt betrogen. Ich bitte Sie herzlich, Herr Professor, davon Kenntnis zu nehmen, dass ich an dem Missglücken unseres Wiedersehens absolut unschuldig bin. – Ich möchte wissen, warum mir dieses seltsame Odium an-

---

[60] Vgl. Rendezvous, S. 288 ff.

[61] Karl Korn (1908–1991), Journalist, 1949 Mitbegründer der FAZ und bis 1973 Mitherausgeber dieser Zeitung. Ein Treffen von Schmitt und Sombart muss es aber im Oktober 1950 in Frankfurt gegeben haben; vgl. Brief Nr. 127.

haftet, das mich stets in diffamierenden Verdacht bringt. Es muss etwas Astrologisches sein. Oder ich muss irgendein Laster aus früheren Inkarnationen abbüßen. Ich denke mir manchmal, ich war ein Untersuchungsrichter, der von berufswegen andere Menschen ins Unrecht zu setzen hatte ... Anders ist eine solche Fatalität gar nicht zu erklären.

Inzwischen habe ich die beiden kleinen Bände, die Greven herausgebracht hat,[62] studiert – und denke an eine große Besprechung in der Neuen Rundschau, über deren Usurpation Hanno Kesting Ihnen berichtet haben wird.[63] Noch ist die Palastrevolte allerdings nicht beendet, es müssen noch einige Eunuchen und Großsiegelbewahrer liquidiert werden. Darüber mag Zeit hingehn, aber das Ziel lohnt es. Im Januar wird der MONAT einen Saint-Simon Aufsatz von mir bringen – das wird Gelegenheit sein Donoso Cortes zu zitieren.[64]

Mit gleicher Post lasse ich Ihnen zwei Bücher von Bachelard zugehn,[65] die ich Ihnen früher schon einmal nannte – über die ERDE. Da sie hier ins Lektorat gehören, darf ich Sie bitten, sie rasch durchzusehen und wiederherzuschicken. Diese Generation der Französischen Soziologie (Pareto + C. S. + Marxismus + Mythologie) ist ja erstaunlich. Besonders auch Bataille, dessen „Part Maudite" einen Mythos des Marschallplanes (!) entwickelt (Theorie [*hs.:*] des Geschenks – ‚don').[66]

Auf bald einmal
Ihr N. S.

---

62 *Carl Schmitt*, Ex Captivitate Salus, Köln 1950; *ders.*, Donoso Cortes in gesamteuropäischer Interpretation, Köln 1950. Den ersten Titel schickte Schmitt am 25.5.1951 an Nicolaus mit der Widmung: „Der Feind ist unsere eigene Frage als Gestalt. (S. 90)/Nicolaus Sombart zur Erinnerung an Carl Schmitt/Frankfurt 25/5/51". Vgl. Katalog Tasbach, S. 16f.

63 Die seit 1890 erscheinende „Neue Rundschau" wurde seit 1932 im Fischer-Verlag von Peter Suhrkamp herausgegeben. 1950 verließ Peter Suhrkamp den Verlag und gründete seinen eigenen Suhrkamp-Verlag, wobei den Autoren freigestellt wurde zu wechseln. Eine Mehrheit entschied sich für Suhrkamp, doch konnte die „Neue Rundschau" von Fischer gehalten werden. Vgl. dazu auch den Brief von H. Kesting im Anhang unter Nr. 5.

64 Laut Inhaltsregister hat Sombart in „Der Monat" nicht veröffentlicht.

65 *Gaston Bachelard*, La Terre et les rêveries de la volonté, Paris 1948; *ders.*, La Terre et les rêveries du repos, Paris 1948. Vgl. oben, Brief Nr. 11.

66 *Georges Bataille*, La part maudite. Essai d'économie générale, Paris 1949.

17
Nicolaus Sombart an Carl Schmitt

Frankfurt, 25.11.1950

Lieber und verehrter Herr Professor,

Leider habe ich nichts mehr von Ihnen gehört, nur auf dem Umweg über Freund Kesting wurde mir die wenig beruhigende Nachricht zuteil, dass Ihnen Saint-Simon gar nicht gefällt. Nun, darüber werden wir ja noch einmal sprechen können.

Heute schicke ich Ihnen nur den Aufsatz von Demuth über Ihr Büchlein.[67] Außerdem möchte ich auf unser ‚Neue Rundschau-Gespräch' zurückkommen und Sie hiermit offiziell und mit aller nur denkbaren Dringlichkeit dazu auffordern, den Aufsatz über den ‚Reim' (!) zu schreiben, von dem Sie sagten, dass er Ihnen zu schreiben Spaß machen würde.[68]

Sehr zu meiner Überraschung fand ich hier volle Bereitschaft, Ihnen für eine solche Arbeit die Seiten der ‚Neuen Rundschau' zur Verfügung zu stellen und war wirklich froh darüber. Bitte, lassen Sie mich wissen, wann mit Ihrem Beitrag zu rechnen ist. Ich könnte mir denken, dass Ihr Erscheinen auch auf dieser Plattform nicht ohne Effekt und Bedeutung sein wird.

Wie gefällt Ihnen der ‚Abbé C.'?[69] Seien Sie doch so nett, ihn mir zurückschicken zu lassen, sobald Sie ihn durchgelesen haben. Ich studiere augenblicklich mit großem Vergnügen den ‚Précis de décompositions';[70] es geht mir bci seiner Lektüre wie bei der Arbeit an den ‚Mauretaniern',[71] alles scheint mir so selbstverständlich, fast trivial und ist dabei doch das offensichtlich von niemand Gewusste.

Übrigens ist heute der „Nomos der Erde" hier eingetroffen.[72] Ich freue mich auf die Lektüre wie auf den Antritt einer längst ersehnten Reise.

In der Hoffnung, bald von Ihnen zu hören, bin ich

---

67 Fritz Demuth (1876–1965), Jurist, Kollege Schmitts an der Handelshochschule Berlin. Der erwähnte Aufsatz konnte nicht ermittelt werden.

68 Diesen Aufsatz hat Carl Schmitt nicht geschrieben, doch gibt es im Nachlass eine umfangreiche Sammlung dazu; RW 0265 Nr. 20801.

69 *Georges Bataille*, L'Abbé C, Paris 1950.

70 *Émile Cioran*, Précis de décomposition, Paris 1949. Deutsch unter dem Titel „Lehre vom Zerfall", 1953 u. ö.

71 „Mauretanier" ist ein Textmotiv Ernst Jüngers und bezeichnet einen elitären Orden, der eine Technik ohne Moral anstrebt (auch mit der SS gleichgesetzt).

72 *Carl Schmitt*, Der Nomos der Erde im Völkerrecht des Jus Publicum Europaeum, Köln 1950.

Ihr sehr ergebener
[*hs.*:] Nicolaus Sombart
[*ms.*:] (Nicolaus Sombart)

Anlage

18
Nicolaus Sombart an Carl Schmitt

Paris, 1.1.1951

Sehr verehrter Herr Professor!

Da bin ich also – endlich. Hier ist alles wie erwartet: ich fühle mich zuhause. In den nächsten Tagen werde ich Maxime Leroy[73] sehen. Hätten Sie noch einen Tipp für mich? Er würde mich noch erreichen! (Soll man bei den Bouquinisten die 1. Ausg. von F. de La Mennais, Des Progrès de la Révolution, 1829 (!) für DM 5,– erstehen?[74]) In Erwartung einer Nachricht steht

Ihr N. S.
1, Av. du Général Leclerc
Hôtel Oriental, Paris XIVe

19
Nicolaus Sombart an Carl Schmitt

Frankfurt, 17.1.1951

Verehrter Herr Professor,

Also: es ist geschafft! „doctor sum", und zwar, – meinen Freunden und Lehrern zur Ehre – mit summa cum laude. Jetzt müssen wir aber weiter sehen.

Paris war großartig und beunruhigend. Ich müsste dort leben! (Wozu gibt es die UNESCO?)

Ihre Karte erreichte mich beizeiten. Cioran hatte ich aber vorher getroffen.[75] Seine unsagbar unsympathische ‚mine', mit abgeknabberten Fingernä-

---

[73] Maxime Leroy (1873–1957), Jurist, Sozialhistoriker. Zu Sombarts Kontakt mit ihm vgl. Pariser Lehrjahre, S. 115–146.

[74] *Hugues Félicité Robert de Lamennais*, Des Progrès De La Révolution Et De La Guerre Contre L'Église, Paris 1829.

[75] Vgl. Pariser Lehrjahre, S. 101 ff. und passim. Sombart schreibt hier, dass er die Ähnlichkeit Ciorans mit Schmitt erkannt habe, was der Beginn seiner Abwendung

geln und verdrucktem Fragen – sein Genie ist nie sentimental. Doch ist sein Buch gut. (Warum bringt der Grevenverlag keine Übersetzung?)

Haben Sie den kleinen „Hobbes" bekommen?[76] Und hat er Ihnen Spaß gemacht?

Ich hoffe Sie bald einmal zu sehen!

So lange alles gut
Stets Ihr
Nicolaus Sombart

20
Carl Schmitt an Nicolaus Sombart

Plettenberg, 21.1.1951

Mein lieber Nicolaus!

Großartig! Allerherzlichsten Glückwunsch. Ich bedaure nur, dass ich nicht gleich nach Frankfurt kommen kann, um Dir persönlich zu gratulieren.

Jetzt habe ich folgenden Plan, inspiriert durch Euer wunderbares Neujahrsgeschenk 1951. Wie wäre es, wenn wir am 5. April 1951 (Geburtstag von Thomas Hobbes) in irgendeinem kleinen Nest mit richtigem Namen – ich denke an Werdohl, es kann aber auch etwas anderes sein – eine 300-Jahrfeier des Leviathan veranstalten?[77] Ganz exklusiv und esoterisch. Anlässlich des Werkes von Grotius „de jure belli ac pacis" haben 1925

---

von Schmitt gewesen sei. Cioran lebte 1933–35 als Humboldt-Stipendiat in Berlin und hörte hier auch Vorlesungen von Carl Schmitt.

76 [*John Aubrey/Richard Blackburne*], Thomæ Hobbes Angli Malmesburiensis philosophi vita. Carolopoli [= London] 1681. Das Buch bekam Schmitt mit folgender Widmung: „Weihnachten 1950. Verehrter Professor! Etwas verspätet kommt nun das kleine Geschenk, das wir – Kesting, Koselleck, Hergt und ich – für Sie ausgedacht haben. Hoffentlich macht es Ihnen etwas Spass! Mit allen guten Wünschen für 1951. Ihr Nicolaus Sombart." (RW 0265 Nr. 23420).

77 Vgl. Schmitt an Gretha Jünger vom 20.4.1951: „In Frankfurt haben wir am Abend des 5. April (Geburtstag von Thomas Hobbes) eine Leviathan-Feier veranstaltet, die ganz entzückend verlaufen ist. Nicolaus Sombart, Alfred Andersch vom Hess[ischen] Rundfunk, Winckelmann und Frau (von Rechenberg, die langjährige Managerin Furtwänglers, ich glaube Sie kennen sie) und einige andere Bekannte waren zur 300-Jahr-Feier des Leviathan präsent. Der Aufsatz zu diesem Anlass ist prompt am 5. April in der ‚Tat' erschienen, dank dem Mut von Hans Fleig." BW GJ, S. 148. Bei dem Aufsatz handelt es sich um: *Carl Schmitt*, Dreihundert Jahre Leviathan. Zum 5. April 1951; wiederabgedr. in: *Carl Schmitt*, Staat, Großraum, Nomos. Arbeiten aus den Jahren 1916 bis 1969, hrsg. von Günter Maschke, Berlin 1995, S. 152–155. Nicolaus erhielt von Schmitt den Zeitungsartikel mit der Wid-

geräuschvoll und bonzenhaft Feiern in der ganzen Welt stattgefunden. Es wäre doch schön, wenn wir dem eine ernsthafte Sache von antiker Schlichtheit (vgl. Anlage) entgegensetzten. Dem Weltgeist sind wir in Werdohl näher als im Pentagon. Frage doch einmal Kesting und seine Freunde. Ich würde noch Oakshott[78] aus Cambridge, der vor kurzem eine gute Leviathan-Edition gemacht hat und Norberto Bobbio[79] aus Torino, der vor kurzem eine gute De Cive-Ausgabe gemacht hat, dazu einladen. Im ganzen höchsten 10–12 Mann.

Natürlich gehörst Du nach Paris. Bei der Unesco in Paris ist übrigens ein intelligenter jüngerer Amerikaner, der mich einmal um ein Gutachten über den Begriff der Demokratie gebeten hat. Wenn er noch da ist, könntest Du ihn einmal fragen. Von Demokratie verstehst Du sowieso viel mehr als ich. Was Du von Cioran schreibst, entspricht dem Bild des echten Kynikers. Leider hast Du Eliade[80] anscheinend nicht gesehen.

Ich muss diesen Brief diktieren, weil ich ziemlich krank bin und meinen Glückwunsch nicht länger hinausschieben möchte. Deine weiteren Pläne wegen der Ausarbeitung der Saint-Simon-Arbeit würden mich natürlich interessieren. Zunächst aber liefere das Manuskript der Fakultät ab wie es ist, um die Promotion nicht aufzuhalten.

[*das Folgende hs.:*]
Immer und überall
Dein alter
Carl Schmitt

---

mung: „Nicolaus Sombart zur Erinnerung an den Abend des 5/4 51 C. S." geschenkt. Vgl. Katalog Tasbach, S. 18.

78 Michael Oakshott (1901–1990), engl. Philosoph, hat über Hobbes gearbeitet und eine Ausgabe des „Leviathan" besorgt. Schmitt besaß: *Thomas Hobbes*, Leviathan. Or the matter, forme and power of a commonwealth ecclesiasticall and civil. Ed. with an introd. by Michael Oakeshott (Blackwell's political texts), Oxford o.J. [ca. 1940] (RW 0265 Nr. 22380).

79 Norberto Bobbio (1909–2004), ital. Rechtsphilosoph. Schmitt besaß: *Thomas Hobbes*, Elementi filosofici sul cittadino di Thomas Hobbes, a cura di Norberto Bobbio, Torino 1948. (RW 0265 Nr. 22369). Im Nachlass Schmitts liegen 11 Briefe von Bobbio an Schmitt. Bobbio lehnte die Teilnahme an dem Hobbes-Kongress ab.

80 Mircea Eliade (1907–1986), Religionsphilosoph, arbeitete von 1941–1944 an der rumänischen Botschaft in Lissabon, besuchte 1942 Schmitt in Berlin und diskutierte mit ihm über Portugal und die maritime Zivilisation. Ein erneutes Treffen gab es im Mai 1944, als Schmitt in Portugal Vorträge hielt. Vgl. *Florin Turcanu*, Mircea Eliade. Der Philosoph des Heiligen oder Im Gefängnis der Geschichte, Schnellroda 2006, S. 276 f. (dort Hinweis auf die Tagebuchnotizen von Eliade vom 24.5.1944); Piet Tommissen (Hrsg.), Briefe an Carl Schmitt. Zweite Auswahl. In: Schmittiana IV, 1994, S. 251–256; *Christian Tilitzki*, Die Vortragsreisen Carl Schmitts während des Zweiten Weltkriegs. In: Schmittiana VI, 1998, S. 244. Sombart lernte Eliade in Paris nicht kennen.

In dem letzten Heft der Neuen Rundschau haben mich die Stücke von Walter Benjamin ergriffen. Ich kannte nur seine Arbeit über das barocke „Trauerspiel“, die er mir 1930 geschickt hatte, und die ich immer bewundert habe.[81]

21
Nicolaus Sombart an Carl Schmitt

Frankfurt, 1.2.1951

Sehr verehrter Herr Professor,

ich habe bis heute gebraucht, um mir das Herz zu fassen, Ihnen meine Dissertation vorzulegen, so wie sie der Hohen Heidelberger Fakultät vorgelegen hat. Mich ließ Ihr ungünstiges Urteil über das 1. Kapitel zögern, das ich Ihnen früher einmal zeigte.

Was ich von Ihnen wissen möchte, ist, ob Sie, angesichts des Ganzen, eine Publikation für angebracht halten, und eventuell bei Ihrem Verleger empfehlen würden. Natürlich müssten Passagen umgearbeitet werden, und viel von den Fußnoten, das zu sehr nach Dissertation riecht, verschwinden.

Ist das Ganze nicht aber doch genug interessant?

Ich bestehe (innerlich) nicht darauf. Doch will ich nichts versäumen. Und nicht nur meine Eitelkeit lockt der Gedanke, meinen kleinen Saint-Simon neben Ihrem Donoso Cortes in einem ebensolchen Bändchen figurieren zu sehen.[82]

Übrigens bietet mir die Notgemeinschaft ein Stipendium an – und ich hätte nicht übel Lust, über „Ballanche und die soziologische Theorie der Eliten“ meine Habilitationsschrift zu machen.[83] Doch wäre das der Weg des

---

[81] *Walter Benjamin*, Über den Begriff der Geschichte. In: Neue Rundschau 61, 1950, S. 560–570 (Erstveröffentlichung). Von der Erstausgabe von Benjamins „Ursprung des deutschen Trauerspiels“, Berlin 1928, besaß Schmitt zwei Exemplare, die intensiv durchgearbeitet und mit vielen Marginalien versehen sind (RW 0265 Nr. 29012 und Nr. 26567); vgl. dazu: *Reinhard Mehring*, „Geist ist das Vermögen, Diktatur auszuüben.“ Carl Schmitts Marginalien zu Walter Benjamin. In: *ders.*, Kriegstechniker des Begriffs. Biographische Studien zu Carl Schmitt, Tübingen 2014, S. 132–152; *Jürgen Thaler*, „Genial“. Carl Schmitt liest Walter Benjamin. In: Marcel Atze/Volker Kaukoreit (Hrsg.), Lesespuren – Spurenlesen oder Wie kommt die Handschrift ins Buch? Von sprechenden und stummen Annotationen, Wien 2011, S. 246–251.

[82] Spielt auf eine evtl. Publikation im Greven-Verlag an, in dem 1950 Schmitts „Donoso Cortés in gesamteuropäischer Interpretation“ in einem kleinen Oktavformat erschien.

[83] Pierre-Simon Ballanche (1776–1847), vergessener franz. Philosoph der Gegenrevolution, findet neuerdings wieder Beachtung in: *Peter Sloterdijk,* Die schrecklichen Kinder der Neuzeit, Berlin 2014, S. 63 f.

geringsten Widerstandes: Die „Mauretanier" und der Roman fordern und locken mich am Grund unendlich viel mehr. Meine Stellung hier indessen profiliert sich immer schärfer als interimistisches Provisorium.

Trotzdem frage ich – in Sachen der „Neuen Rundschau" nach dem Essay über den REIM – und, wenn es Ihnen keine zu große Mühe macht: lassen Sie mir doch bitte den „L'Abbé C." zurückschicken.

Mit Grüßen für Anima getreulich Ihr
N. S.

22
Nicolaus Sombart an Carl Schmitt

Frankfurt, 9.2.1951

Sehr verehrter Herr Professor,

(Danke für den Bataille!)
Heute kam ein Brief von Kesting, in dem er mir die begeisterte Zustimmung der Heidelberger Freunde zu unserem Hobbes-Kongress übermittelt. (Auch Peter Scheibert wäre sicher mit Freuden von der Partie!)

Jetzt scheint mir also der Moment gekommen, an dem die Frage aufzuwerfen wäre: Wie soll dieser Plan durchgeführt werden?

Ich kenne Werdohl nicht – (habe auch keinen Gegenvorschlag). Ist dort aber Unterbringungsmöglichkeit und ein geeigneter „Raum"?

Wie sieht das Programm aus? Halten nur Sie einen „Festvortrag" oder werden mehrere Referate gehalten? Von wem? Wer lädt die ausländischen Herren (die nicht fehlen dürfen) ein? Tausend organisatorische Details. (Stehen Geldmittel von Mäzenen zur Verfügung?)

Lassen Sie mich wissen, wieweit Sie eine Realisierung der Idee für sinnvoll halten; dann sollten wir sie ernsthaft in Angriff nehmen. (Soll ich mal ein Wochenende heraufkommen?)

Zu lesen: Bense: Literaturmetaphysik.[84]

Herzliche Grüße für Anima!

Stets Ihr ergebener
Nicolaus

---

[84] *Max Bense*, Literaturmetaphysik. Der Schriftsteller in der technischen Welt, Stuttgart 1950.

23
Nicolaus Sombart an Carl Schmitt

Frankfurt, 25.2.1951

Sehr verehrter Herr Professor,

Ich bin etwas besorgt, ohne Nachricht von Ihnen zu sein: Sie schrieben in Ihrem letzten Brief, Sie seien krank: hoffentlich hat sich Ihr Zustand nicht verschlechtert, ja: noch nicht wieder gesund zu sein wäre Anlass zu Besorgnis genug. Vielleicht kann Anima mir Bescheid geben.

Ich wollte nun anfragen, ob mein Besuch Ihnen zum nächsten Wochenende genehm wäre? (4./5. März also!) – Es gibt soviel, was ich mit Ihnen besprechen möchte – nicht zuletzt das Projekt „Hobbes-Werdohl". –

Als kleines Inzitamentum lege ich dieser Anfrage das letzte Heft von „Sinn und Form" bei über den Meister, der ja nun offenbar vom östlichen Sozialismus verspeist wird.[85]

In der Hoffnung, bald von Ihnen zu hören, bin ich, mit den besten Grüßen für Anima, wie stets

Ihr sehr ergebener Schüler
Nicolaus S.

24
Nicolaus Sombart an Carl Schmitt

Frankfurt, 27.3.1951

Lieber Herr Professor,

Verspätet schicke ich Ihnen hier meine Ostergrüße … aber ich hoffte sicher, Sie noch persönlich vor den Festtagen zu sehen, sodass ich schließlich versäumt habe, Sie beizeiten brieflich zu übersenden.

Ich bin voller Pläne und Gedanken und begierig darauf, mit Ihnen zu sprechen. Lassen Sie mich doch wissen, wann Ihnen mein Besuch recht ist!

Ist für den Hobbes-Gedenktag etwas vorgesehen?

Mit herzlichen Grüßen, auch für Anima,
Ihr sehr ergebener
Nicolaus Sombart

---

[85] *Karl Polak*, Thomas Hobbes und der Staat. In: Sinn und Form, 1950, H. 6, S. 133–150.

25
Nicolaus Sombart an Carl Schmitt

Frankfurt, 28.6.1951

Lieber Herr Professor

– wie schade, dass ich Sie nicht in Frankfurt getroffen habe![86] Aber das Telegramm, das Sie mir schickten, kam erst Stunden nach Ihrer Ankunft am Bahnhof in meine Hände. Der Grund dafür: ich sitze nicht mehr bei S. Fischer! Bei meiner Rückkehr fand ich den Entschluss meiner Entlassung aus einem engeren Mitarbeiterverhältnis „um mir die Möglichkeit zu geben, mich ganz meinen eigenen Plänen und Arbeiten zu widmen", vor. Ich versuchte nicht, ihn umzustoßen. Damit ist also meine Lektorenherrlichkeit zuende. Ich habe noch einen gewissen persönlichen, wie auch „dienstlichen" Kontakt zu Bermanns[87] – was mir für die nächsten Monate meine Miete sichern wird. Sonst steht neuen Taten nichts entgegen.

Als erstes erwartet mich ab November ein Stipendium des Französischen Staates für ein Jahr in Paris. Dazu soll eines der Notgemeinschaft kommen. Ein sehr positiver Briefwechsel mit Herrn Dr. Hocker[88] ist im Gange. Im September werde ich in Kampen sein – bis dahin werde ich mein Reisetagebuch etwas ausquetschen, um meinen Schneider zu bezahlen.

Ich muss Sie unbedingt bald sehen, um Ihnen zu erzählen. Ich habe viel gesehen und erlebt. Doch auch von Ihnen muss ich hören! Wie war Spanien?[89]

Eine leise Ahnung Ihrer Erfolge – Barcelona 13.000 Hörer (?) – erhielt ich durch – nun raten Sie wen? – Herrn Waldemar Gurian,[90] zu dem mich Peter Scheibert ganz unversehens mitnahm, und der mich, nachdem Scheibert sich verabschiedet hatte, extra dabehielt, um mir ein zweistündiges Abgewöhnungsprivatissimum über C. S. zu halten. Ich schwieg brav …

---

[86] Schmitt war am 25.5. in Frankfurt.

[87] Gottfried Bermann Fischer (1897–1995) und Brigitte („Tutti") Bermann Fischer (1905–1991), Eigentümer und Leiter des S. Fischer-Verlages. Zu den Kontakten vgl. Rendezvous, S. 278 ff.

[88] Alexander Hocker (1913–1996) Wissenschaftsmanager, seit 1949 bei der Notgemeinschaft der Deutschen Wissenschaft tätig.

[89] Schmitt hatte vom 25.4. bis zum 8.6.1951 eine Reise nach Spanien unternommen; vgl. BW GJ, S. 148 ff.

[90] Waldemar Gurian (1902–1954), Politikwissenschaftler, war seit 1924 in Bonn mit Schmitt befreundet, wurde in der Emigration ab 1933 zum Gegner, der das Wort vom „NS-Kronjurist" prägte. Der Briefwechsel Gurians mit Schmitt ist abgedruckt in: Schmittiana NF I, 2011, S. 59–111.

Aber woher wusste er? Gibt es eine schwarze Liste, auf der ich mit dem Vermerk stehe: „Wird in Gesellschaft von Carl Schmitt angetroffen."

(Sein Einwand gegen den Nomos[91]: die Civitas Christiana und das Reich seien doch Ordnungssysteme, die gerade nichts mit Landnahme zu tun hätten … Darüber ließen Sie Dunkelheit walten.)

Hoffentlich höre ich bald von Ihnen, lieber Herr Professor. Nicht nur über Reisen müssen wir uns unterhalten, sondern auch über die „Mauretanier" und mehr … (Übrigens sah ich Jünger inzwischen wieder).

Sehr herzlich verbunden, Ihr
N.

26
Nicolaus Sombart an Carl Schmitt

Heidelberg, 7.8.1951

Sehr verehrter Herr Professor,

Ende des Monats fahre ich nordwärts, um den September in Kampen zu verbringen. Ich hätte nicht übel Lust, auf dem Wege dorthin in Plettenberg II Station zu machen. Das wäre so um den 28. herum. Seien Sie doch so nett, und lassen mich wissen, ob Ihnen um diese Zeit mein Besuch recht ist – allenfalls könnte ich im Oktober, auf meiner Rückfahrt vorbeikommen. Ab 1. November werde ich wohl in Paris sein.

Wie stets getreulich Ihr
Nicolaus S.

27
Carl Schmitt an Nicolaus Sombart

Plettenberg, 13.8.1951

Mein lieber Nicolaus,

natürlich freue ich mich, wenn Du mich Ende August hier in Plettenberg besuchst. Schreibe mir rechtzeitig Tag und Stunde Deiner Ankunft.

Dass es neulich (Ende Juni) mit unserer Begegnung in Frankfurt nicht geklappt hat, betrübt mich immer noch. Es war nämlich überraschend ein

[91] *Carl Schmitt*, Der Nomos der Erde im Völkerrecht des Jus Publicum Europaeum, Köln 1950.

spanischer Freund in Wiesbaden erschienen, den ich mit Dir bekannt machen wollte.

Von Joh. Kuhn las ich (zufällig) seine Bestandsaufnahme in der Ruperto Carola vom Juni 1951; von Alfred Webers Vortrag[92] in Darmstadt hörte ich durch Egon Vietta.[93]

Kannst Du Dir die „Tat“ (Zürich) vom 4. August beschaffen? Dort findest Du einen geradezu meisterhaften Aufsatz über Salomons „Fragebogen“.[94]

Herzliche Grüße Deiner verehrten Mutter und auf ein gutes Wiedersehn in Plettenberg!

Stets Dein alter
Carl Schmitt

Mein Gespräch mit Walter Warnach wurde vorigen Freitag nochmals (auf Ultrakurzwelle) wiederholt; hast Du es vielleicht gehört?[95]

28
Nicolaus Sombart an Carl Schmitt

Marburg, 30.8.1951

Sehr verehrter Herr Professor,

Es ist jetzt also soweit: von Marburg, wo ich mich von Peter Scheibert in die Westdeutsche Bibliothek[96] habe einführen lassen, um Ballanchi-

---

92 Alfred Weber hatte vom 15.–17.9.1950 an den in diesem Jahr begründeten „Darmstädter Gesprächen“ teilgenommen, die unter dem Thema standen: „Das Menschenbild unserer Zeit“.

93 Egon Vietta (1903–1959), Schriftsteller, der in Darmstadt wohnte und die „Darmstädter Gespräche“ mit organisierte. Schmitt schrieb am 24.1.1942 über ihn: „Eine originelle Mischung von Regierungsrat und Bohème, deutschem Vater und italienischer Mutter, Heidegger-Schüler und Leviathan-Schwanz-Verzierer, erschien neulich bei mir …“ (BW EJ, S. 144).

94 NIUS [d. i. *Armin Mohler*], Ferngelenkter Reißer. Zu Ernst von Salomons „Der Fragebogen“. In: Die Tat. Schweizerische unabhängige Tageszeitung vom 4.8.1951. Vgl. dazu BW Mohler, S. 101.

95 Walter Warnach (1910–2000), Philosoph, der seit 1948 einen bedeutenden Briefwechsel mit Schmitt führte (Veröff. in Vorber.). Das Gespräch unter dem Titel: „Hat Geschichtsphilosophie noch einen Sinn?“ wurde im zweiten Programm des Hessischen Rundfunks am 19.6.1951 gesendet und am 10.8.1951 wiederholt. Vgl. dazu das Exposé von Walter Warnach (RW 0265 Nr. 18936) sowie den Brief des Hess. Rundfunks an Schmitt vom 10.7.1951 (RW 0265 Nr. 11435).

96 Es handelt sich um den Bestand der Preußischen Staatsbibliothek, der während des Krieges auf dem Gebiet der späteren Westzonen ausgelagert war, und der nach

ana[97] ausfindig zu machen (mit Erfolg übrigens), wollte ich Samstag Mittag nach Plettenberg aufbrechen, um den Samstag Abend mit Ihnen verbringen zu können. Es hat sich so ergeben, dass auch Hanno Kesting einen Besuch bei Ihnen machen wollte, und wir haben uns entschlossen, Sie gemeinsam aufzusuchen. Er wird in dem Zug sitzen, in den ich in Gießen zusteige, – D 137, Plettenberg an 17.31 Uhr. Hoffentlich ist Ihnen diese unangemeldete Kombination recht!

Ich freue mich unendlich, Sie bald zu sehen,

Ihr
N.

29
Anima Schmitt und Carl Schmitt an Nicolaus Sombart

Plettenberg, 8.9.1951

Lieber Nino,

leider lässt sich Deine historisch so wertvolle Baskenmütze hier nicht finden, wohl aber der Rasierpinsel. Die Camels sind aus literarischen Gründen von meinem Vater beigefügt: der Rasierpinsel scheint sonst so sehr danach zu jammern, dass Rilke ein Sonett über ihn macht. – Die Balver Höhle[98] war großartig, die IX. Symphonie auch, der Dirigent langweilig und der letzte Satz eine wüste Beschwörung der Freude, die nicht kommt. –

Karl Korn hat Nebel meine Karikatur geschickt, der sich dafür herzlich bedankte (unterzeichnet: Gerhard Nebel, der Mensch in der Strippe).[99]

Herzliche Grüße
Deine Anima

---

dem Bau der Staatsbibliothek Preußischer Kulturbesitz an der Potsdamer Str. in Westberlin nach dorthin zurückgeführt wurde.

[97] Gehörte zur Vorbereitung der Habilitation Sombarts (vgl. Brief Nr. 21).

[98] Karsthöhle im Hönnetal bei Balve.

[99] Im Literaturblatt der FAZ vom 1.9.1951 hatte Gerhard Nebel unter dem Titel „Zwischen Kirche und Welt" einen Aufsatz über den mit ihm befreundeten Theologen Helmuth Thielicke geschrieben, in dem es heißt: „Der Mensch ist kein eigenständiger Block, der durch eine Strippe mit Gott verbunden wäre, sondern er lebt und webt nur in dieser Strippe ...". Dazu machte Anima Schmitt eine Karikatur, die sie an Armin Mohler und an Karl Korn schickte. Vgl. Carl Schmitt an Gretha Jünger vom 11.9.1951, in: BW GJ, S. 155 und 156, Anm. 4; Carl Schmitt an Armin Mohler vom 3.9.1951, in: BW Mohler, S. 102.

Lieber Nicolaus,

Brecht kommt erst im Oktober nach Wuppertal.[100] In welchem Verlag ist Hannah Arendt, Origins etc., erschienen? Ich erinnere mich immer noch mit Bewunderung Deiner beiden Referate[101] 1) über den 1. Teil des Buches von Hannah Arendt;[102] 2) den Brief des alten de Maistre an den jungen Ballanche,[103] und erkenne eine „Erbfaser“.

Stets Dein alter
Carl Schmitt

30
Carl Schmitt an Nicolaus Sombart

Plettenberg, 18.9.1951

Mein lieber Nicolaus, der Aufsatz über Neapel[104] ist ein Kabinettstück; eine zauberhafte Mischung von unbefangener Subjektivität und ebenso müheloser Objektivität. Ich bin ganz entzückt und schicke Dir zum Lohn dieses Bild des Schlafraumes eines maurischen Königs, in der Vermutung, dass Du Deine Kunst einmal an solchen spanischen Objekten bewähren wirst. Sollte die Geschichtsschreibung durch den Besiegten gleichfalls eine Methode der Korrumpierung sein? Geschichtsphilosophie ist es; das zeigt schon Hegels Schilderung der Aufklärung als Ansteckung.

Herzliche Grüße Deines
C. S.

---

100 Franz Josef Brecht (1899–1982), Philosophieprofessor in Heidelberg, war im Nebenfach Philosophie Prüfer Sombarts bei dessen Promotion. Im September 1951 fand in Wuppertal eine Tagung über Geschichtsphilosophie statt, auf der Brecht einen Vortrag hielt.

101 Bezieht sich vermutlich auf den Besuch von Nicolaus Sombart und Hanno Kesting bei Schmitt in Plettenberg am 1./2. September 1951, worüber Schmitt an Mohler schreibt: „Wir haben sehr intensive geschichtsphilosophische Gespräche geführt …“ (BW Mohler, S. 102).

102 *Hannah Arendt*, The origins of totalitarianism, New York 1951.

103 Der Brief ist abgedruckt in: Joseph de Maistre. Dossier conçu et dirigé par Philippe Barthelet, Lausanne 2005, S. 739.

104 *Nicolaus Sombart*, Tage in Neapel. In: FAZ vom 12.7.1951.

31
Nicolaus Sombart an Carl Schmitt

Paris, 2.11.1951

Lieber Herr Professor,

In aller Eile eine Standortmeldung:

Wie vorgesehen bin ich nun für ein Jahr in Paris, Ier versteht sich, 25, Place Dauphine, und harre der Ergebnisse, die das Experiment zeitigen wird. Die Versuchsanordnung ist mit Sorgfalt durchgeführt worden. Sollten Sie noch ein Ingredienz wissen, schicken Sie seine Adresse!

Ich lege einen Neuabdruck der Neapelskizze bei, in der Ihre Korrektur berücksichtigt worden ist. Hoffentlich macht es Ihnen Spaß.

Mein letzter großer und überhaupt größter Reiseeindruck war Berlin, wo ich zwei Wochen zu tun hatte: ein karnevalesk heterogenes Siedlungskombinat, dessen Einheit durch – die S-Bahn gestiftet wird! Gewissermaßen ein posthumes Beispiel für die Superiorität der Technik, vor allem für die ihr immanente Neutralität.

Kestings Arbeit[105] habe ich durch Handstreich noch zu Brecht gebracht, um ihn aus dem „Dissertation-hie – gutes-Buch-da-Dilemma" zu befreien: vorläufig erst die Arabesken einer genialen Ameise auf großen Texten.

Bitte grüßen Sie Anima herzlich von mir.
In aufrichtiger Ergebenheit stets Ihr
Nicolaus Sombart

32
Carl Schmitt an Nicolaus Sombart

Plettenberg, 6.11.1951

Mein lieber Nicolaus,

alle guten Wünsche für Paris! Die Sätze (im „Wiedersehen mit B.[enito] C.[ereno]") über Objektivismus und Dialektik sind hervorragend. Willst Du nicht einmal meine Freundin Madame Michelle Ponceau[106] besuchen und ihr Grüße von mir sagen? Sie wohnt 24 rue de Civry, Paris 16; der beilie-

---

[105] *Hanno Kesting*, Utopie und Eschatologie. Ein Beitrag zur Geistesgeschichte des 19. Jahrhunderts, maschr. Diss. phil. Heidelberg 1952. Kesting selbst war zu skrupulös, um die Arbeit abzugeben.

[106] Michelle Ponceau, Witwe des von Schmitt geschätzten Philosophen Amédée Ponceau (1884–1948); vgl. unten, Brief Nr. 148. Sie hatte die Freundschaft Schmitts

gende Prospekt[107] würde ihr sicher Freude machen. Entwirf ihr ein Bild meiner Lage, die es erklärt, dass ich lange nicht mehr geschrieben habe, als „greiser Veteran".

Kojève habe ich gelesen.[108] Der Schlüssel-Satz steht S. 500, über den inéducable und seine annulation.

Peter Scheibert war Ende Oktober einen Tag hier; ein herrliches Gespräch.

Ich bleibe in alter Liebe und unveränderter Neugierde
Dein C. S.

Inständige Bitte um eine Abschrift oder Fotokopie des Briefes des alten de Maistre an den jungen Ballanche.[109]

33
Nicolaus Sombart an Carl Schmitt

Paris, Dezember 1951

[*kleine Klappkarte, auf der Vorders. gedr.: „Meilleurs voeux", innen: Foto von Paris; außen, unter Meilleurs voeux, hs. von N. S.:*]

du village à village!
Dezember 1951, Paris
Nicolaus Sombart

[*darüber von C. S.:*]

Place Dauphine 25
Paris 1er

[*innen neben dem Foto von N. S.:*]

… wie ein Tobender, wenn er in vollster
Raserei ins Schwarze stampft
jählings am benehmenden (!) Gepolster
einer Zelle aufhört und verdampft.

R. M. R.[ilke], Schwarze Katze
– mein Weihnachtsgeschenk!

---

erworben durch ihre Reaktion auf dessen Buch „Ex Captivitate Salus"; vgl. BW Mohler, S. 85.

107 Vierseitiger, von Schmitt gestalteter Verlagsprospekt des Greven-Verlages mit dem Titel „Carl Schmitt – Nein und Ja".

108 *Alexandre Kojève*, Introduction à la lecture de Hegel. Leçons sur la phénoménologie de l'esprit professées de 1933 à 1939 à l'École des hautes-études. Réunies et publiées par Raymond Queneau, Paris 1947 (Exemplar mit Anm. im Nachlass Schmitt, RW 0265 Nr. 24734). Zum Verhältnis Schmitt-Kojève vgl. Schmittiana VI, 1998, S. 11–143.

109 Siehe Brief Nr. 29.

34
Nicolaus Sombart an Carl Schmitt

Paris, 27.12.1951

Lieber Herr Professor,

– Ich komme aus der Rue de Civry, und beeile mich Ihnen zu melden, dass ich Mme. Ponceau gesehen und ihr von Ihnen erzählt habe. Bei dieser Gelegenheit bin ich über den Grafen von Paris, Madaux und Montherlan gestolpert – alles sehr reizende Leute. Himmel, was ist das doch für eine segensreiche Institution, solch ein Salon. Sie sollen kommen, und einen Vortrag halten! Ich kann mich also auf ein Wiedersehen freuen. Ob ich wieder geladen werde, kann ich nicht absehen. Ich fürchte nein, denn ich habe Kritisches über Toynbee geäußert und zu spät gemerkt, dass es sich um einen der Intimen handelte. Quelle gaffe! [Was für ein Fauxpas!]

Was das Seltsamste ist: Rue de Civry 28 wohnt Leroy! Und tags zuvor war ich bei ihm, und er nahm mich zu einem Spaziergang in den Bois de Boulogne, der nicht weit ist, und während der Himmel sich gelb und veilchenfarben entzündete und die Konturen der gewaltigen Bäume aufzulösen begann, sprachen wir über „notre grand bonhomme" Saint-Simon, die Unschuld der Madame Recamier und die Restauration. Ich dachte, dass es Ihnen Spaß machen würde zu hören, dass der Meister vom Stuhle die Meinung teilt, nur die Verurteilung des „brave des braves" habe sie zum Scheitern gebracht … Dieser alte Herr ist bezaubernd! Wie er so neben mir daherstapfte, schien alles, was uns trennt, ausgelöscht: man war gleich alt, sprach die selbe Sprache und teilte Sympathien und Aversionen. Nur war ich ihm unterlegen, was die Offenheit, die absolute Unvoreingenommenheit des Urteils betrifft, und – die natürliche, sichere, an geheimen, unantastbaren Maßstäben orientierte Moralität. Ich brauche nicht zu sagen, was ich an Hinweisen und Detailkenntnissen davontrage. Es gibt eben hier in Frankreich eine geistesgeschichtliche Tradition, die sich außerhalb der Bücher als eine Art von Familienklatsch, als chronique scandaleuse einer Kleinen Gruppe erhält. Ich habe versucht, das der NOG[110] in meinem „Arbeitsbericht" klar zu machen. Hoffentlich entzieht sie mir nicht mein Stipendium. Immerhin fürchte ich, dass Ballanche in meiner Darstellung interessanter werden wird, als es ein wissenschaftliches Buch verträgt.

So danke ich I h n e n den Kontakt mit den beiden interessantesten Menschen von Paris. Es hätte nicht besser sein können! Als mikroskopische Gegengabe einen Satz von Hegel, (den Sie am Ende schon zitiert haben):

[110] Notgemeinschaft der Deutschen Wissenschaft, von der Sombart ein Stipendium erhielt und an die·er über den Fortgang seiner Arbeit berichten musste.

„Erst wenn das Land ganz wird in Besitz genommen sein, wird eine gefestigte Ordnung der Dinge eintreten.“ (Phil. d. Weltgesch. Ausg. Meiner, Bd. I, p. 199/200). Il est formidable ce Hegel, hain?[111]

Was macht übrigens Ihr Hegelbuch?[112] Eine Sache für sich hier ist die Hegelrenaissance. Natürlich habe ich Kojève aufgesucht.[113] Doch davon ein andermal. An der Sorbonne immerhin drei Vorlesungen über den MEISTER. Doch wenn man hinschaut sind es Israeliten, die sich um ihn bemühen. Qu'en dirait-il?[114]

Darf ich zum Schluss gestehen, dass ich etwas unglücklich über den „Prospekt“ war?[115] Zwar gab er mir endlich ein Bild von Ihnen in die Hände, aber ich fand doch, dass er in der Aufmachung und Behandlung der „Urteile“ zu sehr den Charakter einer Bierzeitung behalten hat. Als kleine Gabe für den Freundeskreis: wunderbar. Aber nicht in einer Auflage von 10000. Ich finde, das Zitieren des gleichen Namens rechts und links macht die Willkür in der Auswahl der Wendungen zu deutlich. Außerdem hätte die Quellenangabe in allen Fällen gleich exakt sein müssen. Es geht nicht an, einmal zu sagen „ein Kollege“ und ein andermal den Ort mit Jahr und Seitenziffer zu bezeichnen. Das wirkt unseriös und – montiert. Bitte, verzeihen Sie mir dies offene Wort! Aber ich wage es, weil ich ehrlich glaube, dass dieses Flugblatt Ihnen mehr schadet als nützt, und mir nichts mehr gegen den Strich gehen könnte.

Es wäre schön Sie bald zu sehen, oder doch ausführlich von Ihnen zu hören. Wie war es bei E.[rnst] J.[ünger], der mir mitteilte, dass Sie bei ihm „weilten“.[116] Er ist nicht auf die Idee gekommen, meine kleine Mitteilung „letzter Worte“ könnte eine ironische Note habe? Tant mieux, après tout [Um so besser, nach allem]: Und was macht Anima?

Ich grüße Sie von Herzen!
In aufrichtiger Verehrung stets Ihr getreuer
Nicolaus Sombart

---

111 Hs. Ergänzung von N. S.: „ich zerstöre die Points – es geht um Amerika.“

112 Anlässlich des Wiederabdrucks seiner Schrift „Die Lage der europäischen Rechtswissenschaft“ bemerkte Schmitt 1958: „Das große Thema des tieferen Verhältnisses von Savigny und Hegel hätte ich nur bei einer eingehenden, weit über den Streit der Fakultäten hinausgehenden, umfangreichen Arbeit beantworten können. Daß ich eine solche Arbeit nicht vorlegen kann, gehört zu den großen Versäumnissen meines Lebens.“ *Carl Schmitt*, Verfassungsrechtliche Aufsätze, Berlin 1958, S. 428.

113 Vgl. die Zusammenstellung der einschlägigen Zitate aus Sombarts „Pariser Lehrjahre“ in: Schmittiana VI, 1998, S. 64–74.

114 „Was soll man davon sagen?“

115 Bezieht sich auf den Verlagsprospekt des Greven-Verlags, s. Brief Nr. 32.

116 Schmitt war mit seiner Tochter Anima kurz vor Weihnachten bei Jünger in Wilflingen; vgl. BW GJ, S. 159.

35
Nicolaus Sombart an Carl Schmitt

Paris [Anfang 1952]

[*Karte des Pariser Cafés Procope mit den Porträts berühmter Franzosen und längerem gedruckten Text: „... Le PROCOPE renaît aujourd'hui, fidèle aux grandes ombres de son histoire. Symbole du passé, la table de Voltaire témoigne de sa pérennité et s'apprète à acceuillir des gloires nouvelles.“*[117] *Auf der Rückseite handschriftlich von Nicolaus Sombart:*]

... à acceuillir des gloires nouvelles:
les voici: [... um zu empfangen neuen Ruhm: hier sind sie:]
Nicolaus Sombart
(dont l'adresse est: 25, Place Dauphine)

[*hs. von R. Schnur*[118]*:*]

Roman Schnur
(der sich mit dem vom Generalkonsulat für die Heimreise geliehenen Geld hier wohlfühlt.)

36
Nicolaus Sombart an Carl Schmitt

Paris, 6.3.1952

Lieber Herr Professor,

Hier glühende Kohlen auf Ihr Haupt! Sie sind wirklich nicht nett, dass Sie mich garnichts von sich wissen lassen, Haben Sie meine diversen Sendungen nicht bekommen?

Ich habe mich hier jetzt völlig in den Grund der Bibliothèque Nationale eingebohrt und führe eine ganz livresque Existenz. Leider zeigt sich schon das Ende der Pariser Tage am Horizont, es ist schrecklich ...

Mme Ponceau habe ich nicht wiedergesehen. Es allerdings von mir aus auch nicht versucht. Was hören Sie von ihr?

---

117 „... Das PROCOP ersteht heute wieder, getreu den großen Schatten seiner Geschichte. Der Tisch Voltaires bezeugt den Fortbestand und bereitet sich vor, neuen Ruhm zu erwerben.“ Das alte Restaurant Le Procop im Pariser Quartier Latin war ein Treffpunkt der Aufklärer im 18. Jahrhundert gewesen, eine Tradition, die das Restaurant auch durch die Ausstattung bewahren wollte.

118 Roman Schnur (1927–1996), Jurist. Über sein Verhältnis zu Schmitt vgl. van Laak, S. 281–288.

Für Anima lege ich ein kleines Manuskript bei, das, so schön es ist, keinen Abnehmer gefunden hat. So gehört es ihr jetzt ganz allein.

Mit herzlichen Grüßen!
Nicolaus Sombart

37
Nicolaus Sombart an Carl Schmitt

Heidelberg, 9.9.1952

Lieber Herr Professor,

Unser Bahnsteiggespräch ließ mich in wehmütiger Stimmung zurück. (Zu der Frage, was es mit dem Pater Joseph für eine Bewandtnis habe, hätte ich noch gerne hinzugefügt, dass Adenauer in dem bewussten „Omnibus" nicht seine graue Eminenz, wohl aber einige alte Tanten mitzunehmen gedachte. Offenbar kann man nicht über Macht nachdenken, ohne den Faktor Familie, – oder um dem Jesuitenpater, von dessen Buch Sie mir sprachen, entgegenzukommen, den Faktor „Geschlecht" – sehr ernsthaft zu berücksichtigen. Doch was soll das …)

Gerüstet mit Ihrem Geschenk machte ich mich auf, um in meiner Klause Schutz zu suchen vor allzu windigen Gedanken. Ich nahm mir den Anders'schen Kafka vor.[119] Ein Ritualmord. Aber kann man sich darüber freuen, (wie ich es so gerne gewollt hätte, in Gesellschaft von Dry Amontillado)? Mir gelang es nicht, sondern ich wurde nur noch trübseliger. Denn was da über Kafkas „Agnostizismus" und seine „Unfreiheit" etc. gesagt wird, betrifft es nicht auch uns? „Der Ohnmächtige ist uninformiert" – das klingt mir sehr vertraut. Und was soll ich zu einem Satz sagen, wie diesem (S. 48):

„Wenn aber niemand weiß, wie es um ihn bestellt ist, was er zu gewärtigen habe, wem er etwas schulde, wessen er verdächtigt werden könnte, warum er angeklagt ist, ob er toleriert sei, wenn ja, für wie lange, wenn nein, von wie kompetenter Stelle – dann verwandelt sich jede noch so lebendige Energie in maßlose und pausenlose Deutungswut. Der Deutungsfuror,… ist also das Stigma des Entmächtigten; dessen, der … die Welt interpretieren muss, weil andere sie verwalten und verändern."

Das ist gar nicht mehr spaßig, sondern zum Verzweifeln ernst. Was bleiben denn all unsere Aperçus? – über die Absicht, in der sie geprägt wurden,

[119] *Günther Anders*, Kafka. Pro und contra. Die Prozeß-Unterlagen, München 1951. Zu Anders/Kafka vgl. auch den Eintrag Schmitts vom 15.5.1949 im Glossarium.

wollen wir einmal hinweggehen, über die Not, die sie uns abpresst – Mutmaßungen der Ohnmächtigen. Die Macht beginnt dort, wo nicht mehr über sie geredet wird. Wo überhaupt nicht mehr „geredet" wird. Ich will soweit gehen zu sagen: Die Sphäre des Logos ist par définition machtfremd(fern).

Da soll man nun Bücher schreiben! Immerhin, Sie waren „Staatsrat". Seien Sie jetzt auch noch so nett, und schicken Sie Ihr Bild einem Kleingläubigen.

Von Herzen Ihr
Nicolaus

38
Carl Schmitt an Nicolaus Sombart

Plettenberg, 11.9.1952

Vielen Dank, lieber Nicolaus, für Dein Schreiben und den Koestler.[120] Ich schicke ihn bald zurück, inzwischen erfreue ich mich an den Strichen, die ihn zieren und interessant machen. Schade, dass ich Dir den Kafka von Anders nicht ganz anstreichen konnte. Laß Dich nicht vom Irrlicht des Macht-Denkens beirren. Du bist Macht genug, solange Du das nicht tust. Sonst gerätst Du in die Opiumhöhlen der künstlichen Paradiese (wer keine Macht hat, braucht viele Süßigkeiten[121]). Aber verlass Dich darauf: Du bist Macht genug. Werde nicht schwach und nicht ungeduldig.

Hier schicke ich Dir das Foto.[122] Grüße Deine Mutter herzlich von mir; ich denke immer noch mit Rührung an ihre große Gastfreundlichkeit. Im übrigen geht unser Gespräch weiter.

Immer Dein alter und unveränderlicher
Carl Schmitt

---

[120] Vermutlich: *Arthur Koestler*, Darkness at noon (zahlr. Aufl.); vgl. Glossarium, Eintrag vom 13.9.1952.

[121] Vgl. den Eintrag vom 7.10.1951 im Glossarium: „Wer keine Macht hat, braucht viele Süßigkeiten. Wer sagt das? Das sagt Max Nettlau. Wer ist das? Ein Anarchist; Bakunin-Biograph." Das Zitat verwendete Schmitt öfter als Widmung. Gegenüber Alfred Andersch meinte er aber einschränkend dazu: „schien mir der heutigen Jugend nicht mehr verständlich." (DLA Marbach, HS 3108797, Zugangsnr. 78.7709/6).

[122] Carl Schmitt schickte Nicolaus das Foto, das auch das Titelbild der Festschrift zu seinem 70. Geburtstag bildet (vgl. Abb. 8a u. b). Auf der Rückseite hatte er notiert: „Meinem lieben Nicolaus Sombart in alter Freundschaft von Carl Schmitt, zur besonderen Erinnerung an unser Heidelberger Bahnhofsgespräch vom 6. September 1952. / Ich denke, also habe ich Feinde; / Ich habe Feinde, also bin ich." Das Foto stellte Nicolaus sich „als Ansporn" auf den Schreibtisch; vgl. Brief Nr. 40.

„Es handelt sich nicht darum, die Welt zu interpretieren, sondern sie zu verändern", richtiger: sondern sie zu nehmen, d.h. ihr einen Nomos zu geben.

39
Nicolaus Sombart an Carl Schmitt

Heidelberg, 17.9.1952

Lieber Herr Professor,

Vielen Dank für Brief und Karte und Photo! Den Bailly[123] schicke ich Ihnen, sobald ich in Paris bin; auch den Nomos-Artikel will ich dann im Bailly nachschlagen.[124]

Ich fände es schön, wenn ich Sie noch einmal sähe, bevor ich Deutschland verlasse. Wann sind Sie genau in Frankfurt? Ich könnte dann auch kommen!

Mit Roman Schnur versuche ich das „Archiv" in Gang zu bringen.[125] Leider ist Kesting von unverständlicher Indolenz.

Herrliche Lektüre: Las Cases Mémorial![126]

Auf bald dann!
Ihr
Nicolaus

40
Nicolaus Sombart an Carl Schmitt

Paris, 14.10.1952

Sehr verehrter Herr Professor,

Hier der Max Weber.[127] Ob man das so publizieren kann? (Wie gesellen Sie mich in der Reihe Comte – Nietzsche – Weber?)

---

123 Im Orig. „Bali".

124 *Anatole Bailly*, Dictionnaire grec-français. Red. avec le concours de E. Egger. Éd. rev. par L(ouis) Séchan et P(ierre) Chantraine, 16. ed., Paris 1950.

125 Gemeint ist das „Archiv für Rechts- und Sozialphilosophie", dessen Redaktionssekretär Roman Schnur 1955 wurde.

126 *Emmanuel de Las Cases*, Le mémorial de Sainte-Hélene, Bd. 1–8, zuerst Paris 1821–1823. Der Autor setzte sich mit dem Werk für Napoléon ein.

127 Rezension Sombarts zu Max Weber: Gesammelte Aufsätze zur Wissenschaftslehre (unveröff. Typoskr., mehrere Exemplare im Nachlass Schmitt, RW 0265

Außerdem zwei <…>-Zeichnungen als Nachtrag zu dem Bericht über E.[rnst] J.[ünger] in Paris.

„Nomos“ sende ich demnächst nach. Auch Bailly folgt.

Es wäre schön, von Ihnen zu hören. Ihr Bild steht vor mir, als Ansporn.

Immer Ihr
Nicolaus S.

41
Nicolaus Sombart an Carl Schmitt

Paris, 1.1.1953

Sehr verehrter Herr Professor,

Ich möchte nicht unter denen fehlen, die Ihnen ihre herzlichsten Wünsche für das Neue Jahr entbieten. Leider bin ich seit langem ohne Nachricht von Ihnen, doch will ich es nach alter Sitte damit deuten, dass es Ihnen gut geht.

Hier mein Geschenk für 1953: einen Satz des guten Ballanche, den ich diesen Sommer in Lyon ausgegraben habe. Er ist nicht publiziert, doch zitiert ihn Viatte (Sources occultes du romantisme, II, 216).[128]

„La loi agraire, le partage de la terre symbolise les autres lois.“[129]

Er steht in einem Fragment, das „Formule générale de l'Histoire“ überschrieben ist.

Meine Arbeit geht gut voran. Das „Buch“ hat mich in seinem Bann.

Immer Ihr ganz ergebener
Nicolaus Sombart

Nr. 20195, 20204 und 21809; abgedruckt im Anhang unter Nr. 4). Schmitt lobt diesen Text gegenüber Forsthoff noch 1967: „Ich habe von ihm [Nicolaus S.] auch noch einen Aufsatz über Max Weber (aus dem Jahre 1947 [recte 1952]), der glänzende Ansätze enthält.“ *Ernst Forsthoff/Carl Schmitt*, Briefwechsel (1926.1974), hrsg. von Dorothee Mußgnug/Reinhard Mußgnug/Angela Reinthal, Berlin 2007, S. 235.

[128] *Auguste Viatte*, Les sources occultes du romantisme. Illuminisme – theosophie 1770–1820, tom. 2: La génération de l'empire, Paris 1928. Unter dem Titel „Formule générale“ sind 1829 und 1830 Texte von Ballanche in der Zeitschrift „Revue de Paris“ veröffentlicht worden.

[129] „Das Agrargesetz, die Teilung der Erde symbolisiert die übrigen Gesetze.“

42
Nicolaus Sombart an Carl Schmitt

Paris, 14.1.1953

Sehr verehrter Herr Professor,

Gestern fand ich Ihre völlig vergessene Karte mit der Bitte, im Bailly unter nomos nachzuschauen – bitte verzeihen Sie, dass ich jetzt erst Ihrem Wunsch nachkomme.

νομός, ὁ[130]

I. division de territoire
1. province. District, région 2. nom d'Egypte 3. satrapie des empires babylonien 4. Zone de territoire en Seythie

II. Pâturage

νόμος, ὁ

I. ce qui est attribué en partage, d'où ce qu'on possède ou dont on fait usage

II. 1. opinion générale, maxime 2. Usage, coutume ayant force de loi

Dies alles mit unendlich vielen Belegen – sollten Sie darauf Wert legen, so lasse ich den Artikel photokopieren.

Sonst nur gute Nachricht. Das „Buch" macht schöne Fortschritte. Es wird eine moderne Mythologie: es wird mir gelingen zu zeigen, wie Begriffe aus Erfahrungen destilliert werden – und inwiefern „Begriffe" (die Begriffe der politischen Wissenschaften) mythologische Charaktere sind. Da es dabei auf die Fülle der Belege ankommt (um z.B. zu zeigen, inwiefern die „Revolution" als „Bürgerkrieg" empfunden und erfahren wurde) macht mir die Frage Kopfschmerzen, wie ich Text und Quellen miteinander koppeln soll. Habe mir daraufhin Ihre „Diktatur" noch einmal angesehen[131] – es wird wohl darauf hinauslaufen, d.h. zwei Drittel der Seite für Fußnoten. Scheibert denkt ja daran, alles Material in einen extra Band zu tun, um den Brottext lesbarer zu machen; aber das bedeutet, dass niemand (außer einigen Ausbeutern) sich die Mühe machen wird, die Quellen zu überprüfen.

Nebenher treibe ich ein wenig französische Soziologie – deren jüngste Repräsentanten (Callois und Bataille, auch Monnerot) ja hochgescheite Burschen sind. Sie sind daran, die Ergebnisse der ethnologisch orientierten

---

130 Die griech. Begriffe sind im Brief hs. und fehlerhaft geschrieben.

131 *Carl Schmitt*, Die Diktatur. Von den Anfängen des modernen Souveränitätsgedankens bis zum proletarischen Klassenkampf, München/Leipzig 1921 (u.ö.).

Soziologie der Durkheim und Levy-Bruhl für unsere Probleme auszuwerten. Ich komme auf meine Weise ihren Thesen sehr nahe – denn die archaische Struktur der sog. modernen (postrevolutionären) Gesellschaft ist zweifellos besser mit den Kategorien des „Totemismus" zu fassen, als mit den Rationalisierungen des Staatsrechts und der Sozialwissenschaften des XIX. Jahrhunderts.

Ich würde mich sehr freuen, einmal wieder von Ihnen zu hören, lieber Herr Professor!

Inzwischen wie stets
Ihr aufrichtig ergebener
Nicolaus Sombart

43
Carl Schmitt an Nicolaus Sombart

Plettenberg, 18.7.1953

Mein lieber Nicolaus,

vielen Dank für Dein Telegramm aus Düsseldorf vom Flughafen und Deine schöne Karte aus Paris. Wir schicken Dir hier die gewünschten Sachen. In Spanien wird zur Zeit alles in Urlaub sein; für alle Fälle: Prof. Enrique Tierno Galvan,[132] Ferraz 81 in Madrid, und Javier Conde,[133] Instituto Estudios Politicos, Plaza de la Marina Española, Madrid. Tierno weiß wohl auch die Adresse des Malers Hans Bloch,[134] den ich Dir sehr empfehle. Aber wie gesagt, im August ist niemand in Madrid.

Mit allen guten Wünschen
Dein Carl Schmitt

---

132 Enrique Tierno Galván (1918–1986), span. Jurist, Gegner Francos und Gründer der sozialistischen Partei Spaniens. Im Nachlass Schmitt liegen 28 Briefe und eine Postkarte von ihm.

133 Francisco Javier Conde (1908–1974), span. Politikwissenschaftler, wandelte sich vom Sozialisten zum Franquisten. Conde war Schüler von Hermann Heller wie von Carl Schmitt und übersetzte Schmitts „Begriff des Politischen" und den „Leviathan". Er starb als spanischer Botschafter in Bonn. 17 Briefe und 1 Telegramm im Nachlass Schmitt.

134 Hans Bloch (1909–1998), Expressionist, stellte 1949 und 1952 in Madrid aus.

44
Nicolaus Sombart an Carl Schmitt

Paris, 15.11.1953

Lieber und verehrter Herr Professor!

Heinrich Popitz[135] wird Ihnen vielleicht berichtet haben, dass wir uns dieser Tage in Bad-Godesberg trafen, um erneut über gewisse gemeinsame Pläne zu sprechen. Durch ihn hörte ich wieder Näheres über Sie. So beschloss ich Ihnen doch einmal getrost zu schreiben. Sie müssen wissen, dass ich in Gedanken ständig mit Ihnen bin.

Sehr verwundert hat es mich, Sie als Mitarbeiter der Zeitschrift von Dr. Hinder wiederzufinden.[136] Soll das ein Hinweis für uns alle sein, es ebenso zu halten? Ich weiß nicht recht, was ich über dieses seltsame Ein-Mann-Unternehmen denken soll.

Mit großem Vergnügen las ich den Bericht der FAZ über Ihren Vortrag in Iserlohn.[137] Hoffentlich wird ein Büchlein daraus, vielleicht eine Fortsetzung von LAND UND MEER. Als Beitrag dazu möchte ich Ihnen hier ein kleines Gedicht senden. Es stammt von niemandem Geringeren als Louis XVIII, der ja ein großer Literat war. Ich glaube, dass der Versuch der Brüder Montgolfier ihn dazu inspirierte:

Les Anglais, nation trop fière,
S'arrogent l'empire des mers.
Les Français, nation légère,
S'emparent de celui des airs.[138]

---

[135] Heinrich Popitz (1925–2002), Soziologe, Sohn des Schmitt-Freundes Johannes Popitz, in Heidelberg Kommilitone von Nicolaus Sombart.

[136] Die Zeitschrift „Gemeinschaft und Politik. Zeitschrift für soziale und politische Gestalt“ wurde ab 1953 von Rolf Hinder im Institut für Geosoziologie und Politik in Bad Godesberg herausgegeben. Im ersten Jahrgang (H. 2, S. 18–27) erschien: *Carl Schmitt*, Nehmen / Teilen / Weiden. Ein Versuch, die Grundfragen jeder Sozial- und Wirtschaftsordnung vom Nomos her richtig zu stellen. Einen Sonderdruck schickte Schmitt mit der Widmung „Herzlichen Glückwunsch! 6.12.53, C. S.“ an Sombart; vgl. Katalog Tasbach, S. 19.

[137] Am 15.10.1953 hielt Schmitt in der Aula einer Iserlohner Schule einen Vortrag über „Wert und Unwert der modernen Technik“; am 20.10.1953 sprach er im Kaufmännischen Verein Iserlohn über „Land und Meer“. Vgl. *Reinhard Mehring*, Carl Schmitt. Aufstieg und Fall, München 2009, S. 490. Der Vortrag wurde in der FAZ vom 31.10.1953 von Albert Schulze Vellinghausen besprochen.

[138] „Die Engländer, äußerst stolze Nation, / reißen die Herrschaft über die Meere an sich. / Die Franzosen, ein leichtes Volk, / beanspruchen diejenige der Lüfte.“

Dazu passt der zeitgenössische Stich der Invasion Englands in Luftballons.[139] Sie hat leider nicht stattgefunden …

Im Frühjahr bin ich wieder in Deutschland. Vielleicht sehe ich Sie dann wieder. Ich würde mich sehr freuen!

Mit allen guten Wünschen bin ich Ihr
aufrichtig ergebener
Nicolaus Sombart

45
Nicolaus Sombart an Carl Schmitt

[Heidelberg, 29.1.1954]

Mais, direz-vous, vos idées n'ont pas eu pour elles la force. Elles n'ont pas triomphé. Vous êtes un vaincu.

– Je le nie. Je suis resté seul, cela est vrai; mais j'ai eu cette bonne fortune, qu'en perdant tout j'ai vu tous mes pressentiments réalisés, tous mes avertissements confirmés, tous mes principles consacrés par ma ruine. Ce n'est pas là être vaincu.[140]

E. Quinet, La Révolution, 1865
(der letzte Satz)

[hs.:] In dem Bedauern, Sie nicht gesehen zu haben,
und freundlichen Grüßen überreicht!

N. S.

46
Carl Schmitt an Nicolaus Sombart

Plettenberg, 3.8.1954

Mein lieber Nicolaus, vorigen Dienstag, den 27. Juli, hörte ich Dein Gespräch über Benito Cereno und war am Schluss sehr begeistert. Heinz Friedrich vom Abendstudio hat mir inzwischen (von sich aus) den Text

139 Napoleon plante eine Invasion Englands mit Fesselballons.

140 „Doch sagen Sie, Ihre Ideen haben als solche keine Kraft gehabt. Sie haben nicht triumphiert. Sie sind ein Besiegter. – Das bestreite ich. Ich bin allein geblieben, das ist wahr. Aber ich habe das Glück gehabt, dass, indem ich alles verlor, ich alle meine Ahnungen Wirklichkeit werden sah, alle meine Warnungen bestätigt, alle meine Prinzipien gerechtfertigt durch meinen Untergang. Das ist nicht das, was besiegt sein heißt." *Edgar Quinet*, La révolution, tome 2, Paris 1865, S. 633. Der Wortlaut des Originals ist etwas abweichend. Die Unterstreichungen sind von Nicolaus Sombart.

geschickt.[141] Hoffentlich wird diese großartige Sache bald gedruckt. Was ich nicht verstehe: warum Du Ernst Jüngers Eintragung vom Sept. 43 und nicht die vom Oktober 41 zitierst; aber das ist nicht wichtig.

Gestern erhielt ich von Deiner Mutter aus Heidelberg die Nachricht von Deiner Vermählung.[142] Ich wünsche Dir und Deiner Frau von Herzen Glück. Du weißt, dass Gratulationen heutzutage ein Problem werden, wenn sie ausführlicher substanziiert werden sollen. Aber ich weiß, dass Probleme nicht gelöst, sondern abgelöst werden und warte daher auf die Gelegenheit zu weiteren Gratulationen. Immer aber bleibe ich

Dein alter, unveränderlicher Freund
Carl Schmitt.

47
Nicolaus Sombart an Carl Schmitt

Straßburg, 10.8.1954

Sehr verehrter, lieber Herr Professor,

Lassen Sie mich Ihnen herzlich für Ihre Gratulation danken – ich bin mit Ihrer Formulierung einverstanden. Beinahe wichtiger war mir, dass Ihnen das Gespräch über Benito Cereno nicht missfallen hat. Ich hoffe, man hat in der Sendung, so wie ich es im Manuskript getan habe, des trefflichen Tierno gedacht, dessen Essay ich ja in ziemlicher Freibeutermanier meinem Skripte einverleibte.[143] Die große Schwierigkeit bestand ja darin, eine Interpretation mit der reinen Wiedergabe der doch sehr umfangreichen Novelle zu verbinden. Ich glaube, dass mir das dadurch gelungen ist, dass ich die Interpretation dreimal, auf verschiedenen Ebenen, ansetzen lasse, um erst das letzte Mal zu der mir evidenten Deutung vorzu[d]ringen. In ihr weiche

---

141 Die Sendung hatte den Titel „Benito Cereno oder Der Mythos Europa" (Typoskript im Nachlass Schmitt, RW 0265 Nr. 20445). Der Text ist nicht veröffentlicht, doch erschien von Sombart: „Benito Cereno – ein Mythos? Ein erdachtes Gespräch", in: FAZ vom 30.10.1954. Der Rundfunkredakteur und spätere Verleger (dtv) Heinz Friedrich (1922–2004) war mit Carl Schmitt freundschaftlich verbunden. Im Nachlass Schmitt liegen 45 Briefe, 2 Postkarten und 1 Telegramm.

142 Sombart heiratet im Juli 1954 Thamara Khoundadzé aus Paris, Tochter eines Georgiers und einer Engländerin.

143 Enrique Tierno Galván veröffentlichte seinen Aufsatz „Benito Cereno oder der Mythos Europas" in der Schmitt-Festschrift „Epirrhosis" 1968 (S. 345–356). Der Text lag aber schon für die nicht veröffentlichte Festschrift zum 65. Geburtstag als Typoskript vor. Sombart besaß ein von Schmitt mit zahlreichen handschriftlichen Korrekturen versehenes Exemplar; vgl. Katalog Tasbach, S. 32. Weitere Exemplare liegen im Nachlass Schmitt (RW 0265 Nr. 20444 und 21090).

ich ja, wie Sie gesehen habe[n], von Tierno, – besonders, was die Figur Babos betrifft, – erheblich ab. Mancher Scherz übrigens, der Ihnen Spaß gemacht hätte, fiel den (notwendigen) Kürzungen zum Opfer. Immerhin finde ich es vergnüglich, wie man sich so, über die Köpfe von einigen tausend Rundfunkhörern hinweg, seine bon-mots zurufen kann. Diese private Benutzung der scheinbar so hochoffiziellen Sendestationen erinnert mich lebhaft an jene nächtlich über die allerdienstlichsten Fernsprechleitungen, irgendwo aus Rußland, geführten Privatgespräche, die dadurch möglich wurden, dass man einfach den technischen Dreh, wie man sich weiterverbinden lassen konnte, heraus hatte. Der findige Privatmann nistet sich so in den technischen Apparaturen ein und benutzt sie ungestört für seine Zwecke.

In diesem Sinne habe ich auch Ihr Gespräch über die Macht[144] (wenn auch nicht gehört, so doch, dank Friedrich) gelesen. Hier bin ich nun weniger mit Ihnen einverstanden. Bevor ich meinen Haupteinwand vorbringe, möchte ich zum Thema des „Vorzimmers der Macht“ an die Institution der „Grande Entrée“ erinnern, die mir aus dem Zeremoniell des Napoleonischen Hofes bekannt ist, und wohl, wie die meisten Elemente der imperialen Etikette, auf den Betrieb am Hofe der französischen Könige zurückgeht. – Die „Grande Entrée“ ist das Privileg der Grand[s] Dignitaires (und besonders dadurch ausgezeichneter Personen),[145] jederzeit ohne Anmeldung zum Kaiser Zutritt zu haben. Sie unterschied sich von der „Petite Entrée“, die Zutritt nur zu bestimmten Audienzstunden gewährte. Doch auch das war ein Privileg. Man war Beamter „mit und ohne“ Entrée.

Doch zur Problematik der Macht. Ich will hier nicht darauf eingehen, dass Sie meiner Meinung nach Ihre Frage „Woher stammt die Macht“ keineswegs auch nur andeutungsweise beantworten. – Sie könnten mir sagen, das sei auch keineswegs Ihre Absicht gewesen. Nein, ich hake gleich am Anfang ein, wo Sie die Frage aufwerfen: Wer hat überhaupt das Recht, über die Macht zusprechen? Sie wollen den Hörer glauben machen, es handele sich um eine rhetorische Frage, doch weit gefehlt – obwohl sie so, wie Sie sie beantworten, falsch gestellt scheint, verbirgt sich hinter ihr das vertrackteste Problem allen Philosophierens über die Macht (und dergleichen), insofern nämlich, als derjenige, der die Macht hat, par définition nicht über sie redet. Wer über die Macht redet, beweist dadurch schon, dass er zu den Machtlosen gehört. Ebenso liegt die Sache mit Machiavelli. Der wirkliche

144 Am 22.6.1954 vom Hessischen Rundfunk gesendet; am 22.11.1954 vom Nordwestdeutschen Rundfunk unter dem Titel „Macht – so gefährlich wie immer, so verdächtig wie nie“ wiederholt. Buchveröffentlichung unter dem Titel „Gespräch über die Macht und den Zugang zum Machthaber“, Pfullingen 1954 (u. ö.).

145 Hs. Anm. hierzu: „Molé wurde es verliehen; er machte davon während der 100 Tage Gebrauch und erschien mitten in der Nacht in der Malmaison.“

Machiavellist schreibt nämlich überhaupt kein Buch; auf jeden Fall kein Buch im Sinne einer Aussage über das Wesen der Macht.

Sie erraten, dass mir diese Dialektik von meinen Forschungen über das Problem des Reichtums her vertraut ist. Über den Zusammenhang von Macht und Reichtum, ja über die Auswechselbarkeit der beiden Begriffe, ließe sich allerlei sagen. Identisch scheint mir der Fall zu sein, was das „Reden" darüber betrifft. Wer reich ist, redet nicht darüber. Das Schweigen gehört zu seinen wesentlichsten Kennzeichen. Umso mehr redet der Arme über seine Armut – die ganze Weltliteratur wird irgendwie durch diesen Drang gespeist. Der geheimnisvolle Zusammenhang von Macht und Schweigen und Ohnmacht und Geschwätzigkeit scheint mir also das eigentliche hermetische Glacis zu sein, durch das sich jede Erörterung der Macht erst einmal durchkämpfen muss – vorher glaube ich ihr keinen Ton. Die Sache mit der „dritten Instanz" (Deskription) scheint mir – aber das deuten Sie ja auch an – besonders faul.

Ich würde mich sehr freuen, wenn Sie mir hier einen Fingerzeig geben würden. Im Übrigen hoffe ich sehr, nun ich mich in meinem Studio gemächlich eingenistet habe, die Ruhe für eine geregelte Korrespondenz zu finden. Nicht zuletzt deswegen bin ich ja in den Stand der Ehe eingetreten.

Ich habe für Sie bestellt: Leo Strauss „De la Tyrannie" mit einem Nachwort von Kojève „Tyrannie et sagesse",[146] in dem Manches über unser Thema steht. Leider nicht genug.

Immer glücklich von Ihnen zu hören, bin ich, mit vielen Grüßen auch von meiner Frau, Ihr herzlich ergebener Schüler
Nicolaus Sombart

48
Carl Schmitt an Nicolaus Sombart

Plettenberg, 30.11.1954

Mein lieber Nicolaus,

seit langem will ich Dir schreiben, sowohl um für das Buch von Leo Strauß zu danken und den Empfang der Abschrift des Schreibens von Herrn Victor Mann[147] zu bestätigen, als auch um endlich einmal wieder mit Dir zu sprechen. Aber die Fülle der Gesprächsthemen ist unermesslich, mein Wunsch,

---

146 Das Buch befindet sich mit Widmung von Nicolaus Sombart und Anmerkungen Schmitts im Nachlass Schmitt (RW 0265 Nr. 25185).

147 Es handelt sich um einen Brief an die Redaktion der FAZ vom 1.11.1954, der sich kritisch mit dem hier erschienenen Aufsatz von Sombart über Benito Cereno auseinandersetzt, (im Nachlass Schmitt, RW 0265 Nr. 8993).

Dich wiederzusehen ist ebenfalls sehr groß, und die Summe oder das Produkt dieser vielen Größen ergibt eine Lähmung angesichts des zu beschreibenden Papiers. Du kannst Dir gar nicht vorstellen, wieviel es zu erzählen gibt und wieviel Mitteilenswertes sich an einem so uninteressanten Punkt des Sauerlandes ansammeln kann, wie in diesem Neste Plettenberg, dem Schauplatz meiner bejammernswerten Existenz. Du kennst dieses Nest. Aber Du bist noch viel zu jung um zu ahnen was es bedeutet, in die Rolle eines Philemon ohne Baucis hinein zu geraten.

An dem Buch von Leo Strauß ist natürlich die Antwort von Kojève das weitaus beste. Er hat intellektuelle désinvolture, während Leo Strauß leider zu einem dünnblütigen Akademisten geworden ist, was er früher nicht war.[148] Der Brief von Victor Mann ist geradezu herzzerreißend. Er gehört ans Schwarze Brett der Kaiser-Wilhelm-Gedächtniskirche. Er entfaltet gleich zwei Banner auf einmal, das des Christentums und das eines gemäßigten Liberalisten. So vermeidet er die scheußliche Farbe, die in dem Vers Theodor Däublers signalisiert ist:

Schmarotzerrot keucht der Kaukasier hin
Und baut sich emsig gelbviolette Stätte.[149]

In dem schönen Straßburg bist Du von solchen Farben weit entfernt. Gibt es dort noch das Restaurant Edel? Vielleicht komme ich doch noch einmal nach Straßburg und treffe mich dort mit meinem Lothringer Vetter André, der mir dieser Tage wieder geschrieben hat.

Aber unser eigentliches Thema bleibt natürlich Benito Cereno. Doch fällt mir auch angesichts dieses Themas die Feder aus der Hand, wenn auch die Schreibmaschine noch klappert. Ich muss Dir aber jetzt endlich das gedruckte Exemplar meines Gespräches über die Macht schicken, als Antwort auf Deine völlig unbegründeten Hinweise zur Problematik jedes Wortes über die Macht. Von dieser Problematik weiß ich ebenso viel wie Du. Ich begnüge mich damit, Dir einige diesbezügliche Sätze in das beiliegende Exemplar zu schreiben[150] und bitte Dich, Dir das ganze Gespräch in seinem Aufbau und in

---

148 Schmitts Wertschätzung für Leo Strauss war ambivalent. Er schätze vor allem den jungen Strauß; vgl. *Heinrich Meier*, Carl Schmitt, Leo Strauss und „Der Begriff des Politischen". Zu einem Dialog unter Abwesenden, 3. Aufl., Stuttgart/Weimar 2013.

149 Aus dem Gedicht „Der Geist" in der Sammlung „Das Nordlicht" von Theodor Däubler; vgl. *Theodor Däubler*, Dichtungen und Schriften. Hrsg. von Friedhelm Kemp, München 1956, S. 672.

150 In das Exemplar schrieb Schmitt folgende Widmung:
„Nicolaus Sombart überreicht, in der Vermutung, daß es gelingt, ihn an diesem schweigenden Reden zu beteiligen und das Arcanum zu berühren, ohne es zu verletzen. C. S."

seinem wohlbehütetem Arcanum in einer empfänglichen Stunde noch einmal zu Gehör und Gemüte zu führen. Es wird sich sicher im Laufe der Monate oder der Jahre eine Gelegenheit finden, darüber zu sprechen.

Alle guten Wünsche für Dich und Deine Frau! Schreibe bald wieder
Deinem alten Freunde
Carl Schmitt

49
Nicolaus Sombart an Carl Schmitt

Straßburg, 6.12.1954

Sehr verehrter Herr Professor,

Ich habe mich sehr über Ihren Brief und über das Büchlein gefreut; mehr, als Sie vielleicht vermuten mögen.

Als eine besondere Aufmerksamkeit habe ich es empfunden, dass Sie meinem guten Ballanche die Ehre zuteil werden ließen, einen der Leitsätze Ihrer Widmung zu stellen.

L'initié tue l'initiateur … Sie wissen, dass dieser Satz das Zentrum seiner Geschichtsphilosophie ist. Revolutionen sind jene Krisen, in denen Geheimnisse divulgiert werden, was mit dem (rituellen) Opfer der alten Geheimnisträger verbunden ist – notwendig und unvermeidbar verbunden ist. Das ist der Sinn der Terreur und des gewaltsamen Todes Ludwig XVI. Anders ist aber Fortschritt nicht möglich. Auch bei Hegel muss der Knecht den Herren töten, um Herr zu werden … doch beschreibt er den Fortschritt als einen steigenden Bewusstseinsprozess. Ballanches Fortschrittbegriff ist erfüllt von der Dialektik von Geheimnis und Enthüllung, allerdings stellt er sich vor, dass die Zone des Geheimen immer kleiner, die des Publiken immer größer wird.

Soll man also das Arkanum hüten oder die nächste Revolution vorbereiten? Haben wir ein Interesse daran, sie zu verhüten? Das ist wohl die Frage.

---

1) Science is but small power (Th. Hobbes).
2) Real power begins where secrecy begins (Hannah Arendt).
3) Die Geheimdiplomatie öffentlicher Machthaber ist ein harmloses Spiel im Vergleich zu der öffentlichen Diplomatie geheimer Machthaber (C. S. Verfassungslehre).
4) Le secret de l'église catholique c'est qu'il n'y a pas de pouvoir indirecte.
5) Das Äußere ist das zum Geheimnis erhobene Innere.
6) L'initié tue l'initiateur (Ballanche)."
Vgl. Katalog Tasbach, S. 19f.

Freilich, verrät Geheimnis nicht wer will. Das Geheimnisvolle des Geheimnisses beschäftigt mich immer mehr. Es genügt nicht, etwas zu wissen und es auszusprechen, um das Geheimnis zu verletzen. Sie sprachen mir einmal davon.[151] Das Geheimnis schützt sich selbst, wie Traumgut.

Auf jeden Fall scheint mir der Schamanentanz Heideggers um das sich verbergende und bergende SEYN ein schönes Beispiel dafür zu sein, wie man an die Sache nicht herangehen darf. Der Witz ist ja doch, dass es sich nicht um ein metaphysisches, sondern um ein soziologisches Problem handelt.[152]

Eine Entdeckung allerdings glaube ich gemacht zu haben, der ich axiomatischen Charakter zusprechen möchte – ich glaube, man darf sie auch weitererzählen, denn sie gibt nicht mehr als einen Hinweis und hat hauptsächl. methodische Bedeutung: „Die Wahrheit erfährt man nur durch Renegaten …"[153] Für den täglichen Hausgebrauch heißt das soviel, dass man jemanden, der einem die Wahrheit sagen will, erst einmal fragen muss, wen er verraten möchte.

Doch genug davon für heute. Das Gespräch geht weiter.

Ist es wahr, dass Sie nach Straßburg kommen wollen? Das wäre ganz wunderbar! Sie könnten sogar, wenn Ihnen das nicht zu unbequem ist, mein Gast sein. Wir haben ungefähr soviel Platz, wie Sie in Plettenberg. Auch haben wir ein Mädchen, sodass Sie keine zu großen Skrupel zu haben brauchten.

Auch hier gibt es allerhand Lustiges und Interessantes zu sehen und zu hören. Und da ich sobald sicher nicht nach Plettenberg kommen kann, sollte doch ruhig der Berg zum Propheten kommen …

Der „Conseil"[154] ist ein ganz sonderbares Gebilde. Das etwa muss es sein, was man einen lebenden Leichnam nennt. Ich habe mich darauf angesiedelt, wie eine Muschel auf dem Kiel eines Wracks und fühle mich recht wohl so. Ich frage mich, ob diese Form des Parasitentums nicht dem an einer Universität – für einige Jahre wenigstens – gleichkommt. Wenn ich meinen Nachrichten von deutschen Universitäten glauben kann, gewiss.

Im Moment versuche ich hier den Begriff der „kommissarischen Diktatur"[155] populär zu machen, indem ich so argumentiere: genauso, wie

---

[151] Vgl. Jugend, S. 257 ff.

[152] Zu diesem Absatz am Rand stenogr. Anm. von Schmitt.

[153] Dazu am Rand stenogr. Anm. von Schmitt.

[154] Der Europarat in Straßburg, wo Sombart seit diesem Jahr tätig war.

[155] Vgl. *Carl Schmitt*, Die Diktatur. Von den Anfängen des modernen Souveränitätsgedankens bis zum proletarischen Klassenkampf, München/Leipzig 1921 (u. ö.), Kapitel I.

der absolutistische Staat mit einem technischen Spezialinstrument den Ständen abgewonnen wurde, muss Europa – aus dem Dschungel der Nationalstaaten herausgelöst werden. (Das Feld für Eigeninitiativen ist ja, im Schutze der Beratenden Versammlung, sehr groß.)

Zu dem Erfreulichsten in Straßburg gehört aber ein Kreis junger Akademiker meiner Generation, aus Oxford, von der Sorbonne, aus Rom, die es gleich mir hierher verschlagen hat, und mit denen Diskussionen möglich sind, die jene, die wir in Heidelberg geführt haben, wenn nicht an Tiefe, so doch an Weite übertreffen.

Ich würde mich freuen diesen Kreis um Sie zu versammeln, und ich glaube, auch Sie hätten Freude daran, diesen Brüdern einmal auf den Zahn zu fühlen.

Im Ernst, wollen Sie nicht wirklich schon im Januar herüberkommen? Von Heidelberg ist es ja nur ein Sprung hierher.

Mit meiner Frau wünsche ich Ihnen und Anima schöne Feste.
In aufrichtiger Verehrung Ihr
Nicolaus Sombart

50
Carl Schmitt an Nicolaus Sombart

Plettenberg, 16.12.1954

Mein lieber Nicolaus,

Deinen Brief vom 6. Dezember habe ich so oft gelesen, dass es mir schwer wird, ihn schriftlich zu beantworten. Über Ballanche musst Du mich einmal in einem eigens anberaumten Privatissimum gründlich informieren; ich brenne darauf. Ich verstehe jetzt auch – endlich – warum Du noch kein „BUCH“ geschrieben hast. Ich verstehe es und gebe Dir Recht.

Heute muss ich mich aber vor allem für die Einladung nach Straßburg bedanken und Dich bitten, meinen Dank – mit meinen Grüßen und Empfehlungen – auch Deiner Frau zu übermitteln. Euer Vorschlag hat mich sehr gerührt; ich komme bestimmt einmal im Laufe der Monate. Ich muss mich aber noch mit meinem lothringischen Vetter[156] abstimmen, einem altgewordenen bonvivant, der nach einem typischen bourgeois-Leben als Notar in einem ländlichen Nest an der Seille untergekrochen ist, den ich aber, aus alter Gewohnheit (wir sind seit unserer Jugend irgendwie immer wieder

[156] André Steinlein (1891–1964), Sohn des jüngeren Bruders von Schmitts Mutter, mit dem er seit Schülerzeiten zusammen war.

zusammengetroffen), sehr liebe; schon deshalb, weil für ihn in typischer Weise der alte Satz zutrifft: il n'y a pas de notaire qui n'ait rêvé de sultan.[157] Sollte es dazu kommen, dass ich ihm ein Exemplar des Gesprächs über die Macht schenke (ich habe es nicht vor), so würde ich ihm die Bemerkung von Benjamin Constant hineinschreiben: Sieht man den Ehrgeiz der Menschen und ihren Willen zur Macht, so befällt einen die Angst; sieht man dann, womit sie sich schließlich zufrieden geben, so befällt einen das Mitleid.

Es wäre für mich eine unwahrscheinliche Freude, mit Dir einen Spaziergang in Straßburg zu machen.

Sei froh, dass Du nicht auf die heutige Universität angewiesen bist. Einen so großartigen Brief, wie Du ihn mir jetzt geschrieben hast, könnte ich mir aus keiner deutschen Universitätsstadt kommend vorstellen. Gut, dass Du in Straßburg bist. Tout ce qui arrive est adorable.[158]

Ich war Anfang November in Frankfurt und habe dort auch mit Schwerbrock (von der Redaktion der FAZ) gesprochen.[159] Die Wirkung Deines Benito-Cereno-Aufsatzes scheint sehr groß zu sein. Der Aufsatz ist genial. Aber Du hättest Enrique Tierno nennen sollen. Eines Tages wirst Du ihn kennen lernen; dann wirst Du sehen, warum mir so sehr daran liegt. Tiernos Aufsatz selbst ist durch Deinen in weitem Maße überholt.

Sin mas por hoy – alle guten Wünsche für das Weihnachtsfest und das Neue Jahr, meine besten Grüße und Wünsche für Deine Frau, und hoffentlich auf ein gutes Wiedersehen im kommenden Jahr! Immer und überall, diesseits und jenseits von Macht und Ohnmacht,
unveränderlich Dein alter

Carl Schmitt

Ist Peter Scheibert noch bei Euch? Grüße ihn vielmals! Ich danke ihm sehr für seinen Brief aus Straßburg.

Der Aufsatz „Dreihundert Jahre Leviathan", der April 1951 in der Züricher „Tat" erschien (erinnerst Du Dich der schönen Leviathan-Feier in Frankfurt?), ist jetzt auf Italienisch in der Mailänder Zeitschrift „Il Borghese" Nr. 41, 3. Déc. 54 erschienen. Wenn es Dich interessiert, lass Dir das

---

[157] „Es gibt keinen Notar, der nicht den Traum hätte, ein Sultan zu sein."

[158] „Alles was geschieht, ist anbetungswürdig." Der von Schmitt häufig zitierte Satz geht zurück auf Léon Bloy, der ihn verschiedentlich gesagt hat, z. B. in Briefen an Julien Leclercq vom 31.7.1894 sowie an Heinrich de Groux vom 8.6.1895 (veröffentlicht in: *Léon Bloy*, Le mendiant ingrat).

[159] Wolfgang Schwerbrock (1919–1996), Schriftsteller, Essayist; von 1954 bis 1964 Feuilletonredakteur der FAZ.

Heft 41 der höchst amüsanten Zeitschrift kommen (unter Bezugnahme auf mich). Adresse: via Borghetto 5, Milano.

51
Nicolaus Sombart an Carl Schmitt

Straßburg, 19.12.1954

Sehr verehrter Herr Professor,

Ihr so beglückend freundschaftlicher Brief erreichte mich im rechten Augenblick: er traf gleichzeitig mit einer (übrigens sehr höflichen) Mahnung der Forschungsgemeinschaft ein, ich müsste nun endlich meinen „Abschlussbericht" vorlegen. Er machte es mir möglich einen Satz zu ertragen, wie diesen:

> „Man wird Ihnen noch nach vielen Jahren vorhalten, Sie hätten das in Sie gesetzte Vertrauen nicht gerechtfertigt, wenn Sie nicht abschließend noch berichten."

Ich frage mich aber seit einem Jahr: was soll ich berichten? Das BUCH ist ein Unternehmen, das viele Jahre in Anspruch nehmen kann. Soll ich darstellen, inwiefern es ein Fehler war, dass ich mir eine so ungeheure Arbeit zugemutet habe? Oder soll ich einen Essay über ein Buch schreiben, das ich gerne schreiben würde? Es kann doch nicht genügen, wenn ich eine Liste der von mir in zwei Jahren in der Bibliothèque Nationale gelesenen Bücher einreiche … Serienversuche mit Weißen Mäusen kann ich nicht aufweisen.

Dieses Stipendium wird mich noch zu Grabe bringen. Es lastet wie ein Alb auf mir und lässt mich meines Lebens nicht froh werden. Ich trage mich ernsthaft mit dem Gedanken es einfach zurückzuzahlen.

Scheibert hatte die Freundlichkeit mir mitzuteilen, dass man in Deutschland anfängt, mich für einen Hochstapler zu halten. Überall verspreche ich Bücher, schreibe sie dann aber nicht. So habe ich dem Andersch ein Buch über den „Reichtum" zugesagt, da ich ihm aber in Jahresfrist kein brauchbares Manuskript vorlegen konnte, behandelt er mich jetzt wie einen auf frischer Tat ertappten Einbrecher. Dabei ahnt er wohl kaum, was es heißt, über so ein Thema überhaupt nachzudenken. Dass ich mich seit Jahren ununterbrochen intensiv damit beschäftige, kümmert ihn genau so wenig, wie es die Forschungsgemeinschaft rührt, dass ich täglich mit ihrem B u c h e umgehe.

Wie soll man sich verständlich machen? Ich kann doch nicht als Abschlussbericht nach Bad Godesberg den Satz kabeln, den ich gestern in dem außerordentlichen Buche von Georges Bataille „La part maudite" (1949) gefunden habe:

„Nul ne peut à la fois connaître et ne pas être détruit. Nul ne peut à la fois consumer la richesse et l'accroître.“[160]

Dabei könnte es mir so gut gehen. Ich bin nicht nur endlich von der Misere befreit, sondern habe auch einen „job“, der es mir erlaubt in Ruhe nachzudenken, ohne ständig daran denken zu müssen, meine Gedanken an den Mann zu bringen.

Es ist ja sehr demütigend von seiner Hände Arbeit zu leben. Es ist aber unendlich viel demütigender von seiner geistigen Arbeit leben zu müssen. Was sind Schwielen, Managerkrankheit oder Sehschwächung gegen die schauerliche Deformation dessen, der seine geistigen Fähigkeiten zu Markte tragen muss, und die sich kurzerhand als „der Verlust der Fähigkeit echte Erkenntnis zu gewinnen“ beschreiben lässt. Hier ist es am Platze von Selbstentfremdung zu sprechen. Und eigentlich nur hier.

Als Weihnachtsgabe lege ich Ihnen eine „Note informative“ über Augustin Cournot (1801–1877)[161] bei, der m.E. in fünf Jahren genauso in aller Munde sein wird, wie Tocqueville heute. Nachdem nun Carl Burckhardt über Tocqueville geschrieben hat,[162] ist er ja wohl endgültig erledigt. Die nächste Stufe ist Spranger. Ein prächtiges Beispiel übrigens für das Verhältnis von Verhüllung und Enthüllung. Als Sie ihn vor zehn Jahren entdeckten,[163] war er wirklich aktuell, doch hat er in dem Maße an Bedeutung eingebüßt, in dem er populär wurde. Wir müssen also versuchen den Cournot noch ein Weilchen für uns zu behalten.[164]

Enrique Tierno habe ich wohl erwähnt! In der Ansage zu dem Rundfunkgespräch habe ich ausdrücklich auf ihn hingewiesen und unterstrichen, wie sehr ich ihm verpflichtet sei. Das ging bei dem Abdruck in der FAZ allerdings verloren.

Lassen Sie mich nun aber meine Einladung noch einmal eindringlich wiederholen. Mein Studio mit seinen Büchern und Stichen und einer sehr

---

160 „Keiner kann zugleich erkennen und nicht zerstört sein. Keiner kann den Reichtum zugleich konsumieren und vermehren.“ *Georges Bataille*, Oeuvres complètes VII, Paris 1992, S. 76.

161 Antoine-Augustin Cournot, franz. Mathematiker und Wirtschaftstheoretiker, Mitbegründer der mathematischen Wirtschaftstheorie.

162 *Alexis de Tocqueville*, Erinnerungen. Mit einer Einleitung von Carl J. Burckhardt, Stuttgart 1954, S. 5–35.

163 Sombart meint wohl das Kapitel über Tocqueville in „Ex Captivitate Salus“. Der Text lag schon länger vor; vgl. oben, Anm. 25. Über die Beschäftigung Schmitts mit Tocqueville in den frühen 40er Jahren vgl. BW EJ.

164 Dieser Satz von Schmitt angestrichen und am Rand mit einer stenogr. Anm. versehen.

bequemen Couch steht Ihnen zur Verfügung, so lange Sie wollen. Auch stelle ich eine Kiste besten Rotweines bereit ... Es wird eine herrliche Zeit!

Mit meiner Frau grüße ich Sie herzlich, diesseits und jenseits der Abfassung von Büchern, stets Ihr aufrichtig ergebener

Nicolaus Sombart

52
Carl Schmitt an Nicolaus Sombart

Plettenberg, 7.1.1955

Mein lieber Nicolaus,

in Eile eine Frage, die mich sehr beschäftigt: vor 5 Jahren ist ein Buch über Νόμος erschienen:

E. Laroche: Histoire de la racine νεμ- en grec latin; Paris: Klincksieck 1949. 275 S. (Études et commentaire Nr. 6).[165]

Du kennst meine Besessenheit; ich werde auf meinen Grabstein schreiben lassen: καὶ νόμον ἔγνω.[166] Was ich jetzt in Eile fragen will ist folgendes:

1) Kannst Du mir das Buch besorgen; ich kann den Preis am einfachsten in deutschem Geld in einem Schein, den ich einem Brief beilege, übersenden; oder wie Du es sonst bestimmst.

2) E. Laroche soll der Indogermanist in Straßburg sein; für mich wäre es wesentlich, einmal mit ihm zu sprechen, vorausgesetzt, dass er nicht einer der unter Philologen verbreiteten Mikro-Typen ist; kannst Du Dich über ihn informieren, ohne dass es Deine berufliche Arbeit unterbricht?

Ich schicke als Drucksache den neuen Abdruck meines Nomos-Corollariums Nr. 7.[167] Mit Schrecken sehe ich, dass ich immer tiefer in das Maquis dieser entsetzlichen Philologen hineingerate.[168]

---

165 Emmanuel Laroche (1914–1991), Sprachwissenschaftler. Der Titel seiner Straßburger Dissertation lautet korrekt: „Histoire de la racine nem- en grec ancien; némō, némesis, nómos, nomizō". Mit Laroches Deutung von „Nomos", die derjenigen Schmitts konträr war, setzt dieser sich auseinander in: *Carl Schmitt*, Nomos – Nahme – Name. In: Der beständige Aufbruch. Festschr. für Erich Przywara, S.J. Hrsg. von Siegfried Behn, Nürnberg 1959, S. 92–105.

166 „Er kannte den Nomos." So steht es tatsächlich auf Schmitts Grabstein. Es handelt sich um ein Zitat aus dem Anfang der Odyssee.

167 *Carl Schmitt*, Der neue Nomos der Erde. In: Gemeinschaft und Politik 3, 1955, S. 7–10.

168 Die Lesung von „Nomos" in der Odyssee ist philologisch strittig.

Verzeih den Überfall und sei mit Deiner Frau herzlich gegrüßt. Alle guten Wünsche für das kommende Jahr 1955 von Deinem alten

Carl Schmitt

53
Nicolaus Sombart an Carl Schmitt

Straßburg, 23.4.1955

Sehr verehrter Herr Professor,

Unsere letzten Briefe liegen nun schon einige Zeit zurück und ich frage mich, ob Sie vergessen haben, dass wir in Straßburg verabredet sind!?

Vor Ostern hatte ich einige stürmische Wochen hier, in denen ich meine international-administrative-manageriale Feuertaufe erhalten habe. Es war nicht uninteressant und nicht ohne Gewinn. Immerhin befinde ich mich zum ersten Male in meinem Leben in der Lage zu agieren, und zwar nicht nur als traurige Privatperson.

Jetzt herrscht, bis zur Tagung der Beratenden Versammlung Windstille (Ende Juli). Danach gehe ich für zwei Monate nach Harvard, um dort in meiner Eigenschaft als Soziologe, Schriftsteller und Sekretär des Europarats an einem internationalen Seminar teilzunehmen. (Ich freue mich hauptsächlich darauf nach fast 10 Jahren meine Schwester und deren Kinder wiederzusehen, resp. kennenzulernen![169])

Für Ihren Besuch hier wäre also der Mai die gegebene Zeit. Auch ist Straßburg ja nie schöner! Wollen Sie sich nicht entschließen? Wäre Pfingsten nicht eine gute Gelegenheit?

Scheibert war kürzlich hier, und in Paris traf ich Roman Schnur – von Kesting und Koselleck höre ich nichts mehr.

An Lektüre fehlt es nicht: besonders anregend fand ich Tritsch, „Die Erben der bürgerlichen Welt“ (wohl deswegen, weil es mich, als Funktionär, mit einer ehrenvollen Ideologie verziert).

Was schreiben Sie? Ich las, Sie hätten einen Beitrag in der Jünger-Festschrift … erzählen Sie die Käfer-Anekdote?[170]

---

169 Siehe oben, Anm. 7.

170 *Carl Schmitt*, Die geschichtliche Struktur des heutigen Welt-Gegensatzes von Ost und West. In: Freundschaftliche Begegnungen. Festschr. für E. Jünger zum 60. Geburtstag. Hrsg. von Armin Mohler, Frankfurt a.M. 1955, S. 135–167. Was mit der „Käfer-Anekdote“ gemeint ist, bleibt unklar, doch scheint Schmitt den Entomo-

In der Hoffnung bald von Ihnen zu hören – ja, Sie bald zu sehen, verbleibe ich
Ihr sehr ergebener
Nicolaus Sombart

54
Nicolaus Sombart an Carl Schmitt

Straßburg, 5.5.1955

Sehr verehrter Herr Professor!

Ich muss Ihnen für die Übersendung Ihrer außerordentlichen kleinen Schrift danken.[171] Das ist nun also endlich die so lange erwartete Zusammenfassung Ihrer Gegenwartsanalyse – ich glaube schon, dass man sich damit eine Zeit lang wird zu beschäftigen haben. Vorläufig hoffe ich nur eins: dass die Arbeit bald selbständig erscheint, damit man ihr die nötige Verbreitung geben kann!

Hier nun eine kleine Gegengabe. Ich las, als Ihre Sendung eintraf, im Moniteur von 1795, um Näheres über das Schlüsselwort des XIX. Jahrhunderts „terminer la révolution" zu erfahren; es wurde damals, im Zusammenhang mit der Constitution von 95 geprägt.[172] Da stieß ich auf eine Debatte über die Einrichtung eines „bureau de longitude" (No. 281)[173]

Grégoire: L'exposé des raisons qui motivent cette demande prouvera l'indispensable nécessité de ce moyen, pour faire fleurir la marine.

Themistocle disait: Quiconque est maître de la mer l'est de la terre.

Un de nos poëtes exprimait la même idée à sa manière, en disant:

„Le trident de Neptune est le sceptre du monde."

Les success des Anglia's à diverse époques, et spécialement dans la guerre de 1761, n'ont que trop prouvé que la supériorité de la marine décide souvent des résultats de la guerre.

Une des mesures les plus efficaces pour étouffer la tyrannie britannique, c'est de rivaliser avec eux dans l'emploi des moyens par lesquels cet état,

---

logen Jünger nicht sonderlich geschätzt zu haben. Am 4.10.1950 notiert er im Glossarium: „Jünger ist Entomologe oder nicht einmal: er ist Käfersammler. Er sammelt Käfer und letzte Worte: Insekten und Sterbende."

171 Schmitt hatte Nicolaus einen Sonderdruck seines Beitrags zur Jünger-Festschrift (s. o.) geschickt und darauf notiert: „Dank, Gruß, Brief folgt! C. S."; vgl. Katalog Tasbach, S. 21.

172 Dieser Satz ist am Rand angestrichen.

173 Hs. dazugefügt: „Séance du 7 Messidor".

qui ne devrait jouer qu'un rôle secondaire dans l'ordre politique, est devenu une puissance colossale.

Or, les Anglais, bien convaincus que sans astronomie on n'avait ni commerce, ni marine, ont fait des dépenses incroyables pour pousser cette science vers le point de perfection.

....

Mais le point de vue sous lequel il nous importe surtout de considérer l'astronomie, c'est relativement à son influence sur la marine et le commerce, qui firent la gloire et la richesse de la Phénicie, de Rhodes et de Carthage. A son aide, des flottes marchandes cinglèrent d'Aziongaber à Gohir, Hannon, dans une course de 26 jours, poussa jusque vers le Sénégal et consigna son voyage dans le Périple, dont il nous reste l'abrégé.

....

Cependant les plus célèbres marins de l'antiquité ne furent guère que d'excellents caboteurs, parce que l'audace des entreprises était subordonnée à la mesure peu étendue de leurs connaissances astronomiques: à peine osaient-ils perdre de vue les côtes. La mer Atlantique et l'océan Pacifique n'avaient pas vue de citadelles flottantes errer sur leurs eaux jusqu'à l'époque où, par le moyen de la boussole et de nouvelles observations astronomiques, de nouveaux Pythéas s'aventurèrent au large, doublèrent le Cap-des-Tempêtes et ouvrirent au commerce de nouvelles routes.

Alors les productions naturelles et industrielles de tous les pays circulèrent dans le globe; alors s'accrut l'horizon de la pensée; un grand pas fut fait vers la civilisation générale. De nouvelles branches de la famille humaine apprirent à se connaître: elles purent étendre, les unes vers les autres, le bras de la fraternité, et dans les communications d'une amitié réciproque puiser des jouissances nouvelles.[174]

Mais la déclinaison de l'aiguille aimantée varie, comme tout le monde sait, suivant les lieux et les temps, et partant les cartes magnétiques y seront toujours insuffisantes. Le compas de route ni le loch n'indiquent pas si la marche du vaisseau a été accélerée ou retardée, s'il a été détourné par la dérive ou par quelque courant. Avec ces instruments le navigateur ne peut se passer de l'astronomie; l'astronomie pourrait absolument se passer d'eux. La découverte des satellites de Jupiter, en perfectionnant les cartes marines, a suffi pour produire une révolution dans l'esprit humain et dans les relations commerciales et diplomatiques.

....

[174] Dieser Absatz am Rand angestrichen.

Presque toutes les nations qui fréquentent la mer ont ouvert des concours relatifs aux longitudes; mais rien n'égale ce qu'a fait l'Angleterre à cet égard.

En 1714, à Londres, fut formé un comité auquel on appela les plus grands hommes de cette contrée, Newton etait du nombre. C'est là, dit Fleurieu, qu'on fixa les limites de l'erreur; et, d'après la déliberation du comité, le parlement publia un bill solennel pour inviter les savantes et les artistes de toutes les nations à s'occuper du problème des longitudes: un prix de 20 mille livres sterling fut proposé pour celui qui trouverait la longitude à un demi-degré près.

D'autres sommes moins considérables furent assignés, tant pour des tables solaires et lunnaires que pour des découvertes moins importantes.

L'horlogerie, la mécanique, la géométrie, l'astronomie, ont disputé la gloire de résoudre ce problème; toutes se sont assuré des droits à la gratitude des nations. Tandis que l'astronomie perfectionnait ses méthodes pour mesurer les distances de la lune au soleil et aux étoiles, ce qui lui donne la différence des méridiens, l'horlogerie exécutait les montres marines, dont l'idée n'était pas neuve, mais l'application l'était.

Le gouvernement anglais accorda des sommes exorbitantes, soit pour faire imprimer les nouvelles méthodes, soit pour récompenser Bird Rainsden, surtout Hanisson, don les montres furent essayées avec succès dans divers voyages aux Barbades et à la Jamaïque.[175]

[hs.:] Ich glaube, das ist ein ganz interessanter Beleg für Ihre These des Zusammenhangs von Meer und Fortschritt (Technik) und der Rolle, die England dabei zukommt.

Ich hoffe bald von Ihnen zu hören
Mit freundlichen Grüßen
Ihr ergebener
Nicolaus Sombart

[Deutsche Übersetzung von Wolfgang Fietkau:]

Grégoire: eine Darlegung der Gründe, auf denen unser Antrag beruht, wird den Beweis erbringen, dass dieses Mittel [also eines Bureau des Longitudes] unbedingt vonnöten ist, um der Marine zu Wachstum zu verhelfen.

Themistokles sagte: Wer über das Meer herrscht, herrscht auch über das Land.

Einer unserer Dichter drückte dieselbe Ansicht auf seine Weise aus: „Neptuns Dreizack ist das Zepter der Welt."

---

[175] Letzter Absatz am Rand angestrichen. Alle Unterstreichungen im Zitat von Hand.

Die Erfolge der Engländer zu unterschiedlichen Zeiten, besonders [jedoch] im Krieg von 1761 haben bewiesen, dass die Überlegenheit der Marine häufig kriegsentscheidend ist.

Man ringt die britische Tyranneien am wirksamsten nieder, indem man sie mit den Mitteln schlägt [*oder*: ihr mit den Mitteln begegnet], kraft derer dieser Staat, der in unserer politischen Ordnung eine nur untergeordnete Rolle spielen sollte, eine Grossmacht geworden ist.

Nun haben die Engländer aber in der festen Überzeugung, dass es ohne Astronomie weder Handel noch Marine gibt, unglaubliche Summen aufgewandt, um diese Wissenschaft zu Höchstleistungen zu treiben.

Folgender Gesichtspunkt ist uns dabei jedoch besonders wichtig: der Einfluss, den die Astronomie auf Marine und Handel hatte, die den Ruhm und Reichtum Phöniziens, Rhodos' und Karthagos begründeten. Mit ihrer Hilfe segelten Handelsflotten von Aziongaber nach Gohir; Hannon stieß in einer 26tägigen Fahrt bis zum Senegal vor und hielt seine Route in dem Reisebericht fest, von dem uns eine Kurzfassung erhalten ist.

Indes, die berühmtesten Seefahrer der Antike waren kaum mehr als ausgezeichnete Küstenschiffer, da ihre geringen astronomischen Kenntnisse der Verwegenheit ihrer Unternehmungen enge Grenzen setzten: kaum wagten sie, die Küsten aus den Augen zu lassen.

Nie hatten Atlantik und Pazifik schwimmende Zitadellen auf ihren Wassern irren sehen bis zu dem Zeitpunkt, da Phyteas' Nachfahren sich mittels Kompass und neuer astronomischer Beobachtungen auf's offene Meer wagten, das Kap der Stürme umschifften und neue Handelsrouten entdeckten.

Von da an zirkulierten die Natur- und Handwerksprodukte aller Länder um den Globus, von da an erweiterte sich der Horizont des Denkens; ein großer Schritt in Richtung einer allgemeinen Zivilisation war getan. Neue Linien des Menschengeschlechts lernten einander kennen, sie konnten einander brüderlich die Hand reichen und aus Bekundungen wechselseitiger Freundschaft neue Freude schöpfen.

Die Neigung der Magnetnadel variiert jedoch, wie jedermann weiß, nach Ort und Zeit, und folglich sind die magnetischen Karten insoweit immer unzureichend. Weder der Routenkompass noch das Log zeigen an, ob die Fahrt eines Schiffes sich beschleunigt oder verlangsamt hat, ob die Abdrift oder irgendeine Meeresströmung es von seinem Kurs abbringt. Mit dieser Ausrüstung kann der Seefahrer auf die Astronomie nicht verzichten, sehr wohl aber die Astronomie auf diese Ausrüstung. Die Entdeckung der Jupitermonde – sie führte ja zur Verbesserung der Seekarten – reichte aus, um den menschlichen Geist und die Beziehungen in Handel und Diplomatie zu revolutionieren.

Fast alle Seefahrernationen haben Preiswettbewerbe um die Längengrade ausgeschrieben, unvergleichlich ist aber, was England in dieser Hinsicht getan hat.

1714 wurde in London ein Komitee eingesetzt, in das man die bedeutendsten Männer dieses Landes, unter ihnen Newton, berief. Dort, sagt Fleurien, legte man Fehlergrenzen fest, und nach Beratungen im Komitee veröffentlichte das Parlament feierlich ein Gesetz, das die Gelehrten und Künstler aus aller Herren Länder aufrief, sich mit dem Problem der Längengrade zu beschäftigen. 20.000 Pfund Sterling wurden als Preisgeld für denjenigen ausgeschrieben, der den Längengrad auf einen halben Grad genau fände.

Weitere, minder beträchtliche Summen wurden für Sonnen- und Mondtafeln und weniger bedeutende Entdeckungen bereitgestellt.

Das Uhrhandwerk, die Mechanik, die Geometrie, die Astronomie lagen im Wettstreit um die Lösung des Problems und den damit verbundenen Ruhm. Sie alle haben ein Anrecht auf den Dank der Nationen.

Während die Astronomie ihre Meßmethoden verfeinerte, um den Abstand des Mondes von der Sonne und den Sternen zu bestimmen, womit ihr die Unterscheidung der Meridiane gelang, entwickelte das Uhrhandwerk aus einem Grundgedanken, der zwar bekannt, dessen Anwendung jedoch neu war, die Schiffsuhr.

Die englische Regierung bewilligte exorbitante Summen, sei's, um die neuen Methoden per Broschüren zu verbreiten, sei's, um Bird Rainsden insbesondere aber Hanisson zu belohnen, dessen Uhren auf verschiedenen Reisen nach Barbados oder Jamaika erfolgreich getestet wurden.

55
Carl Schmitt an Nicolaus Sombart

Plettenberg, 10.5.1955

Mein lieber Nicolaus,

ich hätte Dir längst geschrieben, aber meine Reisepläne sind noch zu unsicher. Heute will ich mich für Dein Schreiben vom 5.5.55 bedanken und für die Information zu dem Thema: die französische Revolution (oder vielmehr: die große) und das Meer. Am Meer nämlich ist sie gescheitert. Die Insel Corsica war zu klein und antiquiert.

Dieser Tage reise ich nach Süddeutschland; unglücklicherweise Richtung München, sodass die Planung der Straßburg-Reise ein Problem wird. Geduld. Von Kojève erhielt ich einen erstaunlichen Brief.[176] Er hat mein kleines Exposé Nehmen / Teilen / Weiden gelesen und sofort begriffen, und zwar konkret, im gedanklichen Inhalt, nicht nur darin, dass es, wie er sagt, „eine außergewöhnliche Leistung ist, auf 10 Seiten alles Wesentliche zu sagen". Nein, er präzisiert sehr einfach 1) „an sich" gibt es – seit Napoleon – kein „Nehmen" mehr, alle diesbezüglichen Versuche seien gescheitert; 2) „für uns" d. h. für das abstrakte Wissen gibt es nur noch „Produzieren"; 3) aber „für das Bewusstsein selbst" (der USA/USSR) gibt es noch „Tei-

[176] Der Brief ist abgedruckt in: Schmittiana VI, 1998, S. 100.

len". Problem: homogenes Teilen; wer das zuerst erreicht, wird der „Letzte" sein; der „Point IV" (was ist das?[177] Freiheit von Furcht und Not?). Der Amerikaner werde langsamer verteilen als die Abkommen zwischen USSR und China, aber in der „westlichen Welt" sei mehr zu verteilen, daher die Prognose schwierig.

Ich hatte Besuch von Heinrich Popitz, der meinte, das eben erscheinende Handbuch der Soziologie von Gehlen–Schelsky zeige in seiner systematischen Anlage, dass die Soziologie sich als Wissenschaft gesettelt habe. Zwischen Industrie-Soziologie und Familien-Soziologie, zwischen Geld und Seelenfrieden, bleibt dem Menschen nur die bange Wahl.

Rüdiger Altmann schrieb einen großartigen Brief.[178] Er hat sich fabelhaft entwickelt. Die Dissertation ist sehr gut, die Habil.-Schrift scheint es ebenfalls zu werden. Er hat auch mein Dreier-Gespräch über terrane und maritime Existenz im Frankfurter Sender gehört (am 12. bezw. 27. April); drei Partner: Herr Altmann (von Heinz Friedrich gesprochen); Herr Neumeyer (Paul Hoffmann, sehr gut); Max Futurc (Hansgeorg Laubenthal, glänzend). Ich war mit der Sendung sehr zufrieden.[179] In Straßburg bekommt man aber den Hessischen Rundfunk nicht gut, wie ich hörte.

Du schreibst kein Wort zu dem sehr ungewöhnlichen Anspruch, den ich auf Seite 165 meines Aufsatzes in aller Form angemeldet habe.[180] Ich habe diesen Anspruch – in meiner Antwort auf seinen Brief – jetzt auch Kojève

---

[177] Das ist Art. 4 der Truman-Doktrin; vgl. Brief Nr. 70.

[178] Rüdiger Altmann (1922–2000), Jurist, politischer Publizist und Politik-Berater, studierte Ende des Krieges bei Schmitt, später bei Wolfgang Abendroth, der ihn auch promovierte. Von Altmann liegen 51 Briefe und 5 Telegramme im Nachlass Schmitt. Vgl. van Laak, S. 262–265.

[179] „*Land und Meer* – Die geschichtliche Bedeutung des Gegensatzes von terraner und maritimer Existenz. Ein Gespräch zu dritt von Carl Schmitt." Abgedruckt unter dem Titel „Gespräch über den Neuen Raum", 1958 zunächst auf Spanisch erschienen, jetzt in: *Carl Schmitt*, Staat, Großraum, Nomos. Arbeiten aus den Jahren 1916 bis 1969, hrsg. von Günter Maschke, Berlin 1995, S. 552–572.

[180] Auf S. 165 der Jünger-Festschrift (s. Anm. 170) verweist Schmitt auf die Paragraphen 243–246 von Hegels Rechtsphilosophie, wo die expansiven Kräfte der bürgerlichen Gesellschaft beschrieben sind, was dann im Marxismus theoretisch zur Entfaltung gebracht wurde. Demgegenüber sei der folgende § 247, in dem die Bedeutung des Meeres für die Industrie angesprochen ist, noch nicht in seiner Tragweite erkannt worden. Schmitt begreift seinen Aufsatz als „den Anfang eines Versuches […], diesen § 247 in ähnlicher Weise zur Entfaltung zu bringen wie die §§ 243–246 im Marxismus zur Entfaltung gebracht worden sind." Diesen Anspruch erhob er dann ebenso für „Land und Meer". Vgl. die mit „10.4.1981" datierte „Nachbemerkung" zu: *Carl Schmitt*, Land und Meer, 3. Aufl., Köln-Lövenich 1981.

vorgelegt[181] und bin gespannt. Meine Antwort auf seine oben mitgeteilte Präzisierung sage ich Dir ein anderes Mal.

Soweit, um mein „Brief folgt" nicht gänzlich unverwirklicht zu lassen![182] Herzlichen Gruß und Dank Deines alten

Carl Schmitt

R. Schnur schreibt mir, dass Du über E. Voegelins New Science of Politics[183] Dich äußern willst. Das wäre gut. Vor allem auch zur Lage dieses neuen Wissenschaftszweiges „political science", der sich zum Unterschied von der Soziologie offenbar noch nicht gesettelt hat!

56
Nicolaus Sombart an Carl Schmitt

Straßburg, 2.6.1955

Sehr verehrter Herr Professor –

Ich möchte Sie heute nur ganz kurz auf den Aufsatz von

Frido von Senger und Etterlin, Die aeronavale Umklammerung und der Landkrieg, in „Außenpolitik", Heft 5, Mai 1955

aufmerksam machen, der das Thema Land und Meer auf höchst aktuelle Weise behandelt.

Es sieht übrigens jetzt wirklich so aus, als ob ich im Juli nach Amerika fliegen würde.

Hoffentlich werden wir uns danach sehen können. Meine Einladung halte ich unentwegt aufrecht.

Mit herzlichem Gruß!
Ihr Nicolaus Sombart

---

181 Vgl. Brief Schmitts an Kojève vom 9.5.1955 in: Schmittiana VI, 1998, S. 101 (mit falscher Transkription im letzten Absatz: „Ausspruch" statt „Anspruch").

182 Bezieht sich auf die Notiz auf dem Sonderdruck aus der Jünger-Festschrift; s. Anm. 171.

183 Eric [Erich] Voegelin (1901–1985), Politikwissenschaftler. Sein Briefwechsel mit Schmitt ist veröffentlicht in: Schmittiana NF II, 2014, S. 183–199. Am 30.4.1955 hatte Schmitt an Voegelin geschrieben, dass er sich seit zweieinhalb Jahren mit dessen Buch „The New Science of Politics" beschäftige und ihn die „subaltern-behördenhafte" Besprechung in der Zeitschrift „Wort und Wahrheit" empört habe.

57
Carl Schmitt an Nicolaus Sombart

Plettenberg, 22.9.1955

Mein lieber Nicolaus,

ich bin glücklich, Dich wieder auf heiligem Boden zu wissen und danke Dir sehr für die Karte aus Harvard[184] und das Heft mit dem Aufsatz von Michel Mourre.[185] Mein Wunsch, Dich zu sehen und zu hören, ist sehr heftig. Zur Zeit bin ich aber hier zwischen Land und Meer auf dem Meeresboden festgehalten. Sonst käme ich nochmals nach Heidelberg (wie Ende Juli) und würde Dich in Straßburg besuchen.

Ich lebe und webe hier als eltern- und kinderloser Vollwaise. Anima ist in Madrid, nachdem sie einige Wochen in Santander und in Portugal verbracht hat. Meine Wirtschafterin ist gestern nach Madrid gereist, um Anima die Wintersachen zu bringen. Meine Einsamkeit wird täglich größer, was für das 68. Lebensjahr natürlich ist. Ich bereite einen Vortrag über Hamlet und Jacob vor, den ich Sonntag, den 30. Oktober vormittags (!!) in Düsseldorf halten soll, über Hamlet; das beschäftigt mich tatsächlich.[186] Nur wird der Weg vom Gehirn zur Feder-Bewegung, die Innervation und was alles dazu gehört, immer länger. Und die „Leitung“ selbstverständlich auch.

Infolgedessen habe ich auch Michel Mourre noch nicht auf die Zusendung seines „Lamennais“[187] geantwortet, obwohl ich das Buch, mit einer besonders schönen Widmung, schon Mitte August erhalten habe. Du musst es unbedingt lesen. Ich habe viele Einwände, aber es wird mir schwer, sie auf französisch so zu formulieren, wie es bei dem heiklen Thema nötig ist, und heikel ist alles, was einen pouvoir indirecte wie die römische Kirche betrifft. Ballanche kommt in dem Buch ganz miserabel weg.

---

[184] Fehlt in der Überlieferung.

[185] *Michel Mourre*, Au plaisir de la guerre. In: La Parisienne. Revue litteraire mensuelle, Janvier 1955 (vorh. in der Bibliothek Schmitts im Nachlass). Über Schmitts Interesse an Mourre (1928–1977), der Ostern 1950, angetan mit einem Dominikaner-Habit, während der Messe die Kanzel von Notre Dame in Paris bestieg und verkündete: „Gott ist tot“, vgl. BW Mohler (passim).

[186] Diesen Vortrag hielt Schmitt am 30.10.1955 vor 200 Zuhöreren in der Volkshochschule Düsseldorf (vgl. BW Mohler, S. 209; *Reinhard Mehring*, Carl Schmitt. Aufstieg und Fall, München 2009, S. 502). Daraus entstand: *Carl Schmitt*, Hamlet oder Hekuba. Der Einbruch der Zeit in das Spiel, Düsseldorf/Köln 1956.

[187] *Michel Mourre*, Lamennais ou l'hérésie des temps modernes, Paris 1955. Schmitt hat das Buch 1966 verkauft.

Im August hatte ich einen merkwürdigen Besuch von Dr. Joachim Arndt.[188] Kennst Du ihn? Er war 3 Jahre in Harvard und weiß offenbar gut Bescheid. Er meinte, in Konsequenz des in Ex Captivitate Salus zitierten Verses „Der Feind ist unsre eigene Frage als Gestalt“ hätten die Amerikaner der USA keinen Feind weil sie ganz gestaltlos und gestalt-blind wären. Ich bin begierig, von Dir darüber zu hören. Wo willst Du etwas darüber „publizieren“?

Deine Benito-Cereno-Interpretation hat Widerspruch gefunden. Man wird Dir entgegenhalten, dass Melvilles Erzählung zum großen Teil wörtlich aus dem (authentischen) Tagebuch eines Captain Delano (tatsächlich sein Name) stammt. Doch wäre die Frage, was von Melville hinzugetan ist. Wenn er auch nur die Bemerkung Babos zu Benito „Dann (wenn wir den Amerikaner überfallen) wirst Du Captain von zwei Schiffen sein“ erfunden hat, hat er genug getan.

Ich schicke Dir die Ballade vom Reinen Sein eines gewissen Erich Strauss,[189] um Dich an das Europäische Klima zu erinnern. Diese Ballade erfüllt Nietzsches (Götzendämmerung) Postulat: Die Wahrheit wird zur Fabel. Sollte es in der Weltgeschichte Hegelisch zugehen, dann kann es nach dieser Ballade keine Revolution mehr geben und ist die revolutionäre Epoche zu Ende, denn das Urmodell der Revolution und ihres Mythos ist erkannt und erfasst.

Sehet, er bewegt sich schon,
Unser alter Acheron![190]

Unveränderlich Dein alter
Carl Schmitt

---

188 Hans-Joachim Arndt (1923–2004), Soziologe und Politikwissenschaftler, ist wie Sombart 1952 von Alfred Weber in Heidelberg promoviert worden. Von 1968 bis 1988 Professor für Politikwissenschaft in Heidelberg. Von ihm liegen 42 Briefe, 2 Postkarten und 1 Telegramm im Nachlass Schmitt.

189 *Erich Strauss* [= Carl Schmitt], Die Sub-stanz und das Sub-jekt. Ballade vom reinen Sein. In: Civis 2, 1955, H. 9 (Juni), S. 29–30.

190 Zitat aus der Ballade.

58
Nicolaus Sombart an Carl Schmitt

Straßburg, 23.9.1955

Lieber und verehrter Herr Professor,

Welche Freude, die Ballade vom reinen Sein! Meine Spione hatten mir bereits davon berichtet und ich war begierig sie kennen zu lernen. Nun habe ich allerdings einige Zweifel anzumelden, was die idyllische Endphase betrifft. Ich kann nur bis zu dem Satz unterschreiben „Schließlich siegt die SUB-Kultur". Glaube aber, dass sich diese nicht durch ironiegewürzte Harmonie auszeichnet (Tocquevilles arbeitsame und glückliche Herde), sondern eher durch die Verwandlung von SUB in SUPER und die Degeneration von STANZ und JEKT zu so etwas wie IN-STANZ und AB-JEKT, was die neue Zweiheit von SUPERINSTANZ und SUPERABJEKT (warum nicht auch einfach: OBJEKT) ergibt, und der Cournot'schen Konzeption näher kommt. Ich bin also, wie Sie sehen, pessimistischer als Erich Strauss. Schließlich ist ja auch selbst Thomas Mann gestorben und hinterlässt doch, wie mir scheint, ein großes Vakuum. Der Schluss der Ballade beschreibt die Situation des entre-deux-guerres, nicht aber unsere Gegenwart, d.h. Orwells 1984. Was meinen Sie?

Mit Freude habe ich gesehen, dass man auf dem Plettenberger Meeresboden besser orientiert ist, als ich in weltfahrerischer Überheblichkeit glaubte fürchten zu müssen. Wenn allerdings Ballanche schlecht in dem Buch von Mourre wegkommt, so ist das ein schwerer Einwand gegen ihn, denn es heißt, auch er hat ihn, was Heine schon seinen Zeitgenossen vorwirft, nicht gelesen. Ich bin immer mehr davon überzeugt, dass es keine geschichtsphilosophische Theorie gibt, die aktueller ist, als die des vielverspotteten Schweigers aus dem Salon der Madame Récamier.

Sie werden bei solcher Totalorientiertheit natürlich auch den Aufsatz kennen, der 1952 in Esprit über Hamlet erschienen ist mit der These, der wirkliche Held dieses Dramas sei Laertes.[191]

Arndt kenne ich. Er war eben zu lange und nicht lange genug drüben. Das ist immer wieder dasselbe Unglück: entweder drei Wochen oder dreißig Jahre … Schließlich hat Amerika den ersten und furchtbarsten modernen Krieg geführt und bis heute nicht überwunden … die von einer dünnen LIFE-Lasur überzogene Problematik dieses Bürgerkrieges genügt durchaus, um dort eine echte Freund-Feind-Situation zu schaffen, der zunächst einmal die gesamte amerikanische Literatur von Niveau zu danken ist, die aber

---

[191] Nicht 1952, sondern 1953 erschien: *J. Paris*, Les trois mystères de „Hamlet". In: Esprit 21, 1953, S. 214–228.

jede Fragestellung, auch die außenpolitischen, ausnahmslos beherrscht: die Problematik: sind die Menschen wirklich gleich, die man auf den Spezialfall der Negerfrage zu lokalisieren versucht.

Ich bin fest davon überzeugt, dass die ungeheure Energie, die die Technisierung vorantreibt, dem Zwang entspringt, dieses Problem befriedigend (befriedend) zu lösen: von den Waschmaschinen bis zu den Elektrogehirnen ist alles nur dazu da, um das Bewusstsein zu überspielen: die Menschen sind nicht gleich, und man kann eine soziale Ordnung nur auf Ungleichheit errichten. Was aber hieße, dass in dem Bürgerkrieg die Un-gerechte Sache gesiegt hätte. Wovon, in der Tat, jeder Amerikaner überzeugt ist, denn dieser Sieg ist die Wurzel seines schlechten Gewissens.

Frage: wo kann man so etwas „publizieren"? Antwort überflüssig. Nein, Sie müssen kommen, und wir müssen uns endlich einmal unterhalten und über diese ganzen Dinge sprechen, denn nach allem, was man jetzt aus Russland hört,[192] glaube ich wirklich, dass wir an einer großen KEHRE stehen – und dass vielleicht das Ende der Ballade vom reinen Sein noch ganz anders lauten muss, als ich oben behauptet habe, nämlich: definitive Subjugation, mit den Endversen:

Das Subjekt herrschet nun ganz[193]
Mächtig über die Substanz.

Das aber führt uns zu einer (neuen) ontologischen Soziologie, was wir lieber auf sich beruhen lassen wollen.

Ich wiederhole also dringend meine Einladung. Vielleicht im November? Das wäre eine schöne Zeit!

Mit herzlichen Grüßen, auch von meiner Frau,
Ihr aufrichtig ergebener und getreuer
Nicolaus Sombart

59
Carl Schmitt an Nicolaus Sombart

Plettenberg, 26.12.1955

Mein lieber Nicolaus,

nun ist das Jahr 1955 vorbei und wir haben uns doch nicht gesehen. Über Deinen Weihnachtsgruß habe ich mich so gefreut, dass ich mich am

---

192 Der Nebensatz ist am Rand angestrichen.

193 Dieser Vers von Schmitt hs. verbessert: „Das Subjekt, das herrscht nun ganz".

liebsten gleich auf die Reise nach Straßburg begeben hätte. Dieses Weihnachten und Neujahr wird die schon fast submarine Existenz im Sauerland noch einsamer als sonst. Anima ist seit dem Sommer in Madrid und kommt erst im März zurück. Gelegentliche Besuche, darunter einer von Rolf Schroers,[194] bringen mir das Alter nur noch mehr zum Bewusstsein. Die Lektüre der Alfred Weberschen „Einführung in die Soziologie“ hat mich immerhin einige Tage abgelenkt. Dich mit einem solchen Lemurentyp in einem Gespann zu sehen,[195] tut mir weh; ein edles Rennpferd vor dem Hundeschlitten eines Greises, den das Alter nicht gut und milde, sondern böse und ichverrückt gemacht hat. Aber Deine Beiträge bleiben glänzend, und ich zitiere einen Ausspruch von Dir eben in der kurzen Besprechung des (nachgelassenen) Buches von Karl Griewank „Der neuzeitliche Revolutionsbegriff“: Was in des Teufels Namen war diese Revolution?[196]

Für den Januar erwarte ich Hanno Kesting, der es von Dortmund aus natürlich leicht hat, nach Plettenberg zu kommen. Ich selber komme höchstens noch bis Düsseldorf, äußerstenfalls bis Köln. Früher ging es noch bis Frankfurt und Umgebung. Heute komme ich nicht einmal dazu, an dem großen Gespräch über Hans Freyers „Theorie des gegenwärtigen Zeitalters“ teilzunehmen, das für den 6. Januar in Wiesbaden organisiert ist,[197] oder den plötzlich erkrankten Johannes Winckelmann[198] in Oberursel zu besuchen, der nach langen Schikanen endlich Max Webers dickes Buch im Frühjahr bei Mohr herausbringt,[199] während Duncker & Humblot die „Staatssoziologie“ (ein kleines, aus Sätzen von Max Weber zusammenge-

---

[194] Rolf Schroers (1919–1981), Schriftsteller. Über sein Verhältnis zu Schmitt vgl. van Laak, S. 251–255.

[195] Nicolaus Sombart figuriert als Mitarbeiter bei: *Alfred Weber*, Einführung in die Soziologie, München 1955.

[196] Schmitts Besprechung in: Das historisch-politische Buch 4, 1956, S. 110.

[197] An dem Kolloquium anlässlich von Freyers Geburtstag nahm Schmitt teil. Im Glossarium notiert er unter dem 4.1.1956: „Heute weiß ich, daß Hans Freyer recht hat, der (in seiner Theorie des gegenwärtigen Zeitalters 1955) sagt: Ausnahmen gelten nicht; sie fallen dem zur Last, der auf sie hinweist. Das ist ein großartiger Satz. Ahnt jemand außer mir, wie großartig er ist? Jemand außer mir, dem Opfer eben dieser Wirklichkeit? Schon deshalb will ich morgen zum Gespräch mit Hans Freyer nach Wiesbaden fahren.“

[198] Johannes Winckelmann (1900–1985), Jurist, Herausgeber der Werke Max Webers. Über seine Beziehung zu Schmitt vgl. *Stefan Breuer*, Klassiker der Karlsruher Republik. Johannes Winckelmann etabliert nach 1945 Max Weber. In: Zs. f. Ideengesch. IX, 2015, H. 2. S. 89–104.

[199] *Max Weber*, Wirtschaft und Gesellschaft. Grundriß der verstehenden Soziologie; mit einem Anhang: Die rationalen und soziologischen Grundlagen der Musik, 4., neu hrsg. Aufl., besorgt von Johannes Winckelmann, Tübingen 1956. Rezension von Schmitt in: Das historisch-politische Buch 4, 1956, S. 195 f.

fügtes, systematisches Buch) zur gleichen Zeit herausbringt.[200] Von Eurer Tagung in Mainz[201] habe ich gehört, ohne mir ein Bild darüber machen zu können, ob es Sinn hat, den neuen Wein in die alten und sehr muffigen Schläuche des Archivs zu gießen, das sich die jetzigen Inhaber bestimmt nicht aus der Hand nehmen lassen und dessen Aufwertung durch junge Begabungen sie gern in ihrem Laden einkassieren.

Hast Du inzwischen den Lamennais von Michel Mourre gelesen? Und was treibst Du außereuropäisch? Ich verspreche Dir, im Frühjahr oder Sommer bestimmt nach Straßburg zu kommen. Aber vorher könntest Du mir doch noch einmal einen Brief schreiben.

Ich wünsche Dir und Deiner Frau Glück und Gesundheit im Neuen Jahr und bleibe diesseits und jenseits aller Alters- und Markt-Grenzen Dein ewig unkanalisierbarer Mosellaner

Carl Schmitt

60
Nicolaus Sombart an Carl Schmitt

Straßburg, 6.[1.1956]

Lieber und verehrter Herr Professor,

die große Einsamkeit, die aus Ihren Briefen spricht, bewegt mich sehr. Ich hätte gewünscht, dass Sie während der Weihnachtstage mit Mami hier bei uns gewesen wären – wir hätten bei gutem Wein schöne Berliner Zeiten wieder aufleben lassen. Im nächsten Jahr macht ein krähender Säugling vielleicht schon unser Haus weniger gastlich. Doch müssen Sie wirklich kommen, und nicht nur für kurz.

Die Einsicht in die Einsamkeit meines alten Vaters war eines der Erlebnisse, die mich vor seinem Tode am tiefsten gezeichnet haben, mehr als sein Tod selbst, den ich nun, in gewissem Sinne für ihn als eine Erlösung empfinden musste. Wir hatten die Gewohnheit, als Kinder, selbst spät noch, wenn wir von einem Theater oder einer Gesellschaft heimkamen, dem Vater Gute Nacht zu wünschen. Da saß er, bei einer spärlichen Lampe, die große Schatten in das Zimmer riss und seine Züge maskenhaft zerfurchte, ohne

---

200 *Max Weber*, Staatssoziologie. Mit einer Einführung und Erläuterungen hrsg. von Joh. Winckelmann, Berlin 1956.

201 Bezieht sich vermutlich auf das „Archiv für Rechts- und Sozialphilosophie" (vgl. Brief Nr. 39).

die Augengläser, die ihn am Tage schirmten, in seinem Bett und las. Den ganzen Shakespeare, den ganzen Zola, den ganzen Balzac, Schiller, Goethe vom ersten bis zum letzten Band der vollständigsten Gesamtausgabe … „Wozu liest Du das alles?" – „Ich bereite mich auf das große Examen vor" – dabei war sein Blick wehmütig heiter, aber unendlich fern. Jahrelang war ich an diese Scene gewöhnt, bis ich plötzlich s a h, wie rettungslos verlassen dieser alte Mann dort in seinem Bett dem unerbittlichen Schweigen der Nacht ausgeliefert war, wie nichts ihn davon erlösen konnte und wie wir, Kinder und auch meine Mutter, emsige Bewohner eines Hauses um ihn herum, niemals würden begreifen können, wie groß und schrecklich seine Einsamkeit mitten unter uns sei. Vor dieser Einsamkeit habe ich eine Art von religiösem Schauder empfunden – ich muss gestehen, dass ich dem Numinosen anders nie begegnet bin. –

Ich hoffe, dass Sie meine Beiträge zu der Weber'schen Einführung wirklich brauchbar finden. Es sind ja nur Andeutungen. Ich hoffe inständig, dass es mir gegeben ist, DAS BUCH doch noch zu schreiben, in dem ich alles entwickeln kann. Angeregt durch die Debatte über Hölderlins „Friedensfest" hätte ich Lust das Napoleonkapitel in Angriff zu nehmen, das seit jeher Ihnen zugedacht ist und in der Festschrift erscheinen soll.[202] Ich habe da herrliche Sachen. Als Illustration werde ich einen apokryphen französischen Stich aus dem Jahre 1799 (18 brumaire) beilegen, der in seiner klassizistisch-allegorischen Pose wie eine Vorlage der hölderlin'schen Hymne wirkt. (Dabei fällt mir ein: haben Sie eigentlich je meinen Walfisch bekommen? Ich wüsste es gern, denn es sind im Laufe des letzten Jahres verschiedene Sendungen verloren gegangen.)

Heute lege ich Ihnen eine bescheidene Schmonzette bei, die, vor Jahren in Paris entstanden, zufällig im letzten Monat einen Abnehmer gefunden hat.

Las von Carlo Schmid einen Artikel über Macchiavelli in der ZEIT.[203] Sehr schwach – ja rührend. Haben Sie nicht Lust einen Essay über den viel geschmähten Florentiner zu schreiben – einen ANTIMACCHIAVELLI, in dem Sie Ihren Gedanken ausspinnen, dass Macchiavelli kein Macchiavellist gewesen sei. Denn das ist ja doch wohl das eigentliche Thema – nicht, wie sich virtù und fortuna zueinander verhalten.

---

[202] Es gibt keine Hinweise auf eine Beteiligung von Nicolaus Sombart an einer Festschrift für Schmitt.

[203] In der „Zeit" vom 29.12.1955 schrieb Carlo Schmid den Artikel: „Die großen Leidenschaften: Machtgier und Angst. Republik verlangt Bürgertugend – Betrachtungen über Niccolo Machiavelli".

Das Mainzer Archiv scheint sanft verschieden zu sein – es lohnt sich also nicht mehr, darüber zu diskutieren. Leider ist es eingegangen, bevor mein Aufsatz erschienen ist (angeblich war er schon gedruckt); er ist ihm offenbar nicht bekommen. Fortuna ist mal wieder gegen mich gewesen.[204]

Broermann bringt jetzt das Buch VOM MENSCHEN von meinem Vater neu heraus; dazu eine Sammlung von Aufsätzen zur Soziologie, der ich den Titel NOO-SOZIOLOGIE gegeben habe.[205] Ich bin gespannt, ob der deutsche Markt das absorbieren kann.

Vor mir liegt der Briefwechsel CROCE-VOSSLER, den ich besprechen soll.[206] Ich finde ihn (für jemanden, der gutes Professorenniveau kennt) besonders nichtssagend. Alle Welt aber scheint sich dafür zu begeistern. Ich werde diese Gelegenheit benutzen, um etwas über die Proportionen zu sagen, die „Wissenschaft" damals und heute hatte bez. haben. Die Verzückung vor dieser Publikation scheint mir etwa derjenigen zu entsprechen, die hungrige Pygmäen empfinden, die zahmen Riesen beim Frühstück zusehen dürfen. Ich werde Ihnen meine Rezension schicken.

Damit genug für heute. Ich hoffe bald wieder von Ihnen zu hören. Sie wissen, dass Ihre Briefe absolut das Erfreulichste sind, was es für mich auf dieser Welt gibt.

Immer Ihr sehr ergebener
Nicolaus Sombart

---

204 Archiv für Rechts- und Sozialphilosophie (s. Brief Nr. 39). Der Aufsatz erschien allerdings im Jahrgang 1955: *Nicolaus Sombart*, Vom Ursprung der Geschichtsphilosophie. In: Archiv für Rechts- und Sozialphilosophie 41, 1955, S. 469–510.

205 Johannes Broermann (1897–1984), Inhaber des Duncker & Humblot Verlages. Hier erschien: *Werner Sombart*, Vom Menschen. Versuch einer geistwissenschaftlichen Anthropologie, 2. Aufl., Berlin 1956; *ders.*, Noo-Soziologie. Hrsg.von Nicolaus Sombart, photomechanischer Nachdruck, Berlin 1956.

206 Briefwechsel Benedetto Croce – Karl Vossler. Übertr. und Einl. von Otto Vossler, Berlin/Frankfurt a.M. 1955. Eine Besprechung durch Sombart konnte nicht ermittelt werden.

61
Carl Schmitt an Nicolaus Sombart

Plettenberg, Juli 1956

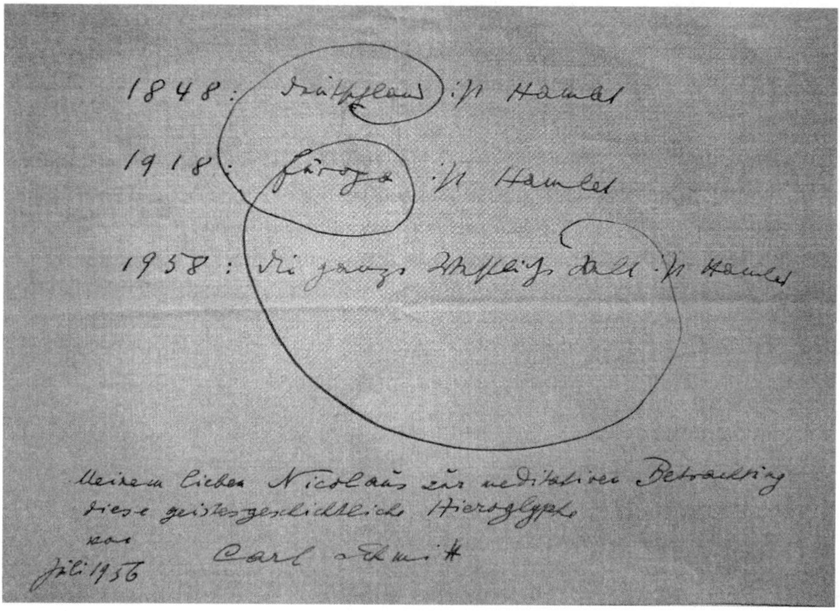

RWN 0260 Nr. 453

Meinem lieben Nicolaus zur meditativen Betrachtung diese geistesgeschichtliche Hieroglyphe[207] von

Carl Schmitt
Juli 1956

[207] Die Zeichnung, in der drei geschichtliche Daten in ein großes „E“ verschlungen und mit der Hamlet-Figur gedeutet sind, verschickte Schmitt zu dieser Zeit an verschiedene Freunde. Sie findet sich auch auf einem Typoskript von Schmitt mit dem Titel „Was habe ich getan?“ (erstmals gedruckt in: Dietsland-Europa 2, 1957, H. 1, S. 7–9) mit folgenden Einträgen auf der ersten Seite: „Für Nicolaus Sombart persönlich nach Heidelberg gebracht 25/7 56 Carl Schmitt.“ Darunter von Schmitt: „Einleitung zu einer Diskussion (Dienstagabend 12/6 56 in Düsseldorf)“, und am Fuß der Seite: „hierzu die Hamlet-Kurve 1848: 1918: 1958:“ sowie die Hieroglyphe „E“. Vgl. Katalog Tasbach, S. 23.

62
Carl Schmitt an Nicolaus Sombart

Plettenberg, 15.8.1956

Mein lieber Nicolaus: vom 19.8.–2.9. wird Bernhard von Mutius[208] in Straßburg (als Vortragender) am Sommerkurs der Freien-Europa-Universität-Berlin teilnehmen. Hör ihn Dir doch bitte einmal an, wenn Du Zeit hast und sprich einmal mit ihm; ich bin sicher, dass Ihr beide in ein lebhaftes Gespräch kommt. Ich kenne Mutius seit über 20 Jahren; vor einigen Monaten hat er mich auch hier in Plettenberg besucht.

Sehr traurig, dass ich Dich – obwohl ich eigens zu einem Mittwoch dorthin gekommen war – in Heidelberg nicht getroffen habe:

Invariablemente, incondicionalemente
Dein alter
Carl Schmitt

63
Nicolaus Sombart an Carl Schmitt

Straßburg, 2.10.1956

Sehr verehrter Herr Professor,

Lange habe ich nichts von Ihnen gehört. Vor allem aber steht immer noch der versprochene Besuch in Straßburg aus, Besuch, zu dem ich nun, zu Beginn eines neuen Winters, erneut auffordern[209] und ermuntern möchte.

Wie Sie vielleicht von Anima gehört haben, bewohne ich jetzt ein kleines Haus im Elsass, unweit der Stadt, wo ich mich glücklich preisen werde, Sie ein Wochenende zu beherbergen. Die für Sie bereit gestellten Weine lagern immer noch im Keller.

---

[208] Bernhard von Mutius (1913–1979), war 1934/35 Assistent Schmitts an der Berliner Universität und verkehrte auch im Hause Sombart. Ab 1949 arbeitete er im DDR-Außenministerium, wurde 1950 wegen Spionage verhaftet und zur Zwangsarbeit in Workuta verurteilt. 1955 kam er im Zuge der von Adenauer erwirkten Freilassung der deutschen Kriegsgefangenen frei. Über seine Zeit im sowjetischen Arbeitslager veröffentlichte er ein Buch unter Pseudonym: *Bernhard Roeder*, Der Katorgan, Köln/Berlin 1956. Nach einer Station im Sekretariat der Kultusministerkonferenz arbeitete Mutius für den Europarat, wo Nicolaus Sombart sich mit ihm anfreundete und ihm 1979 die Trauerrede hielt, deren Typoskript sich im Nachlass Schmitt findet (RW 0265 Nr. 21820).

[209] „auffordern“ mit Bleistift unterstrichen, offenbar von Schmitt.

Als letztes las ich von Ihnen die Apologie zum Hamlet,[210] deren fiktiver Charakter mich etwas unbefriedigt ließ. Doch habe ich die Diskussion in Deutschland vielleicht nicht richtig verfolgen können.

Meine letzte Entdeckung ist ein überwältigender Aufsatz von Georges Bataille über „Souveraineté“ in „Monde Nouveau“ (Juni 1956 ff.),[211] die mir erneut die Bedeutung dieses Soziologen bestätigen, dessen „Part maudite“ mich schon zu beachtlichen Superlativen hinriss.

Im Übrigen vertiefe ich meine Einblicke in die hierokratischen Mechanismen der Herrschaft.

Darf ich darauf hoffen, bald von Ihnen zu hören – und Sie zu sehen?

Ihr ergebener und getreuer
Nicolaus Sombart

64
Carl Schmitt an Nicolaus Sombart

Plettenberg, 11.10.1956

Mein lieber Nicolaus,

zum Glück hast Du im Europa-Rat mit souveränen Mitgliedern zu tun und sind wir beide doch wohl auch Souveräne, sodass wir uns nicht nach dem Recht der Subalternen sondern nach der Courtoisie zu verhalten haben. Du hast mich so freundschaftlich und dringend eingeladen, dass es beinahe als Unfreundlichkeit erscheint, wenn ich mich nicht sofort auf die Reise ins Elsass begebe. Ich würde das bestimmt tun, aber in diesem Augenblick muss ich nach Oberbayern fahren, an den Staffelsee, wo der arme, schwerkranke P. Erich Przywara[212] mich noch einmal sehen möchte. Tod und Souveränität sind wirklich zwei Seiten desselben großartigen Phänomens.

---

[210] *Carl Schmitt*, Hamlet oder Hekuba. Der Einbruch der Zeit in das Spiel, Düsseldorf/Köln 1956. Sombart hatte von Schmitt Ende April ein Exemplar bekommen mit der Widmung: „Nicolaus Sombart von Carl Schmitt 30/4 56, 2 Joh. 12“; vgl. Katalog Tasbach, S. 22.

[211] Ein Sonderdruck mit Anmerkungen Schmitts befindet sich in seiner Bibliothek im Nachlass.

[212] Erich Przywara S.J. (1889–1972), Philosoph und Theologe. Schmitt kannte ihn seit den 20er Jahren und schätzte ihn sehr hoch. Der Pater war für ihn eine Art Spiritual, dem er absolut vertraute; vgl. *Carl Schmitt*, Entwurf eines Berichts an P. Erich Przywara, Winter 1945/46, Camp Lichterfelde (RW 0265 Nr. 19864). In Murnau am Staffelsee wohnte auch die gemeinsame Bekannte Lilly von Schnitzler; in ihrem Briefwechsel mit Schmitt ist Przywara öfter erwähnt, vgl. Schmittiana NF 1, 2011, S. 113–256.

Sei mir also nicht böse, wenn ich wieder einmal meinen versprochenen Besuch vertage und werde nicht ungeduldig. Ich habe noch niemand enttäuscht.

Die 3 Hefte von Monde Nouveau begleiten mich auf meiner Reise. Ich habe den Aufsatz von Georges Bataille gleich verschlungen, muss ihn aber noch im Einzelnen überlegen. Wer ist der Verfasser und wie heißt sein Buch? Ich kann den Titel Pas (?) maudits (?) in Deiner Handschrift nicht lesen. Übrigens schreibst Du auch keine Adresse, sodass ich diesen Brief noch an die alte Adresse Lensstraße 2 richte. Oft möchte ich Dir einige Hinweise für das Studium des Völkerrechts geben, eine herrliche Materie, die Du nicht nach den elenden Advokaten der Großen oder gar der Kleinen „Mächte" beurteilen darfst. Auch Georges Bataille sollte einmal einen schönen völkerrechtlichen Aufsatz von mir lesen, oder die Politische Theologie mit dem ersten Satz: Souverän ist, wer über den Ausnahmezustand entscheidet. Ein Zürcher Bürgersohn, Peter Schneider, hat ein dickes Buch gegen mich geschrieben,[213] unter dem Titel „Norm und Ausnahme"; es soll in der DVA in Stuttgart erscheinen, vom Münchener Institut für Zeitgeschichte subventioniert; der junge Autor ist vor der Publikation Ordinarius für öffentliches Recht in Mainz geworden. Folge ihm nach! Tue etwas für Deine Karriere als Professor und schreibe ein Buch gegen mich!

---

[213] Peter Schneider (1920–2002), Jurist, Assistent von Carlo Schmid, habilitierte sich 1955 mit der Arbeit: Ausnahmezustand und Norm. Eine Studie zur Rechtslehre von Carl Schmitt, Stuttgart 1957. Mit dem Buch hat Schmitt sich intensiv auseinandergesetzt. Im Glossarium heißt es: „Das Buch von Peter Schneider ‚Ausnahmezustand und Norm, eine Studie zur Rechtslehre von C. S.', eben endlich erschienen, ist wohl dazu bestimmt die deutsche Rechtswissenschaft zu ent=schmittisieren. Ein Schweizer, der nichts mitgemacht hat, zieht mich, der alles mitgemacht hat, vor sein Forum; ein Neutraler ohne eigenes Schicksal richtet über mein Schicksal – alles im tiefsten inkompetent aber symptomatisch und symbolisch, und so will ich es ohne Ironie und Polemik als einen Teil des allgemeinen Schicksals hinnehmen, wie alles andere, ohne mich zu unterwerfen, aber auch ohne mich zur Wehr zu setzen. Es wäre gegen den Stil und den esprit de mon âge, Fragen der Kompetenz, der Aktivlegitimation oder der Prozeßstandschaft zu erheben. Heute kann jeder jeden töten. Das ist die totalste Kompetenz." (17.3.1957).

„Das Buch dieses Peter Schneider ist gestaltlos: eine Auswucherung extensiver Exzerpte aus einigen meiner Schriften; eine Einspeichelung meines Lebenswerkes mit faden C. G. Jung-Ideen. Das Buch ist gestaltlos weil es schicksallos ist; aber nicht schicksallos wie der schlafende Säugling Hölderlins, sondern schicksallos wie ein seit über 100 Jahren neutraler Schweizer. Wie sollte dieser Autor ein Lebenswerk wie meines verdauen? Und wie durfte er mit solchen offensichtlichen Verdauungsbeschwerden in der deutschen Öffentlichkeit erscheinen?" (27.3.1957). Vgl. auch BW Mohler (passim) und *Carl Schmitt/Ernst Rudolf Huber*, Briefwechsel 1926–1981. Hrsg. von Ewald Grothe, Berlin 2014, S. 374ff.

Zu Deinem Urteil über das Hamlet-Hekuba-Buch (es sei „fiktiv"): lass Dir von Koselleck das Hamlet-Sonett von Bert Brecht[214] aus dem Jahre 1940 geben! Wie hieß noch das Buch oder der Autor, der Laertes zum Helden des Stückes machen wollte?[215]

Bald mehr, lieber Nicolaus! Heute nur diese Bitte um Vertagung und meinen herzlichsten Dank für Deinen Brief!

Incondicionablemente Dein alter
Carl Schmitt

65
Carl Schmitt an Nicolaus Sombart

[Plettenberg], 30.12.1956

[*ms.:*]

neujahrsgruss
1957

links:	rechts:
jetzt ist die zeit gekommen die alles unrecht heilt es wird nicht mehr genommen es wird nur noch geteilt	wie ist mein herz beklommen wie sind wir eingekeilt es wird nicht mehr genommen es wird nur noch geteilt
	[*hs.:*] Für Nicolaus Sombart mit herzlichen Wünschen von Carl Schmitt 30/12 56

[*auf der Rückseite hs.:*]

Mein lieber Nicolaus,

hier schicke ich Dir – in alter Liebe –

1) einen Neujahrsgruß
2) ein extra gebundenes Exemplar von „Land und Meer".[216] Über den Vogel Ziz[217] findest Du etwas in dem Aufsatz von William Gueydan de

[214] *Bertolt Brecht*, Über Shakespeares Stück „Hamlet". In: ders., Gesammelte Gedichte, Frankfurt a.M. 1981, S. 608 f.

[215] Siehe Anm. 191.

[216] Es handelt sich um die 2. Aufl. 1954. Das Exemplar war in grünes Leinen eingebunden und mit folgender Widmung versehen: „für Nicolaus Sombart Weih-

Roussel „Le Leviathan et l'État moderne" in: Revue Internationale de Sociologie, Mai 1939, p. 188.

Anima hat mir eine begeisterte Schilderung von Deiner Wohnung gegeben; Anima schwärmt von Deiner Frau. Ich bitte also doppelt eifrig, mich ihr angelegentlich zu empfehlen. Auf ein gutes Wiedersehn im kommenden Neujahr!

Unverändert Dein alter und getreuer
Carl Schmitt

66
Nicolaus Sombart an Carl Schmitt

Straßburg, 11.1.1957

Sehr verehrter Herr Professor,

Tausend Dank für Ihren Weihnachtsgruß mit dem schönen Geschenk!

Werde ich Sie am nächsten Donnerstag in Düsseldorf beim Vortrag von Kojève[218] treffen[?] Ich habe mich entschlossen von Paris, wo ich gerade sein werde, herüber zu fliegen.

Ich denke, wir könnten eine schöne Tafelrunde konstituieren, ähnlich wie damals, nach Ihrem Abendstudio in Frankfurt mit Alfred Andersch.

Die „Maschine" hat mich in den letzten Tagen etwas mitgenommen: Die eigentliche Gewissensfrage des modernen Menschen ist wohl die, festzustellen, in welcher Gestalt er vom Leviathan heimgesucht wird. Die ornithologischen Studien sind mir darüber etwas vergangen.

Auf bald hoffentlich, herzlich Ihr
Nicolaus Sombart

---

nachten 1956 C. S. ‚Nur Meer und Erde haben hier Gewicht', Goethe am 12. Juli 1812 beim Einmarsch Napoleons in Rußland." Vgl. Katalog Tasbach, S. 20.

217 Wie Leviathan für das Wasser, Behemot für das Land, so war der große Vogel Ziz das mythische Untier der Luft. Sombart lässt mit ihm seine Geschichtsphilosophie kulminieren: Der „Äon der Männerherrschaft", für den Carl Schmitt stehe, werde abgelöst durch „die Weltzeit des Vogel Ziz". *Nicolaus Sombart*, Die deutschen Männer und ihre Feinde, München/Wien 1991, S. 369.

218 Nicht am Donnerstag, sondern am Mittwoch, dem 16.1.1957, hielt Kojève im Düsseldorfer Rhein-Ruhr-Club einen Vortrag zum Thema: „Kolonialismus in europäischer Sicht". Der Text ist abgedruckt in: Schmittiana VI, 1998, S. 125–143.

67
Nicolaus Sombart an Carl Schmitt

Paris, [16.1.1957]

DIENSTLICH VERHINDERT. REGRETS – NICOLAUS SOMBART.

68
Nicolaus Sombart an Carl Schmitt

Kolbsheim, 23.1.1957

[ohne Anrede]

A propos „Land und Meer“, das ich, wie gesagt, gegenwärtig aus der Vogelperspektive beäuge, eine schöne Stelle, die ich bei Friedrich Ludwig Jahn, Deutsches Volkstum, Leipzig 1817, finde:

„Hannover bei England ist für Deutschland zuletzt nicht mehr gewesen, als das Hauptboot, womit das große Meergebäude an's feste Land rudert, (seine Landungsbrücke).“ (p. XIV)

Leider konnte ich nicht zu Kojèves Vortrag kommen. War in letzter Minute verhindert worden. Erreichte Sie mein Telegramm? Wie war es?

Muss jetzt einen Vortrag über „Patriotismus und Herrschaft“ halten. Was für ein Thema.

Wann sehen wir uns?
Sehr herzlich, Ihr
Nicolaus Sombart

69
Nicolaus Sombart an Carl Schmitt

Kolbsheim, 30.1.1957

Lieber und verehrter Herr Professor,

Es war wirklich ein Jammer, dass ich neulich nicht zu Kojèves Vortrag kommen konnte. Alles war bis ins Detail vorbereitet, dann musste ich in letzter Minute als „Observateur“ des Europarates an einer Sitzung eben jener OECE teilnehmen, an der Kojève als Mitglied der französischen Delegation tätig ist. Beide in den Klauen des Vogel Ziz, wie Sie sehen.

Ich hätte gerne das Referat gehört, denn es wäre mir sicher bei der Abfassung eines Vortrages von Nutzen gewesen, mit der ich jetzt zu schaffen habe. Über „Patriotismus im Zeitalter des Weltbürgerkrieges“.[219] Der Vortrag soll in einer Serie des Bayrischen Rundfunks mit dem Titel: Der Zeitgenosse und sein Vaterland gehalten werden. Die Hauptschwierigkeit liegt darin, nicht alles hineinzustopfen, was hinein will. Ich werde aber nicht umhin können zu zeigen, dass zwischen Großraum mit Interventionsverbot und universaler Weltherrschaft dem Patrioten ein trauriges Dasein beschieden ist, ja, dass er buchstäblich vor der Alternative steht, als Partisane ausgerottet zu werden, oder – Frankreichs Fall – als retrogarder Saboteur den Hass und die Verachtung der Weltöffentlichkeit auf sich zu ziehen.

Wenn man aber kein Patriot mehr sein kann, was ist man dann? Fernseher? Atlantiker? Stalinist? Panarabist? Man hat die Auswahl zwischen den verschiedenen Substraten der Massensteuerung. Oder konstituiert die UNO doch so etwas wie den Kristallisationspunkt einer echten globalen Legitimität, von dem aus, von Oben nach Unten, „aus der Luft“, eine neuartige Raumordnung möglich wird, in der sich Großräume zu einem Weltgleichgewicht gruppieren? Mit der Verortung dieser Ordnung vermag ich über wildeste Spekulationen hinaus nichts zu sagen. Das Monopol jeder kriegerischen Luftwaffe, aller Ferngeschosse usw. ist ja wohl ein Ansatzpunkt. Aber kann eine Weltordnung auf Flugzeugbasen verortet sein? Immerhin ist ja schon jetzt der Weltkonflikt ein Kampf um Luftbasen und Luftkontrolle; die Abrüstung und die Atomkontrolle ist ganz diesem Gesichtspunkt untergeordnet. Andererseits wird der Träger der globalen Meinungsbildung und -steuerung ja wohl Rundfunk und Television sein: ein anderes Steckenpferd der internat. Organisatoren. Es besteht kein Zweifel: technisch ist eine universale Weltverwaltung und -regierung auf föderalistischer Grundlage, wie in den USA etwa, morgen früh schon möglich. Es wäre eine Luftherrschaft. Sie wäre auch in ihrer Struktur identisch, ganz unabhängig davon, ob sie von Moskau oder Washington oder New Dehli bestimmt wird. Das gibt doch zu denken. Ungarn, Suez, Algier lässt mich beinahe glauben, dass wir de facto schon in dieser Phase leben. Was soll ich da aber meinem Patrioten raten, ohne mich von ihm als Monadenfensterputzer verulken lassen zu müssen? Sie sehen das Dilemma, in dem ich mich befinde.

Mit großem Genuss habe ich inzwischen den KATORGAN von Mutius gelesen. Faszinierend und alles andere in den Schatten stellend finde ich die Berichte über die Plotnoi; der Jüngersche Waldgänger scheint mir hier auf

[219] Der Vortrag ist im Druck erschienen in: Der Zeitgenosse und sein Vaterland. Eine Vortragsreihe des Bayerischen Rundfunks, hrsg. von Gerhard Szczesny, München 1957. Nicolaus schickte ein Exemplar mit Widmung an Schmitt, das dieser 1966 über das Antiquariat Semmel in Bonn verkaufte.

großartigste Weise Gestalt geworden zu sein,[220] und ich denke, dass (in meinem luftbeherrschten Weltstaat) dieser Typus überall auf dem Globus auftauchen wird und in den technisch und kommerziell nicht (oder nicht mehr) rentablen Zonen der einzige und eigentliche Gegenspieler des Massenmenschen der Zukunft sein wird – welche Zukunft das katholische Mönchstum hat (in Amerika haben die Klöster sensationellen Zulauf) vermag ich nicht abzusehen. Wenn ich es recht bedenke und auszusprechen wage, so sind Sie ja auch schon so ein Plotnoi, wenn Sie auch nicht ganz zur Brachialgewalt Zuflucht nehmen mussten. (Die Art, in der wir uns gelegentlich über Radiowellen verständigten, scheint mir ebenfalls mustergültig für diese Art anarchistischer Mafia, die ja im Westen nicht unbedingt in einer natürlichen Tundra zu hausen braucht.)

Zuguterletzt darf ich Ihnen noch mitteilen, lieber Herr Professor, dass meine Frau mit einem Töchterchen niedergekommen ist, das wir DIANE nennen wollen. Ich bin damit großer Sorgen enthoben, für den aktiven Partisanenkampf bis auf weiteres allerdings etwas untauglich geworden.

Wann komme Sie uns besuchen? Im Juni ist Taufe, und Sie sind herzlich eingeladen, aber auch sonst jederzeit willkommen.

Ich grüße Sie in alter Ergebenheit
Ihr Nicolaus Sombart

70
Carl Schmitt an Nicolaus Sombart

Plettenberg, 3.2.1957

Mein lieber Nicolaus,

wir müssen dafür sorgen, dass – nach dem berühmten, zum Schisma des Ostens führenden filioque – nunmehr noch ein filiaque in unser Credo kommt.[221] Ich sage Dir und Deiner Frau die herzlichsten Glückwünsche und begrüße die neue Erdenbürgerin mit heller Begeisterung, die Göttin Diana und die Citoyenne Diane.

---

[220] Vgl. dazu den Eintrag Schmitts vom 3.2.1957 im Glossarium: „Ich las das Kapitel Plotnoi im Katorgan von Mutius, und wurde mißtrauisch, weil es mir zu sehr nach dem Waldgang Ernst Jüngers roch." Vgl. Brief Nr. 70.

[221] Die Aussage: Der Hl. Geist geht aus dem Vater „und dem Sohn" (filioque) hervor bezeichnet den entscheidenden dogmatischen Punkt, an dem sich im 6. Jahrhundert die Ostkirche von der Westkirche trennte. Nach dem Glaubensbekenntnis des westlichen Christentums ging der Hl. Geist aus dem Vater „und dem Sohn" hervor. Zu „filiaque" („und der Tochter") vgl. den Eintrag vom 22.4.1949 im Glossarium.

Ich bin von meiner Düsseldorf-Aachen-Reise ischiaskrank nach Hause zurückgekehrt. Deshalb hat sich mein Bericht über den Besuch Kojèves verspätet. Alle haben sehr bedauert, dass Du nicht dabei warst; Dein Telegramm kam eine Minute vor Beginn des Vortrages an. Von gemeinsamen Bekannten waren da: Scheibert (der natürlich auch in der Diskussion sprach); Altmann (ebenfalls); H. J. Arndt; E. von Medem; Walter Warnach; H. Nette; Peter Diederichs; H. Kesting und noch mehrere Dortmunder, darunter der schöne Grieche Papalekas (Soziologe, jetzt in Münster bei Freyer habilitiert); einige Fabrikanten vom Club; Hjalmar Schacht hatte abgesagt, weil er abwesend war; er war nach München gefahren, um dort mit zahlreichen Freunden seinen 80. (!) Geburtstag zu feiern; ebenso K. Kaletsch[222] vom Flick-Konzern (in den Tagen spielte der Zwischenfall Armengaud – de Menthon,[223] Besuch der Montan-Union-Delegation in der Maximilians-Hütte in der Oberpfalz).

Kojève sprach sehr gut. Aber er beschränkte seine Darlegungen auf das „rein ökonomische" (hier setzte Altmann in der Diskussion ein; zu Unrecht denn); K. hatte nur mit Mühe die Erlaubnis zu einem Vortrag von seiner Behörde (Quai d'Orsay) bekommen und war sehr vorsichtig; erlaubte auch

---

[222] Konrad Kaletsch (1898–1978), Vetter von Friedrich Flick und seit 1924 im Vorstand des Flick-Konzerns, zuletzt als persönlich haftender Gesellschafter. Er kannte Schmitt seit dem Sommer 1945, als er bei ihm ein Gutachten in Sachen Flick in Auftrag gab, das 1994 aus dem Nachlass veröffentlicht wurde: *Carl Schmitt*, Das internationalrechtliche Verbrechen des Angriffskrieges und der Grundsatz „Nullum crimen, nulla poena sine lege". Hrsg. und mit einem Nachwort versehen von Helmut Quaritsch, Berlin 1994.

[223] François de Menthon (1900–1984) war franz. Hauptankläger bei den Nürnberger Prozessen. Jean Armengaud, franz. General, war 1939 Luftattaché in Warschau und Zeuge in den Nürnberger Prozessen. Die zum Flick-Konzern gehörende Maxhütte wurde nach 1945 zunächst teilweise enteignet und konnte nach langen Verhandlungen 1955 wieder vollständig von Flick zurückgewonnen werden; vgl. dazu *Norbert Frei*, Flick. Der Konzern, die Familie, die Macht, München 2009, S. 478–504. Über den „Zwischenfall" hatte der „Spiegel" am 21.1.1957 berichtet: „Der festliche Empfang, den die bayerische Staatsregierung am Schluß einer Besichtigungsreise des Investitionsausschusses des Montanunion-Parlaments im Nürnberger Grand Hotel gab, wurde durch einen Fauxpas des Protokolls getrübt. Vor dem Dinner weigerte sich der französische Delegierte, der ehemalige Justizminister und jetzige volksrepublikanische Abgeordnete in der französischen Nationalversammlung, Professor de Menthon, den für ihn vorgesehenen Platz an der Seite des Großindustriellen Friedrich Flick einzunehmen, dessen bayrischen Großbetrieb, die Maximilianshütte in Sulzbach-Rosenberg, der Montanunions-Ausschuß kurz vorher besichtigt hatte. Vergeblich versuchte der bayrische Wirtschaftsminister Bezold (FDP), dem Professor de Menthon seine Ressentiments gegen Flick auszureden, der Hauptangeklagter in dem nach ihm benannten Nürnberger Prozeß gewesen war. Schließlich tauschte der Franzose seinen Platz mit einem deutschen Ausschuß-Kollegen." Vgl. auch Glossarium vom 18.1.1957.

keine Bandaufnahme und gab kein Manuskript zur Vervielfältigung. In der Sache ging er davon aus, dass der heutige Kolonialismus – ein gebender – nicht nur mehr nehmender Kolonialismus geworden ist; die Formel Nehmen / Teilen / Weiden hob er als besonders fruchtbar hervor.[224] Die Teilung in developped und underdevelopped regions oder peoples (Art. 4 der Truman-Doktrin) ist der heutige Nomos der Erde. Aber die 200 Millionen Russen können die 600 Millionen Chinesen und die weiteren asiatischen Millionen nur mit einem unglaublichen eigenen Konsumverzicht „entwickeln", ein Russe trägt heute 10 Chinesen. Europa dagegen könnte den afrikanischen Raum mit Leichtigkeit tragen.

Ecco: der Großraum Europa. Das Wort fiel natürlich nicht, um die Vereinbarung, jedes politische Wort zu vermeiden, nicht zu brechen. Aber im Gespräch desselben Abends und am andern Tage war es umso selbstverständlicher da. Denn „Großraum" ist ja ein spezifisches Wort: für die spezifische Dimension des heutigen „Entwicklungsraumes": der Planet ist trotz „technischer Einheit" noch lange kein einheitlicher Entwicklungsraum, und die bisherigen „Märkte" nationalstaatlicher Herkunft sind zu klein. In dieser Zwischenzeit ergibt sich der Großraum. Das ist noch kein endgültiger Name, aber er wird sich finden, wenn eine Ordnung kommt.

Kojève vermied jedes aktuelle Wort. Dabei explodierte die Aktualität des Themas an jeder Ecke. Für den, der ihn zu hören verstand, war er einfach genial. Ich könnte Dir stundenlang von seinen Formulierungen erzählen. Für mich persönlich war das ein unglaublicher, unerwarteter Gewinn, in der Richtung meiner Idee von Nehmen / Teilen / Weiden. K. bedauerte, dass man diese Wortzusammenstellung, die im Deutschen so fabelhaft ist (denk mal: Weiden!), nicht ins Französische übersetzen kann. Die latinisierten Sprachen bringen das nicht mehr auf. Nicht weniger als 3 Übersetzungsversuche sind auf Spanisch erschienen, ohne Überzeugungskraft (presa de terra, toma de terra, occupación, instalación, apropiación, es ist zum Verrücktwerden!).

Die große Schwierigkeit für das, was Kojève als „gebenden Kolonialismus" empfahl, ist die Namengebung. „Niemand kann dieses Kind taufen", sagte er. Sozialismus ist ein Name geworden. Aber im Westen gibt es keine Namen. Hier hat das nur noch mit mathematischen Ziffern arbeitende Paradies der reinen Konsum-Gesellschaft schon begonnen. Das Wesen des Menschen ist nicht mehr Arbeit und Produktion (wie Hegel und Marx noch

224 Damit bezog Kojève sich auf Schmitt; vgl. *Carl Schmitt*, Nehmen / Teilen / Weiden. Ein Versuch, die Grundfragen jeder Sozial- und Wirtschaftsordnung vom Nomos her richtig zu stellen. In: Gemeinschaft und Politik 1, 1953, H. 3, S. 17–27. Dazu auch der Briefwechsel Kojève-Schmitt (in: Schmittiana VI, 1998).

glaubten), sondern eben: Konsum, und auch nicht (das ist eine der vielen wesentlichen Erkenntnisse, die ich dieser Begegnung mit Kojève verdanke): Spiel. Das Spiel hört auf, wenn der Krieg aufhört.

Nur noch ein Beispiel für die unerhörte Präsenz des Kojèveschen Geistes: Ich fragte, unter Bezugnahme auf den Schluss meines Nomos der Erde, p. 299): Hegel sagte (vom Übergang zur sog. Neuzeit): Die Menschheit bedurfte damals des Schießpulvers, und alsobald war es da. Wessen bedurfte die Menschheit, als die Atombombe erfunden wurde? Er antwortete prompt: Sie bedurfte eines moralischen Alibis, um nicht mehr Krieg führen zu müssen!

Auf Deinen Brief vom 30.1. hin – vielen Dank! – habe ich das Kapitel über Plotnoi nochmals bei Mutius nachgelesen. Allmählich wurde ich misstrauisch. Du fragst: Was soll man dem Patrioten raten? Soll er die Weltherrschaft unterwandern, wie das Urchristentum das römische Reich unterwandert hat? Das ist das Problem der Askese. Wer heute Askese treibt, sabotiert die reine Konsumgesellschaft. Das hat schon Keynes gesagt (Kojève meint: Keynes ist nur akademisch aufgeputzter Fordismus). Dass die Russen heute Asketen sind, können sie nur dadurch „rechtfertigen", dass sie behaupten, morgen eine umso echtere Konsumgesellschaft organisieren zu können. Sonst wären sie die Saboteure des Paradieses. Der Patriot ist als solcher weder Produzent noch Konsument. Was will er also eigentlich? Er muss streiken. Auch das kann – richtig organisiert – eine Einrichtung der reinen Konsumgesellschaft werden. Ich weiß nicht, wie Du an so ein Thema wie „Patriotismus" kommst, lieber Nicolaus. Haben Dir das die Oberbayern angehängt? Da würde ich lieber einen Vortrag über Bayernpartei und Sperrklausel halten.

Nun aber genug. Ich wollte nur mein Gewissen entlasten (alles ist Entlastung, in dem Paradies, das schon begonnen hat) und Dir über Kojève berichten. Dann wollte ich Dich noch um einen Gefallen bitten: ich füge eine Karte und ein Bildchen bei; könntest Du so gut sein und dafür Blumen für Deine Frau besorgen? Von hier aus ist nach Kolbsheim keine Sendungsmöglichkeit, trotz Fleurop etc. Eines Tages hat jeder von uns eine Atombombe, dann ist alles viel einfacher. Insofern hat das neue Paradies also noch nicht begonnen. Da bleiben einem nur so altmodische Wege wie derjenige, den ich hiermit beschreite.

Vielen Dank und herzliche Grüße und Wünsche Deines alten
Carl Schmitt

Dank für das Turnvater F. L. Jahn-Zitat! Liest Du ihn à conto Patriotismus?

[*Beiligend Visitenkarte*]

[*gedruckt:*] Professor Carl Schmitt
[*hs.:*] acclame la nouvelle déesse Diane
félicite les parents
et transmet les meilleurs voeux
pour la mère et l'enfant.[225]
3.2.57

71
Nicolaus Sombart an Carl Schmitt

Kolbsheim, 5.2.1957

Lieber Herr Professor,

Tausend Dank für den schönen Brief, den Sie mir zur Feier der Geburt von Diane geschrieben haben, und den ich ihr in die Wiege legen will. Das arme Kind, es wird nicht sagen können, dass wir ihr nicht alles vorausgesagt haben!

Zum „Patriotismus" komme ich wie die berühmte Jungfrau zum Kind, und fühle mich, unter Missachtung der pneumatischen Dimensionen dieser Tatsache, wie ein Schüler, der einen Klassenaufsatz mit einem x-beliebigen Thema bekommen hat, in den er nun das hineinschreibt, was ihn gerade beschäftigt. Ich konnte – angesichts der Kohlenpreise in Frankreich – dem Honorar nicht widerstehen, was mir Roman Schnur als ein Mangel an Askese streng vorgeworfen hat. Ich habe in der Tat unter dem Terror der Konsumgesellschaft gehandelt!

Angesichts Ihres Berichtes über Kojèves Vortrag ist mir ein Gedanke gekommen, den ich Ihnen sogleich vortragen möchte: sollten wir nicht einen Band „Briefwechsel mit Carl Schmitt" herausgeben, in dem die Briefe von und an Altmann, Kesting, Koselleck, Scheibert, Schnur, Krauss, Warnach etc. in chronologischer Reihenfolge, seit Kriegsende, veröffentlicht würden?[226] (Die besten natürlich nur.) Ich glaube, unser Kreis würde sich damit vor der Geschichte als das fruchtbarste Zentrum deutschen Geistesle-

---

[225] „Prof. Carl Schmitt begrüßt die neue Göttin Diane, beglückwünscht die Eltern und sendet die besten Wünsche für die Mutter und das Kind."

[226] Von den genannten Briefwechseln ist bis jetzt keiner veröffentlicht; der mit Warnach ist in Arbeit. Warnach gehört übrigens, wie auch der ehemalige Schmitt-Schüler Günther Krauss (1911–1989; vgl. van Laak, S. 246–250), nicht eigentlich in diese Reihe.

bens nach dem Kriege ausweisen, und der wahre Zusammenhang und Zuordnungspunkt unser aller Arbeit würde zu unser aller Gewinn leuchtend sichtbar werden.

Wenn ich so bedenke, was alles an Briefwechseln erscheint; – einen intelligenteren Kommentar zum Thema: wie hat man in Deutschland geistig die Niederlage verarbeitet? gibt es ein spirituelles Gegengewicht zum Wirtschaftswunder? könnte ich mir nicht denken!

Aber vielleicht haben Sie alle unsere Briefe nach Beantwortung vernichtet, was in Zeiten wie den unseren beinahe das Richtige wäre. Auf jeden Fall bin ich gespannt zu hören, was sie von meinem editorischen Einfall halten? –

Thamara ist noch in Paris bei ihren Eltern. Sie wird Ihre Blumen vorfinden, wenn sie in unser Häuschen zurückkommt. Ich danke ganz besonders für diese Aufmerksamkeit!

In treuer Verbundenheit stets Ihr
Nicolaus

72
Nicolaus Sombart an Carl Schmitt

Kolbsheim, 24.8.1957

Lieber Herr Professor,

Wie schön, Nachricht von Ihnen zu haben! Wenn es auch dazu umständlicher Landungen bedarf. Noch hoffe ich ja immer, Sie eines Tages, als Gast, bei mir zu haben – es ist wirklich nett auf dem Land, nicht ohne Comfort. Ich habe Personal, sodass Sie nicht zu fürchten brauchen, meiner Frau zur Last zu sein. Sie wartet darauf, endlich den Spender der schönen Rosen zur Geburt von Diane kennen zu lernen.

Wegen meiner Habilitation stehe ich mit Bergsträsser[227] in Verbindung. Er hat ja gerade Popitz habilitiert (mit dem ich mich leider nicht verstehen kann – er gehört zu den Leuten, die, wie andere mit einem Knigge, mit einem kleinen Machiavelli in der Tasche herumlaufen. Das macht den Umgang mit ihm sehr mühsam.)

Ich werde nicht eine große historische, sondern eine kurze, quasi analytische Arbeit machen „Prolegomena zu einer Soziologie der Internationalen

---

[227] Arnold Bergsträsser (1896–1964), Professor für Soziologie und Politikwissenschaft in Freiburg.

Organisationen“ im Stil – wenn ich mir diesen Vergleich erlauben darf – Ihrer Soziologie des Souveränitätsbegriffs in der Weber-Festschrift.[228]

Wenn mir das die Fakultät abnimmt, gut. Wenn nicht, Tant pis.[229] Dann werde ich der Universität definitiv valet sagen. Inzwischen habe ich zwei sehr interessante Seminare über „Vereinte Nationen und das Problem der Einheit der Welt“ gehalten, und dabei nicht wenig junge Geister auf C. S. gestubst. –

Haben Sie den außerordentlichen Aufsatz von Eugen Sänger über „Raumfahrt“ in der Außenpolitik vom Juni 1957 (Heft 6) gelesen?[230] Ich wüsste brennend gerne Ihre Ansichten darüber.

Zu Ihrer Erheiterung lege ich Ihnen eine Kostprobe meiner täglichen Schularbeiten bei.

Sonst lese ich viel und bedauere, nicht mehr vom Völkerrecht zu wissen. Was für Aufgaben hat diese Wissenschaft heute vor sich!

Kommen Sie – wann Sie wollen, und solange Sie wollen.

Mit tausend guten Grüßen
Ihr sehr ergebener
Nicolaus Sombart

73
Nicolaus Sombart an Carl Schmitt

Kolbsheim, 19.9.1957

Lieber Herr Professor,

Durch einen Zufall hörte ich von dem mit Forsthoff im Odenwald veranstalteten Ferienseminar[231] – wie gerne hätte ich daran teilgenommen!

Wann sprechen wir wieder einmal miteinander?

---

[228] *Carl Schmitt*, Soziologie des Souveränitätsbegriffes und politische Theologie. In: Melchior Palyi (Hrsg.), Hauptprobleme der Soziologie. Erinnerungsgabe für Max Weber, 2 Bde, München/Leipzig 1922–23, Bd. 2, S. 3–35.

[229] „Sei's drum“.

[230] *Eugen Sänger*, Raumfahrt – einige politische Aspekte. In: Außenpolitik 8, 1957, S. 370–386.

[231] Die von Ernst Forsthoff nicht im Odenwald, sondern im fränkischen Ebrach organisierten Seminare, an denen auch Schmitt teilnahm, fanden erstmals Ende September/Anfang Oktober 1957 statt. Vgl. van Laak, S. 200–208; *Florian Meinel*, Die Heidelberger Secession. Ernst Forsthoff und die Ebracher Seminare. In: Zeitschrift für Ideengeschichte V, 2011, H. 2, S. 89–108.

Ich sah Altmann in Bonn – sehr in Form, einer der wenigen, die es, in meiner Generation, glaube ich, „schaffen".

Leider konnte ich nicht nach Plettenberg herüberkommen, weil ich ohne Auto war. Meine Frau hatte einen bösen Unfall, dem sie indessen wunderbarerweise ohne Schaden entstiegen ist. Nur der Wagen hat arg gelitten.

Stimmt es, dass Anima bald in Heidelberg getraut wird?[232] Kommen Sie bei dieser Gelegenheit endlich auf einen Sprung nach Straßburg? Auf bald!

Herzlich Ihr
Nicolaus Sombart

74
Nicolaus Sombart an Carl Schmitt

Kolbsheim, 17.12.1957

Lieber und sehr verehrter Herr Professor,

Unseligerweise wurde ich einen Tag vor Animas Hochzeit auf Dienstreise nach Paris beordert, sodass ich meinen Plan, zu diesem Feste nach Heidelberg zu kommen, nicht verwirklichen konnte. Ich habe das sehr, sehr bedauert und muss nun schriftlich nachholen, was ich so gerne persönlich getan hätte: dem Brautvater zu dem großen Ereignis zu gratulieren. Hoffentlich wird Anima im Lande Don Quichotes und Sancho Pansas so glücklich, wie sie sich es wünscht – und für den Papa ein freudiger Anlass zu häufigen Reisen auf den Spuren Vitorias und Donoso Cortés. –

Da nicht einmal ein so außerordentlicher Grund vermocht hat, uns zusammenzuführen, sehe ich, was die nächste Zukunft betrifft, für ein Wiedersehen schwarz.

Indessen verstreicht die Zeit auf furchtbare Weise. Ich stehe weiterhin unter dem Regime von akademisch-administrativen Wechselduschen, ohne zu irgendeinem Erfolg zu gelangen. Straßburg beginnt mich zu langweilen – Freiburg entzieht sich irgendwie, was ich v.a. auf den Einfluss von Intrigen zurückführe. Man meint, ich sei dort „du trop".[233] Doch „les absents on[t] tort" partout.[234]

---

[232] Die Tochter Schmitts heiratet am 13.12.1957 in der Heidelberger Schlosskapelle den spanischen Juristen Alfonso Otero, Professor für Rechtsgeschichte an der Universität Santiago.

[233] „überflüssig".

[234] „Die Abwesenden haben Unrecht, überall." Französ. Sprichwort.

Mit gleicher Post sende ich Ihnen ein kleines Weihnachtsgeschenk, das Ihnen hoffentlich Freude macht!

Ihr
Nicolaus Sombart

75
Nicolaus Sombart an Carl Schmitt

Kolbsheim, 27.1.1958

Lieber und verehrter Herr Professor,

Ich bin ohne Nachricht von Ihnen, was mich besorgt. Sollte mein weihnachtliches Angebinde Sie nicht erreicht haben? Sollten Sie gesundheitlich nicht auf dem Posten sein? Oder sind Sie nur einfach auf Reisen? – ohne indessen Kolbsheim auf dem Programm zu haben!

In „Heimat Europa“ vom Prinzen Rohan[235] (Diederichs Verl. 1954!) fand ich kürzlich einen sehr schönen Abschnitt über Sie (p. 233). V. a.: „Wenn es bei uns und in anderen europäischen Völkern auch nur wenig führende Geister gegeben hätte, die Europa als geistige Einheit derart umfassend in sich realisiert hätten wie Carl Schmitt, die politische Integration Europas wäre bereits weit fortgeschritten ...“ Das kennen Sie sicher, doch muss ich gestehen, dass es mir als Berufsintegrator ein besonderes Vergnügen gemacht hat, Sie derart unmittelbar „à la lettre“[236] mit meinen professionellen Ahnen zusammen gerückt zu finden. –

Mit guten Grüßen getreu bin ich
Ihr
Nicolaus S.

76
Carl Schmitt an Nicolaus Sombart

Plettenberg, 2.2.1958

Mein lieber Nicolaus,

Deine Mahnung wäre nur allzu berechtigt, wenn es zwischen uns beiden um dergleichen wie Mahnungen und Berechtigungen ginge. So fühle ich mich

---

[235] Karl Anton Prinz Rohan (1898–1975), österr. Adel, politischer Schriftsteller und konservativer Europapolitiker.

[236] „buchstäblich“.

also getroffen, aber nur peripher und ephemer. Ich drehe den Spieß einfach um und frage Dich zum Beispiel, warum Du mich monatelang ohne Nachricht über Dinge lässest, die mich brennend interessieren, wie die Entwicklung in Freiburg? Bedarf es eines Prinzen Rohan, damit Du Dich meiner erinnerst? Die Amers[237] sind ein herrliches Geschenk für einen alten Spezialisten von „Land und Meer", der zugleich als Däubler-Kenner allerhand an „pausenloser Rhetorik" gewohnt ist. Aber muss ich deshalb auf der Stelle Stellung nehmen? Ich schicke Dir lieber das beiliegende Gedicht (das Du wohl schon kennst) mit der Bitte, den Namen in der letzten Zeile einzusetzen. Diesen harmlosen Test musst Du mir erlauben.

Du kannst meine schon fast metaphysische Einsamkeit nicht ahnen. Anima wohnt jetzt in Santiago, 2500 km von hier, nahe einem Punkt der Erde, der den numinosen Namen „Cap Finisterre" trägt. Ich sitze hier und vervollkommne mich im „Bewusstsein der Niederlage", indem ich eine Ausgabe meiner verfassungsrechtlichen Aufsätze 1924–54 auf Wunsch eines Verlegers bearbeite. In den „Bemerkungen" bist Du natürlich zitiert.[238] Ich versuche einen neuen Typ von Neudruck zu schaffen; das macht mir eine gewisse Freude.

Lass mich nicht lange auf eine Mitteilung warten, lieber Nicolaus. Schreibe mir, wie es Dir, Deiner Frau und Deinem Kinde geht und was Deine Pläne sind. Ich bleibe mit vielen Grüßen und Wünschen

Dein alter Carl Schmitt

Beilage
[*Gedicht, ms:*]

schlimme kunde

ein kunde kam mit einer kunde
die fast schon eine kundin war
und die in einer dunklen stunde
ein kundendienstprojekt gebar

vermaledeite Schrecksekunde
der kundendienst wird nuklear
die kunden richten uns zu grunde
weil ~~satan~~ oberkunde war

[*von dem durchgestrichenen Wort Pfeil nach unten und hs.:*]

---

237 Landzeichen, das der Navigation auf See dient, z. B. Leuchtturm.

238 *Carl Schmitt*, Verfassungsrechtliche Aufsätze, Berlin 1958. Hinweis auf „N. Sombart" auf S. 449 (vgl. dazu Brief Nr. 77).

zweisilbigen Namen einzusetzen![239]

Juli 1957
für Nicolaus Sombart

77
Nicolaus Sombart an Carl Schmitt

Kolbsheim, 5.2.1958

Lieber und verehrter Herr Professor,

Ich fürchte, dass ich den Test nicht zu Ihrer Zufriedenheit bestehen werde – mir fällt einfach nichts dazu ein, wie Karl Kraus etwa nichts zu Hitler einfiel, was sich allerdings als eine weltgeschichtlich weit verhängnisvollere Karenz erwiesen hat. Leider habe ich auch sonst garnichts Positives zu vermelden. Der umgedrehte Spieß bohrt in offenen Wunden. Wenn nicht in tiefer Einsamkeit, so lebe ich in einem Zustand innerer Vereinsamung, von dem umso schwerer etwas her zu machen ist, als ich nach Außen hin mit allen Formen der Kommunikation überreich gesegnet zu sein scheine. Ich bin aber doch bereit anzunehmen, dass das das Los der Sterblichen ist, das es mit Fassung zu tragen gilt … Doch beunruhigen mich Symptome einer inneren Verödung, einer Erosion meines Wesens, der ich nicht ohne Leidensgefühle des Entsagens, der Trauer und wilder Anklage gegen Unbekannt gegenüberstehe, wie eine Schöne den deutlich in ihr Antlitz gezeichneten Merkmalen eines vorzeitigen Alters.

Sie fragen, was aus Freiburg wird? Nichts. Wie soll etwas daraus werden? Ich werde neben meiner Tätigkeit im Europarat das berühmte Buch nicht schreiben können. Dazu fehlen Kraft und Zeit. Um diese traurige Behörde einfach zu verlassen, fehlt aber die materielle Basis. Ich kann nicht mit einer kranken Frau und einem Kind plötzlich auf unbestimmte Zeit hin das Leben eines Assistenten führen. Obendrein wird das Problem meiner Mutter immer akuter, die bald nicht mehr wird allein leben können. So sitze ich also, wie wohl aus einiger Entfernung vorauszusehen war, schön in der Klemme mit der Perspektive, ein internationaler Beamter zweiter Klasse (zur ersten Klasse fehlt das übrige sehr) mit kultiviertem Feierabend zu werden.

In fünfzig Jahren wird dann der Doktorand, der Ihre jetzt gesammelten Aufsätze durcharbeitet, die Erwähnung eines „N." Sombart für einen Druck-

---

[239] Im Nachlassexemplar (RW 0265 Nr. 20801, Bl. 124) ist an dieser Stelle hs. eingetragen: „albert einstein". Vgl. Gedichte für und von Carl Schmitt, hrsg. im Auftr. der Carl-Schmitt-Gesellschaft e.V. von Gerd Giesler, Ernst Hüsmert und Wolfgang H. Spindler, Plettenberg 2011, S. 24. Vgl. auch BW EJ, S. 340f.

fehler halten. Oder aber sein Professor wird ihm vorschlagen doch einmal herauszubekommen, was es mit diesem apokryphen Autor für eine Bewandtnis hat – wobei sich dann aber herausstellen wird, dass der Stoff für eine Dissertation nicht ergiebig genug ist … Immerhin danke ich Ihnen dafür, mir eine Chance zu geben, an den Rockschößen Ihres Denkens in die Ewigkeit einzugehen …

Sie sehen, lieber Herr Professor, ich schreibe besser nicht von mir. –

Jenseits alles Mahnungen und Berechtigungen der Ihre
Nicolaus Sombart

78
Nicolaus Sombart an Carl Schmitt

Kolbsheim, 22.12.1958

Lieber und verehrter Herr Professor,

Seit langem bin ich ohne Nachricht von Ihnen. Auch indirekt höre ich wenig – allenfalls einmal etwas durch Altmann, den ich gelegentlich in Eichholz besuche. Wann kommen Sie uns in Kolbsheim besuchen? Die Jahre vergehen – meine Kinderschar wird immer größer, bald werde ich meine Töchter verheiraten, und ich hoffe immer noch auf diese Auszeichnung …

Inzwischen wünschen meine Frau und ich Ihnen in den offiziellen Sprachen des Europarates: Fröhliche Weihnachten!

79
Nicolaus Sombart an Carl Schmitt

Kolbsheim, 7.2.1959

Sehr verehrter, lieber Herr Professor,

Seit so langer Zeit ohne Nachricht von Ihnen, dass ich nicht einmal mehr ahne, in welchem Land oder Erdteil Sie weilen, will ich doch einmal wieder eine Taube aussenden, in der Hoffnung sie kehrt zurück mit dem Ölzweig im Schnabel.

Zunächst: immer noch liegen die Flaschen Burgunder im Keller und harren Ihrer. Wollen Sie nicht doch einmal einen Besuch im Elsass in Betracht ziehen? Es wird sich gewiss lohnen. Falls Sie auf der Achse Norddeutschland Basel sind, kann ich Sie immer in Baden-Oos, Appenweier oder Offenburg abholen, so dass Sie umzusteigen nicht genötigt sind.

Was gäbe ich um ein Gespräch mit Ihnen über die Weltlage! Wir sind ihr hier mit dem Instrumentarium des Wiener Kongresses ausgeliefert …

Zu meinen erfreulichsten Lektüren gehörte unlängst das Buch von Rein über „Die Revolution in der Politik Bismarcks" – Es ist derselbe Rein, den Sie im Nomos zitieren.[240] Ich habe ihn inzwischen kennen und schätzen gelernt. Es ist ein stiller bescheidener Herr, der auf seine alten Tage <…> Ruhm ernten wird, denn (sowohl in seinen kleinen Schriften über die Expansion der europ. Staaten wie) in dem Bismarckbuch spricht er Dinge aus, die in Deutschland bislang niemand in den Sinn gekommen sind (außer meinem Heidelberger Kreis). Er zeigt den „Eisernen Kanzler" im Tigerritt auf dem Rücken der Revolution! Nur Sie, ich sagte es ihm!, haben mich immer gewarnt, niemand hätte bisher Bismarck begriffen, der immer der Mann gewesen sei, der gesagt hätte „Ich entfessele die Mächte der Unterwelt" (dies lateinisch (od. griechisch)? es ist eine Schande: ich bin kein Humanist). Können Sie mir nicht schreiben, wie genau dieser Ausspruch war? (… mo).[241]

Sonst geht das Leben weiter … die Uhr läuft ab, das Licht verbrennt. Sehen Sie, ich weiß nicht einmal, ob ich Ihnen schon schrieb, dass wir Zwillinge (Bub und Mädel) haben.

Ich würde mich sehr freuen von Ihnen zu hören, verehrter Herr Professor. Dieweil verbleibe ich

Ihr stets ergebener
Nicolaus Sombart

80
Carl Schmitt an Nicolaus Sombart

o. O., 18.2.1959

Herzlichen Dank, mein lieber Nicolaus, für Deine lang entbehrten Nachrichten! Ich war von Deiner Mitteilung, dass Deine Zwillingskinder Junge und Mädchen sind, besonders entzückt. Wie heißen sie denn? Mein Enkelkind heißt Beatriz; es gefällt mir sehr gut. Du schreibst unzufrieden; womit bist

---

240 *Gustav Adolf Rein*, Die Revolution in der Politik Bismarcks, Göttingen/Berlin/Frankfurt 1957. Der Historiker Rein (1885–1979) hatte sich 1914 in Straßburg habilitiert und war möglicherweise schon damals mit Schmitt bekannt. In den 30er Jahren verhandelte er als Regierungsdirektor der Hamburger Hochschulbehörde mit Schmitt über Besetzungsfragen.

241 Am Rand von Schmitt notiert: „Acheronta movebo. Aen. 7, 312". Dt.: „Ich werde die Unterwelt in Bewegung setzen. (Wenn ich die Himmlischen nicht zu bewegen vermag.)"

Du eigentlich unzufrieden? Ich beneide Dich darum, dass Du im Elsass wohnst. Du scheinst die wirkliche Welt noch gar nicht zu kennen.

Du stellst mir so einfache Intelligenz-Test-Fragen (nach Bismarcks berühmten Acheronta movebo, aus Aeneis 7, 312), dass ich mir eine Gegenprobe erlaube, wofür ich eigens die beil. Fotokopie habe anfertigen lassen, um Dich zu fragen: was war (oder ist) das Gelächter Gelimers?[242]

Was ist denn aus dem Kreis Deiner früheren Freunde geworden? Kesting hat mir nicht einmal sein Buch „Geschichtsphilosophie und Weltbürgerkrieg" geschickt, sodass ich es mir kaufen muss, um eine Weltbürgerkriegserfahrung reicher. Unser verehrungs- und verlängerungswürdiger Bundespräsident hat neulich in einer großen Festrede meinen „Begriff des Politischen" als „kokett" bezeichnet.[243] Wer es noch nicht ist, könnte da tatsächlich kokett werden; meine Antwort ist beiliegender Hinweis auf Max Weber. Aber er hat wohl keine Zeit mehr, Bücher zu lesen, die er einleitet.[244] Du selber, mein lieber Nicolaus, hast offenbar auch keine Zeit mehr. Altmann auch nicht (hast Du sein neues Buch: Die Neue Gesellschaft, erhalten?); niemand hat Zeit, außer Deinem alten

Carl Schmitt

---

242 Der letzte Wandalenkönig Gelimer wurde im Jahre 533 von dem byzantinischen Feldherrn Belisarius vernichtend geschlagen, womit die Wandalen aus der Geschichte verschwanden. Gelimer reagierte auf diesen Untergang seines Reiches mit einem grimmigen Gelächter, was Schmitt auch für sich als Besiegter in Anspruch nahm. Bei der „beiliegenden Fotokopie" handelt es sich wahrscheinlich um einen Auszug aus der Geschichte des Prokopius von Caesarea, in der die Gelimer-Episode geschildert ist, und die Schmitt auch an andere Freunde verschickte; vgl. die Abbildung in: BW EJ, S. 445 f. Im Glossarium taucht der Name Gelimer erstmals im März 1955 auf, wo Schmitt eine Karikatur zur Jaltakonferenz mit „Illustration zum Gelächter Gelimers" überschreibt. Das Buch V des Glossariums versieht er dann mit der Überschrift: „Das Gelächter Gelimers", und schreibt hier: „Juli 58 in Casalonga. Große Begegnung mit Land und Meer am Cap Finisterre. Große Begegnung mit den Vandalen durch das Buch von Christian Courtois, Les Vandales (1955). Das Gelächter Gelimers, la carcajada de Gelimer und el soriso des Daniel und des Evangelisten Johannes in dem Pórtico de la Gloria in Santiago. Uns bleibt wohl nichts als das Gelächter Gelimers." (RW 0265 Nr. 19611). Vgl. auch *Reinhard Mehring*, Das Lachen der Besiegten. Das Lachen Gelimers. In: Zeitschrift für Ideengeschichte IV/1, Frühjahr 2012, S. 32–45.

243 1959 endete die zweite Amtszeit von Theodor Heuß als Bundespräsident. Eine weitere war im Gespräch, doch lehnte Heuß ab. Er hat Carl Schmitt wiederholt öffentlich angegriffen als jemand, der dem Unrecht die Tür geöffnet habe. Schmitt hat das umso mehr getroffen, als er es umgekehrt sah: Zu einem Zeitpunkt, an dem das MdR Heuß im Reichstag für das Ermächtigungsgesetz stimmte, war Schmitt noch gegen diese „Machtergreifung". Vgl. BW Mohler, S. 293 f.

244 Bezieht sich auf: *Max Weber*, Gesammelte politische Schriften. Mit einem Geleitwort von Theodor Heuß neu hrsg. von Johannes Winckelmann, Tübingen 1958.

81
Nicolaus Sombart an Carl Schmitt

[Wien], 27.2.1959

Ließ Gelimer sich nicht eine Leier geben, um sein Leid klagen zu können? Tröstlich an ihm ist, dass er, obwohl im Triumphzug nach Byzanz geführt, vielleicht mit Ländereien abgefunden wurde.[245] – Es war nett, wieder einmal von Ihnen zu hören! Auf bald!

Ihr
Nicolaus Sombart

82
Carl Schmitt an Nicolaus Sombart

Plettenberg, 2.3.1960

Mein lieber Nicolaus,

ich bin so traurig über den Tod der guten Frau Forsthoff.[246] Justi moriuntur, et nemo considerat.[247]

Wie geht es Dir und den Deinen?

Mitte Mai reise ich wieder zu Anima, nach Spanien.

Die beil. Besprechung[248] schicke ich Dir in der Erinnerung an Deine Besprechung von M. Webers Ges. wiss. Aufsätzen, 2. Aufl. 1951;[249] es folgt noch ein Exposé über Wert-Philosophie. Eigentlich müsstest Du zu Mommsens Buch das Wort ergrcifen.[250] Umso mehr als der verehrungswürdige Theodor Heuß den Parisern in diesen Tagen Geschichten vom braven Friedrich Naumann erzählt.[251] Rührende Bewältigungen.

Unbewältigt Dein alter
Carl Schmitt

---

245 Tatsächlich wurde Gelimer von den oströmischen Siegern ungewöhnlich großmütig behandelt und mit einem Landgut versehen.

246 Ursula Forsthoff war am 28.2.1960 gestorben. Vgl. *Ernst Forsthoff/Carl Schmitt*, Briefwechsel 1926–1974, hrsg. von Dorothee Mußgnug, Reinhard Mußgnug und Angela Reinthal, Berlin 2007, S. 158 und 433.

247 „Die Gerechten sterben und niemand beachtet es." Abwandlung eines Textes aus einer Motette zur Karwoche; vgl. Briefwechsel mit Forsthoff, a. a. O., S. 433.

248 Wahrscheinlich Schmitts Besprechung von Max Webers Ges. pol. Schriften (s. Anm. 244) in: Das historisch-politische Buch 7, 1959, S. 301 f.

249 RW 0265 Nr. 20195, 20204, 21809. Abgedruckt im Anhang, Nr. 4.

250 *Wolfgang J. Mommsen*, Max Weber und die deutsche Politik 1890–1920, Tübingen 1959. Dazu schrieb Schmitt eine Rezension in: Das historisch-politische Buch 8, 1960, S. 180 f.

83
Carl Schmitt an Nicolaus Sombart

Vic-sur-Seille, 12.8.1962

Mein lieber Nicolaus,

bist Du in der 2. Hälfte August in Kolbsheim oder Straßburg? Ich bin seit einigen Wochen hier in der tiefsten Provinz, bei einem französischen Vetter, der das tief provinzielle Gewerbe eines Notars ausübt.[252] Er fährt mich gern nach Kolbsheim oder Straßburg. Im Moment ist er allerdings in Genf; sodass ich in seinem großen Hause einer unbeschreiblichen, kostbaren Einsamkeit genieße. Nächsten Mittwoch ist er zurück. Gib mir also ein Zeichen und eine Auskunft über die diesbezügliche Situation. Ich würde mich unendlich freuen, Dich wiederzusehen. Cramer von Laue[253] schrieb mir vor einiger Zeit von seinem Besuch bei Dir in Kolbsheim.

Ohne mehr für heute

Dein alter
Carl Schmitt

Vic-sur-Seille (Moselle)
c/o Mr. André Marie Steinlein
Notaire

84
Nicolaus Sombart an Carl Schmitt

Straßburg, 16.8.1962

Lieber und verehrter Herr Professor,

Zu denken, dass Sie so nah sind und wir uns bald sehen werden! Sie können nicht wissen, welche Freude mir das bereitet.

Nun ist meine Familie an der See und ich lebe als Strohwitwer in unserem Häuschen. Doch bin ich bis zum 28. August da, und stehe solange jederzeit zu Ihrer Verfügung.

---

251 Heuß machte im März eine Reise nach Paris und hielt in der Sorbonne einen Vortrag.

252 Siehe oben, Brief Nr. 50.

253 Constantin Cramer von Laue (1906–1991), Jurist, Schüler Schmitts in den 30er Jahren, ab 1951 Referent im Bundeskanzleramt.

Wir haben einfache, aber komfortable Gästezimmer, in denen Sie übernachten können. Lassen Sie mich nur wissen, wann Sie kommen wollen. Zu einem Wochenende vielleicht (18./19. oder 25./26.), dann kann ich mich Ihnen besser widmen?

Wir können dann auch Julien Freund[254] zum Essen bitten, und falls er da ist, Francis Rosenstiel.[255] Auch den kuriosen Hoffet[256] (dessen Psychanalyse de l'Alsace Sie sicher kennen), wenn es Ihnen Spaß macht.

In Erwartung Ihrer Nachricht
Ihr ergebener
[*hs.:*] Nicolaus Sombart
[*ms.:*] Dr. Nicolaus Sombart

---

[254] Julien Freund (1921–1993), an Schmitt orientierter franz. Politikwissenschaftler und Soziologe. Sein umfangreicher Briefwechsel mit Schmitt ist in Schmittiana II, IV und VIII in Auswahl veröffentlicht. Nicolaus Sombart hat Julien Freund in späteren Veröffentlichungen scharf angegriffen, was Carl Schmitt zu Erklärungen gegenüber Freund nötigte. Am 24.2.1976 schreibt er ihm: „Cher ami Julien, j'ai eu la visite de Nicolas Sombart. Je le connais depuis 1929 (il est né en 1923) et la foule des souvenirs qu'il m'évoque une conversation avec lui est accablante. Aussi la foule des pensées sur son père et sur Max Weber. Nicolas Sombart me faisait l'impression d'une homme mécontent, et peut-être malade. Il trouve toujours des aperçus surprenants pour qui je garde une faible. Mais c'était sans la désinvolture ancienne. Il y avait 12 ans que je ne l'avais plus vu." Schmittiana VIII, Berlin 2003, S. 86. [Lieber Freund Julien, Ich hatte Besuch von Nicolaus Sombart. Ich kenne ihn seit 1929 (er ist 1923 geboren) und die Fülle der Erinnerungen, die ein Gespräch mit ihm in mir hervorruft, ist niederdrückend. Ebenso die Fülle der Gedanken über seinen Vater und über Max Weber. Nicolaus Sombart machte auf mich den Eindruck eines unzufriedenen, vielleicht auch kranken Mannes. Er findet immer überraschende Aperçus, wofür ich eine Schwäche habe. Aber das war ohne die alte Lässigkeit. Ich hatte ihn seit zwölf Jahren nicht gesehen.] Von diesem Brief gibt es im Nachlass Schmitt einen teilw. stenogr. Entwurf. (RW 0265 Nr. 20194).

[255] Francis Rosenstiel (geb. 1937), Jurist, war beim Europarat in Straßburg beschäftigt, korrespondierte seit 1960 mit Schmitt.

[256] Frédéric Hoffet (1906–1969), Jurist und Essayist. Sein Buch „Psychanalyse de l'Alsace" erschien erstmals 1951 und wurde mehrfach wieder aufgelegt.

85
Carl Schmitt an Nicolaus Sombart

zwischen Mainz und Koblenz, 20.8.1962

Lieber Nicolaus,

ich denke tief gerührt an die Gastfreundschaft die Du mir in Kolbsheim erwiesen hast, führe unser O. G.-Gespräch[257] in Gedanken fort und frage mich, wie weit der Igel-Streik (grève du zèle) eine O. G.-Idee ist?

Herzlich Dein alter
Carl Schmitt

In Mainz steig ein 20jähriger Leutnant der Bundeswehr ein; kannte alle O. G.-Witze; es gibt den Dienstgrad noch in der Bundeswehr.

86
Carl Schmitt an Nicolaus Sombart

Plettenberg, 22.8.1962

Lieber Nicolaus,

hier schicke ich einige Briefmarken, die Du zu einem schönen Brief an mich und zur Nachsendung des (blau-Royal eingebundenen) Buches von Francis Rosenstiel verwenden magst. Das Buch benötige ich sehr; ich habe es beim Einpacken vergessen.[258] Sollte Dir das (von Jürgen v. Kempski herausgegebene) Archiv für Philosophie 11/3–4 (Sommer 1962) zugänglich sein, so lies bitte einmal dort auf Seite 324/5 die Anm. 36.[259]

---

[257] O. G. = Obergefreiter = Hitler.

[258] *Francis Rosenstiel*, Le principe de „supranationalité". Essai sur les rapports de la politique et du droit, Paris 1962 (Diss. Paris) (Exemplar mit Widmung des Verf., Einlagen, Anm. und eingeklebten Zeitungsausschnitten im Nachlass Schmitt, RW 0265 Nr. 27989).

[259] Es handelt sich um einen Aufsatz von *Karlfried Gründer*, M. Heideggers Wissenschaftskritik in ihren geschichtlichen Zusammenhängen (S. 312–335), der auf einen Vortrag vom April 1956 im Collegium philosophicum in Münster zurückgeht. In der längeren Anm. 36 setzt Gründer sich mit Christian Graf von Krockows Buch „Die Entscheidung. Eine Untersuchung über Ernst Jünger, Carl Schmitt und Martin Heidegger" (Stuttgart 1958) auseinander und stellt fest: „Die geistesgeschichtliche Perspektive, wie sie Graf Kr. in seinem I. Kap. ‚Vorbereitung' exponiert und dann mit der Analyse leitend sein läßt, schließt erneut zentrale Motive aus, vor allem die religiösen und theologischen. Bei der Bearbeitung dieses Themas hätte die frühe dialektische Theologie nicht fehlen dürfen, s. bes. Fr. Gogarten: *Die religiöse Entscheidung* (1921, ²1924), *Ich glaube an den dreieinigen Gott* (1926). Durch die

Ein kleiner Diskussionsbeitrag folgt gleichzeitig als Drucksache.[260]

Herzlichst Dein
Carl Schmitt

Ich habe mir Deinen glänzenden Max-Weber-Aufsatz[261] zu der Winckelmann-Ausgabe der Aufsätze 1951 abschreiben lassen: man sollte ihn zu der neuentbrannten Max-Weber-Diskussion (Wolfgang Mommsen, ferner Kölner Zeitschr. f. Soz. 1961, Heft 2) neu drucken; vgl. Anlage.

87
Carl Schmitt an Nicolaus Sombart

Vic-sur Seille, 11.9.1963

Mon cher Nicolas,

j'ai envoyé un telegramme de félicitation à ta mère, j'espère, qu'il est arrivé le même jour (9. sept.); les conditions postales étaient des plus mauvaises. Maintenant je voudrais diriger ton attention sur le livre Le culte de Napoléon, de Mr. Lucas-Dubreton (chez Albin Michel, Paris).[262] C'est l'histoire du mythe Napoléon admirablement documentée, de 1815–1852. André Thérive en dit qu'il surclasse Balzac, Dumas et Tolstoi.[263] Tu auras bientôt la Théorie du Partisan.[264] Heureux t'avoir rencontré à Saulxures

ton Carl Schmitt[265]

Abstraktion von diesen Motiven greift die Heidegger-Interpretation zu kurz, während an C. Schmitt verdeckt wird, wodurch er sich von den anderen beiden unterscheidet: die Reflektiertheit, vermöge deren alles das von vornherein zum Objekt der Theorie gehört, ausdrückliches Motiv der Problematik ist, was Graf Kr. 30 Jahre später mit dem Gestus der Entlarvung gegen ihn wendet, obwohl er sich selbst an den Kategorien von Schmitts *Politischer Romantik* (1919, ^{2}1925) orientiert."

260 *Carl Schmitt*, Die Tyrannei der Werte, Stuttgart 1960 (Privatdruck). Auf dem Titelblatt die handschriftliche Widmung: „für Nicolaus Sombart C. S. 21/8 62". Vgl. Katalog Tasbach, S. 23.

261 Abgedruckt unter Nr. 4 im Anhang.

262 *Jean Lucas-Dubreton*, Le culte de Napoléon 1815–1848, Paris 1960.

263 André Thérive (1891–1967), franz. Schriftsteller und Literaturkritiker.

264 *Carl Schmitt*, Theorie des Partisanen. Zwischenbemerkung zum Begriff des Politischen, Berlin 1963. Zuvor hatte Schmitt bereits geschickt: *Carl Schmitt*, Teorías modernas sobre el partisano. In: Defensa nacional (Universidad de Zaragoza) 3, 1962, S. 327–359. Den Sonderdruck versah er mit der Widmung: „para mi amigo Nicolaus Sombart, 2/2 63, C. S." Vgl. Katalog Tasbach, S. 24.

265 Dt.: „Mein lieber Nicolaus, ich habe ein Glückwunsch-Telegramm an Deine Mutter geschickt, ich hoffe, es ist am selben Tag angekommen (9. Sept.); die postalischen Verhältnisse waren miserabel. Jetzt möchte ich Deine Aufmerksamkeit auf

88
Nicolaus Sombart an Carl Schmitt

o. O., 18.6.1964

Zu meiner grossen Freude höre ich, dass es Ihnen gesundheitlich wieder besser geht. Mein Aufsatz „Planung und Planetarisierung" kommt hoffentlich rechtzeitig zu Ihrem Geburtstag.[266]

Stets Ihr
Nicolaus S.

89
Carl Schmitt an Nicolaus Sombart

[Plettenberg], 1.7.1965

Mein lieber Nicolaus,

gut, dass ich Deine E.[rnst] J.[ünger] Arbeiter-Auseinandersetzung jetzt aus Deinen Händen erhalten habe;[267] vielen Dank! Ich quäle mich sehr damit. Ist der Text von 1932 in der Gesamtausgabe tatsächlich unverändert?[268] Ich kann das leider nicht vergleichen, weil ich nur die Ausgabe von 1932 habe. Angesichts der vielen Veränderungen in anderen Veröffentlichungen würde es mich wundern und bedürfte es jedenfalls einer speziellen Erklärung, wenn gerade dieser „Arbeiter" unverändert geblieben wäre. Im übrigen scheint mir, dass Du am Kern vorübergehst: die große geschichtliche Tatsache, dass die militärische Großmacht Preußen während des ganzen 19. Jahrhunderts und bis zum Ende des 1. Weltkrieges eine Verbindung von Staat (und zwar Soldaten-Staat, Preußens Industrie ist der Krieg, hatte schon der ältere Mirabeau gesagt), industriell-technischer Entwicklung und Deutsch-

---

das Buch ‚Le culte de Napoléon' von Herrn Lucas-Dubreton lenken (bei Albin-Michel, Paris). Das ist die wunderbar dokumentierte Geschichte des Napoléon-Mythos, von 1815 bis 1852. André Thérive sagt davon, dass es Balzac, Dumas und Tolstoi übertrifft. Bald erhältst Du die Theorie des Partisanen. Glücklich, Dich in Saulxures getroffen zu haben. Dein Carl Schmitt."

266 *Nicolaus Sombart*, Planung und Planetarisierung. Planetarisierung und Plan. In: Merkur, 1964, H. 197, S. 601–614.

267 *Nicolaus Sombart*, Patriotische Betrachtungen über die geistesgeschichtliche Bedeutung von Ernst Jüngers „Arbeiter", anläßlich der Neuauflage 1964. In: Frankfurter Hefte 20, 1965, S. 390–400. Sonderdruck mit Widmung und Anm. im Nachlass. Vgl. dort auch Schmitts Notizen zu Jüngers „Der Arbeiter" (RW 0265 Nr. 18868).

268 Jünger hat seine Werke ständig überarbeitet und verändert. Die einzige Ausnahme ist „Der Arbeiter".

land enthielt, ja, nur darauf (auf diesem Hexeneinmaleins, wie Du es nennst) beruhte. Sprich doch einmal mit R. Koselleck (dessen großartige Habil.-Schrift[269] ich mir neulich in Heidelberg angesehen habe) und E. W. Böckenförde[270] darüber. Und zu Deiner Frage „Was aber um Gottes Willen verbindet den armen Deutschen mit dem epochalen Weltschicksal?“ antworte ich Dir: Frage Lenin, oder Stalin, oder Churchill! Ich fürchte Du hast Dir durch die Herausstellung E. Jüngers und seines „Arbeiters“ den Blick für eine große Wirklichkeit verstellt und damit auch für das glänzende Sujet „Obergefreiter“. Für den Oberleutnant Jünger war der Obergefreite Hitler „Pöbel“, aber dieser Pöbel-Piefke hatte ein konkreteres Verhältnis zur Technik als der philosophierende Pour-le-Mérite-Leutnant und Bundesverdienstkreuzträger. Na ja; ich müsste Dir das alles erzählen können; aber wer weiß, wann das möglich sein wird.

Viele herzliche Grüße und Wünsche für Dich, lieber Nicolaus, Deine Frau und Deine Kinder von Deinem alten
Carl Schmitt

90
Carl Schmitt an Nicolaus Sombart[271]

[Plettenberg], 12.11.1965

Mein lieber Nicolaus:

Du hast mir Deine

„Studien zur Entwicklungsgeschichte des menschlichen Selbstverständnisses in der globalen Ära“

---

269 Die Habil.-Schrift erschien erst 1967 im Druck: *Reinhart Koselleck*, Preußen zwischen Reform und Revolution. Allgemeines Landrecht, Verwaltung und soziale Bewegung von 1791 bis 1848, Stuttgart 1967.

270 Ernst-Wolfgang Böckenförde (geb. 1930), Jurist. Zu seiner Beziehung zu Schmitt vgl. *Reinhard Mehring*, Carl Schmitt. Aufstieg und Fall, München 2009 passim.

271 Zu diesem Brief gibt es im Nachlass Schmitt nicht nur einen stenographischen Entwurf vom 12. 11., sondern auch einen langschriftlichen vom 9. 11., der schärfer formuliert und mit seinen vielen Streichungen und Korrekturen zeigt, wie schwer Schmitt sich damit tat. Hier heißt es u. a.: „Im Vorwort vollziehst Du eine Selbsteinstufung, die Saint-Simon mit einbezieht. Für mich handelt es sich aber im Augenblick nicht um Saint-Simon, sondern nur um Dich. Im gleichen Zuge und Vollzuge (Deines Selbst-Verständnisses) erklärst Du Dich Alfred Weber ‚tief verpflichtet‘ und sagst, alles, was Du da vorbringst, wäre ohne ihn ‚unvollständig‘. Gut, ich werde Dich nicht in Deinem Selbstverständnis stören. Que tu te classifie parmi la progéniture de Alfred Weber, grande figure typique (pas du tout ‚aventurier‘) de la socie-

als Drucksache übersandt,[272] mit einer handschriftlichen Widmung – oder sollte es eine Nicht-Widmung sein?[273] Jedenfalls und unbedingt: herzlichsten Dank!

Im „Vorwort" vollziehst Du eine Selbst-Einstufung, die Saint-Simon mit einbezieht. Im gleichen Zuge und Vollzuge setzest Du Deinen Lehrer Alfred Weber auf den Altar der globalen Ära. Gut. Ich störe Dich nicht in Deinem Selbst-Verständnis. Du musst es wissen. C'est ton affaire à toi. Continue comme ça, si tel est ton plaisir.

Aber: Weber neben Saint-Simon zu setzen
Heißt ein Protokoll verletzen,

und das solltest gerade Du nicht tun, wenigstens nicht dieses Protokoll, am wenigsten Du.

Zum Thema selbst (Feind) ein andermal! Du bist näher bei dem längst entmilitarisierten Ernst Jünger als es Dir angenehm sein könnte. Aber wie gesagt: ein anderes Mal! Heute nur diese Zeilen der Empfangsbestätigung und des herzlichsten Dankes

von Deinem alten
Carl Schmitt

91
Nicolaus Sombart an Carl Schmitt

Kolbsheim, 31.5.1966

Lieber und verehrter Herr Professor,

Suchten wir nicht immer nach neuen Varianten der Formel: „Staat im Staat" und „Theater im Theater"? Hier ist nun der „Bürgerkrieg im Bürger-

---

té post-fachiste allemande, c'est ton affaire à toi. Continue comme ça, si tel est ton plaisir. [Dass Du Dich als Nachkomme Alfred Weber klassifizierst, einer großen, typischen Figur (durchaus nicht ‚Abenteurer') der deutschen post-faschistischen Gesellschaft, das ist Deine Angelegenheit. Fahre nur so fort, wenn Dir das gefällt.] Jedoch: Alfred Weber neben Saint-Simon setzen, / heißt die Majestät verletzen, / Majestatem Genii', und das solltest Du nicht fortsetzen, solange Du nicht beschlossen hast, Dich lächerlich zu machen." (RW 0265 Nr. 20194).

272 *Nicolaus Sombart*, Krise und Planung. Studien zur Entwicklungsgeschichte des menschlichen Selbstverständnisses in der globalen Ära (Europäische Perspektiven), Wien/Frankfurt a. M./Zürich 1965. Das übersandte Exemplar befindet sich mit stenogr. Anm. Schmitts im Nachlass (RW 0265 Nr. 23792).

273 Das Buch trug die Widmung: „Ein ‚Buch'?/Für Carl Schmitt in Erinnerung an lange vergangene Zeiten im Vorgriff auf noch nicht erstorbene Hoffnungen!/ N. S. 1965".

krieg"![274] Ungeahnte Möglichkeiten politischer Theorie und Praxis tun sich auf.

Wie lange habe ich nichts mehr von Ihnen gehört?! Dabei weiß ich, dass Sie immer wieder ganz nah an Straßburg vorbei kommen.

Wollen Sie nicht diesen Sommer einen Besuch machen, in den Sie Kolbsheim einschließen?

Es würde mich aufrichtig freuen

Ihr alter
Nicolaus Sombart

92
Widmung von Carl Schmitt für Nicolaus Sombart

[Plettenberg], 12.5.1971

An Nicolaus Sombart

mit vielem Dank für die Aufrollung der Probleme der Grenze zwischen ‚Innen' und ‚Außen', und als Zeichen des mühevollen und bisher nutzlosen Versuches, damit fertig zu werden. Triepel siegt! Usque recurrit! 12/5/71. C. S.

[*Darunter, im Anschluss an das Erscheinungsjahr 1940:*] = über 30 Jahre! Innen-Politik ist Polizei, nicht Politik. Welt-Innen-Politik ist Welt-Polizei, nicht Welt-Politik. Ich ziehe Politik der Polizei vor!

93
Carl Schmitt an Nicolaus Sombart

[Plettenberg], 20.6.1973

Lieber Nicolaus:

Deine „Traumreise" nehme ich mit lebhaftem Dank zum Anlass einer Wiederbegegnung mit Dir. Leider werden ja auch unsere Träume von der großen Umweltverschmutzung erfasst. Doch habe ich mir meine Erinnerungen an unsere Dahlemer Spaziergänge immun zu halten gewußt. Nicht anzuraten ist jeder Fraß denen, die träumen.[275]

Ich möchte zu gerne wissen, was Du von der Lincolnisierung des „Benito Cereno" hältst, die Marianne Kesting (jetzt Professor in Bielefeld) vor-

---

[274] Bezieht sich auf den mitgeschickten Zeitungsartikel: „Leere Scheiterhaufen – Das Symbol der Niederlage". In: Die Zeit vom 27.5.1966.

[275] Vgl. Brief Nr. 13.

genommen hat.[276] Du kannst Dir das Büchlein leicht besorgen; in der Reihe der Ullstein-Bücher „Dichtung und Wirklichkeit“ Nr. 32 (1971); Deine Benito-Cereno-Sendung ist erwähnt, aber nicht gewürdigt. Docui, sed frustra. [Ich habe gelehrt, doch vergeblich.]

Dein C. S.

94
Carl Schmitt an Nicolaus Sombart

[Plettenberg], 6.1.1976

Lieber Nicolaus,

Du kannst wirklich noch formulieren wie wenige es können.[277] Herzlichen Dank und Erwiderung Deiner Wünsche für das beginnende Jahr 1976! Hegelisch gesprochen: „die Menschheit bedurfte eines Richard Wagner, und alsobald war er da“. Die „List“ dabei liegt darin, dass Richard Wagner = Schopenhauer ist. Wessen bedarf die Menschheit 1976? Siehe Kosellecks Beitrag über „asymmetrische Begriffe“ in Poetik und Hermeneutik Bd. VI, 1975 (Positionen der Negativität) Seite 104, und Jakob Taubes, Seite 141! Ich lese mit ungetrübtem Genuss die Schrift Deines Vaters „Das Proletariat“, 1906.

Dein
Carl Schmitt

95
Nicolaus Sombart an Carl Schmitt

Straßburg, 24.2.1976

Lieber Herr Professor,

Ich bin noch tief bewegt durch die Wiederbegegnung mit Ihnen,[278] der seit meinen Jünglingsjahren die geistig führende Gestalt meines Lebens ist. Das

---

[276] Die Literaturwissenschaftlerin Marianne Kesting, Schwester von Hanno Kesting, hatte in der Erzählung Melvilles das Thema der Sklaverei als zentral angesehen. Demgegenüber war es für Schmitt der Konflikt Europa-Amerika. Darüber hinaus war ihm die Figur ein Symbol für die Situation des Individuums in der Diktatur, vor allem auch für seine eigene Situation im NS-Staat. Vgl. oben, Anm. 32.

[277] Bezieht sich auf die Zusendung von: *Nicolaus Sombart*, Besuch bei der alten Dame. Zum Dokumentarfilm über Winifred Wagner. In: Merkur, 1975, H. 331, S. 1166–1173.

[278] Am 22./23. Februar hatte Sombart Schmitt in Plettenberg-Pasel besucht. Darüber fertigte Schmitt eine stenogr. Notiz an (RW 0265 Nr. 20194). Er schenkte

haben wir uns nicht ausgesucht – aber das darf man jetzt feststellen. So habe ich bei Ihnen ein Stück Heimat wiedergefunden – was für einen so wesentlich und irreversibel Heimatlosen „deraciné“ wie mich Emotionen mobilisiert, die ich längst abgestorben glaubte. Merkwürdigerweise stehe ich ja bis heute (d.h. bis über die Fünfzig) unter dem Eindruck, dass mein Leben noch gar nicht richtig begonnen hat, dass ich mich in Vorbereitung und Erwartung meiner „Stunde“ befinde. Das Gespräch mit Ihnen jetzt hat mich in dem Glauben bestärkt, dass diese Stunde kommen wird.

Bref – ich möchte Ihnen sehr von Herzen für die Freundschaft und Gastlichkeit danken, mit der Sie den verlorenen Sohn aufgenommen haben.

Anbei, gleich aber einmal, eine Glosse, die über den WDR und den Bayrischen Rundfunk lief.[279] Sie wird Ihnen Spaß machen – ich würde sie gerne zu einem Aufsatz ausbauen, in dem die Titel, auf die hier nur angespielt wird, erwähnt und behandelt werden.

Jetzt gehe ich aber erst einmal Otto Gross nach.[280]
Auf sehr bald, hoffentlich!

Ihr aufrichtig ergebener
Nicolaus Sombart

Nicolaus die zweite Ausgabe seiner „Politischen Theologie“ (1934). Auf der vorderen Umschlagseite hatte er Verweise auf im Buch genannte Autoren, u.a. Otto Gross, geschrieben. Auf den Vortitel schrieb er folgende Widmung: „für Nicolaus Sombart,/meinem lieben Gast/in San Casciano/22. und 23. Februar 1976/Carl Schmitt/à propos Otto Gross/der stumme Mit-Gast/dieser Tage“. Ebenfalls schenkte er ihm bei diesem Besuch „Politische Theologie II“ (s. dazu Briefe Nr. 110 und 118), sowie ein Exemplar von „Verfassungsrechtliche Aufsätze“ (2. Aufl. 1973) mit der Widmung: „Die Quelle alles Übels: die Übersetzung des Wortes Νόμος durch das lateinische Wort lex, vgl. den Sach-Index dieses Buches, sowie den Namen Kaas im Namen-Index. – für Nicolaus Sombart mit der Bitte, dieses Buch zu benutzen und im übrigen gelegentlich auch zu lesen, zur Erinnerung an seinen alten Freund Carl Schmitt, 23. Februar 1976“. Vgl. Katalog Tasbach, S. 8ff., 26f.

279 Radiosendung von Nicolaus Sombart über die Richthofen-Schwestern. Typoskr. im Nachlass Schmitt, RW 0265 Nr. 20201.

280 Otto Gross (1877–1920), anarchistischer Psychoanalytiker. Schmitt zitierte ihn 1922 in „Politische Theologie“ zur Verblüffung der anarchistischen Berliner Szene von 1968; vgl. dazu: *Hansjörg Viesel*, Jawohl, der Schmitt. Zehn Briefe aus Plettenberg, Berlin 1988.

96
Nicolaus Sombart an Carl Schmitt

Straßburg, 3.3.1976

Lieber Herr Professor,

Bevor es fortgeworfen wird, will ich Ihnen doch den Druck-Ausschnitt über das Clausewitz-Buch von Aron[281] schicken – der Ihnen vielleicht Spaß macht.

Empört bin ich durch den Wagner-Artikel in der letzten SPIEGEL-Nummer.[282] Dümmer und Niveau-loser geht's wohl nicht.

Las die Schuler-Vorträge mit der Klages-Einleitung (die Sie uns damals, 1940, ins Haus brachten, ich erinnere mich genau!)[283] im Zusammenhang mit dem Thema Hitler – Otto Gross – Schwabing wieder nach. Ist diese Sprache mit „Wesenhaft" und „Sonnenkind" und „schauender Wesenserkenntnis" noch erträglich, frage ich mich; es erinnert mich an unseren Freund Robakidse;[284] ist das nicht alles, wie mein Vater gesagt hätte, „Quatsch mit Soße"?

Auch „Sophia und Logos" von Eberz,[285] das in meinen Koffer geschlichen war – ich schicke es demnächst zurück – ist kaum mehr lesbar – unwissenschaftliches „Wesens"geraune und Gekunckel. Oder? Muss man sich daran wieder gewöhnen. Ich wüsste gern, was Sie dazu sagen.

---

281 *Raymond Aron*, Penser la guerre. Clausewitz, Bd. 1: L'âge européen, Bd. 2: L'âge planétaire, Paris 1976 Beide Bände jeweils mit Widmung des Verf., Anm., eingeklebten Zeitungsausschnitten und eingelegten Briefen im Nachlass Schmitt (RW 0265 Nr. 27188 und 27187).

282 Der „Spiegel" Nr. 10/1976 enthielt unter der Überschrift „Bayreuth: Die Götter dämmern" eine kritische Titelgeschichte über Richard Wagner.

283 *Alfred Schuler*, Fragmente und Vorträge aus dem Nachlass. Mit Einführung von Ludwig Klages, Leipzig 1940. „Es war wohl an einem der bewußten Sonntagsfrühstücke [...] Anwesend waren, wenn ich mich recht besinne, Viktor Emil von Gebsattel, Grigol Robakidse, Romano Guardini. Carl Schmitt erschien etwas verspätet mit einem ziemlich voluminösen Buch unter dem Arm und legte es auf den runden Tisch, der zwischen den Sesseln stand. Da! Das sei gerade erschienen. Das sei unglaublich, das müsse man lesen!" Jugend, S. 271.

284 Grigol Robakidse (1882–1962), georgischer Schriftsteller, lebte ab 1931 in Berlin im Exil und gehörte zum Freundeskreis im Hause Sombart; vgl. das ihm gewidmete Kapitel in: Jugend, S. 147–159.

285 *Otfried Eberz*, Sophia und Logos oder Die Philosophie der Wiederherstellung. Hrsg. von Lucia Eberz, München/Basel 1967. Das Buch ist von Schmitt intensiv durchgearbeitet und mit zahlreichen Anmerkungen versehen worden. Sombart sagt, Schmitt habe es ihm „als eine Art Vermächtnis geschenkt, als dieser [N. Sombart] der Bedeutung des Matriarchats für das Denken Carl Schmitts auf die Spur gekommen war." Katalog Tasbach, S. 32.

Natürlich sind die Topoi interessant und wichtig. So fällt mir heute die Ähnlichkeit von Schuler mit Ballanche auf (auch im Typus des parasitären, frauenlosen „tiefen“ Spinners).

Das Interessanteste daran ist, dass die Familienfeindlichkeit, der Anti-Patriarchalismus, das „Heil durch die Frau“ dieser mystisch-gnostischen „Rechten“ – genau dieselben sind, wie die der anarchistischen Linken; beide Pole scheinen sich auch in Schwabing berührt zu haben, – und in einer Figur wie Gross – der sowohl kühne Mythen und Bibelinterpretationen zur Begründung seiner neuen Gesellschaft entwickelt, wie das Arsenal anarchistischer Argumente.

Ich bin gespannt, ob die Berliner Gross-Fans mir antworten – ich bin gespannt, was sie herausgebracht haben über die anarchistischen Quellen (wie Apercus etc.) von Gross!

Herzlichen Gruß!
Ihr Nicolaus Sombart

P.S.
Waren Sie im Hause Hugo + Else Bruckmann, als Schuler seine Vorträge dort hielt?

97
Nicolaus Sombart an Carl Schmitt

Staufen, 18.6.1976

Es gibt viele Gründe, hier Ihrer in Freundschaft und Verehrung zu gedenken!

Stets Ihr
Nicolaus Sombart

Gelegentlich eines kleinen Sommerfestes Ihnen, hochverehrter Herr Professor, herzliche Grüße

Ihres
Joseph Kaiser[286]
20.6.76

[286] Joseph H. Kaiser (1921–1998), Jurist, seit 1955 Professor für Öffentliches Recht und Völkerrecht an der Univ. Freiburg. Schmitt setzte ihn zu seinem Nachlassverwalter ein.

98
Nicolaus Sombart an Carl Schmitt

Hughenden Manor, 16.7.1976

Mit etwas Verspätung, für die ich um Nachsicht bitte, darf ich Ihnen, lieber Professor, zum diesjährigen Geburtstag gratulieren. Ich tue es von einem Ort, dessen Bedeutung für Sie mir vertraut ist.[287] 1938, vielleicht, gaben Sie mir „Tancred" zu lesen! England bleibt erstaunlich – und dem Kontinent um 50 Jahre voraus!

In alter Verbundenheit –
Ihr Nicolaus Sombart

99
Carl Schmitt an Nicolaus Sombart

[Plettenberg], 24.8.1976

Lieber Nicolaus,

das Disraeli-Photo ist kostbar. Herzlichen Dank! Kennst Du die Blake-Biographie Disraelis (Robert Blake in Oxford, Historiker)?[288] Ich habe zu diesem Thema noch einige Perlen, aber nicht für die Straße. Einem Menschenfreund (h. h. einem Zufall) verdanke ich den Text Deiner Nacht-Studio-München-Sendung.[289] Erinnerst Du Dich, was ich 1936–39 unter „Disraeliten" verstand. Hast Du den Aufsatz von Heinz Friedrich (DTV) in Heft Nr. 7 des „Merkur" gelesen.[290] Bert Brecht und Benn mit den Tuis auch noch! auf oder in ein und demselben Parnass? Das gäbe doch Mord und Totschlag!

Lots of Love
Dein alter C. S.

Erschöpft von der Lektüre eines eben erschienenen, mit stärkster Patronanz ausgerüsteten Buches „Bürgerliche Rechtstheorie und Faschismus. Zur sozialen Funktion und aktuellen Wirkung der Theorie Carl Schmitts" von

---

287 Hughenden Manor war der Wohnsitz von Benjamin Disraeli. Über ihn und seinen Roman „Tancred" vgl. Jugend, S. 259 ff.

288 *Robert Blake*, Disraeli, London 1966 (u. ö.).

289 Typoskript einer Radiosendung des Bayerischen Rundfunks über die Richthofen-Schwestern vom 10.6.1976 (im Nachlass Schmitt, RW 0265 Nr. 20201).

290 *Heinz Friedrich*, Plädoyer für die schwarzen Kutten. Zu Gottfried Benns 20. Todestag (7.7.1956). In: Merkur, 1976, H. 338, S. 628–637. Friedrich war Leiter des Deutschen Taschenbuch Verlages (DTV).

Ingeborg Maus (1976, Wilhelm Fink Verlag, München); wirf einen Blick hinein – Nachbarin – Euer Fläschchen! Eine rasselnde Kette von Aequivokationen

Bürgerlich = Zivil = Bourgeois = Unsozial = Faschismus;

sieht nicht, dass Hitler Revanchismus (gegen Versailles) war; dies à propos des Bert-Brecht'schen Foto=Triumphes über den triumphierend tanzenden Hitler Mitte Juni 1940, in dem Arbeitsjournal vom 16. Juni 1940 (viele Seiten Fotos); und wer fotographiert diesen Fotographen?[291]

100
Nicolaus Sombart an Carl Schmitt

Straßburg, 2.9.1976

Lieber Herr Professor,

das Münchener Manuskript meiner Richthofen-Schwestern ist schauerlich gekürzt.[292] In Frankfurt ist der volle Text gelaufen (1 Stunde!).[293] Ich hätte

---

[291] Vgl. *Bertolt Brecht*, Arbeitsjournal 1938–1955, Berlin 1973, S. 58–66.

[292] Die Sendung über die Richthofen-Schwestern sendete der Bayerische Rundfunk am 10.6.1976. Der Text erschien im Druck in: *Nicolaus Sombart*, Gruppenbild mit zwei Damen. Zum Verhältnis von Wissenschaft, Politik und Eros im wilhelminischen Zeitalter. (Rezension zu: *Martin Green*, The von Richthofen Sisters). In: Merkur 1976, H. 341, S. 972–990. Ergänzend dazu im Nachlass Schmitt: *Nicolaus Sombart*, Nachtrag zum „Merkur"-Artikel vom Oktober 1976 (Typoskr., 5 Bl., RW 0265 Nr. 20202).

Schmitt empfand diesen Text Sombarts als die definitive Absage an ihn und machte das anderen Briefpartnern gegenüber deutlich. Am 21.11.1976 schrieb er an Hans-Dietrich Sander: „Der dreifache, von Nicolaus Sombart rite vollzogene Vatermord – in Paeschke's ‚Merkur', wird Ihnen nicht entgangen sein; dergleichen gehört zu den schon seit langem nicht mehr schönen Künsten, ignoriert die Kern-Frage (nämlich Politische Theologie und Versailles) und hat den Vorteil, dass drei auf einen Schlag guillotiniert werden: Max Weber, Werner Sombart und – tiefgebeugt und gottergeben – Ihr alter Carl Schmitt." *Carl Schmitt/Hans-Dietrich Sander*, Werkstatt Discorsi. Briefwechsel 1967–1981, hrsg. von Erik Lehnert und Günter Maschke, Schnellroda 2008, S. 401.

Unter dem Pseudonym Anton Madler setzte sich Armin Mohler in „Die Welt" vom 18.11.1976 mit Sombart auseinander. Der gedruckte Text wurde gekürzt, ungekürzt findet er sich in: BW Mohler, S. 411–413. Schmitt antwortete Mohler darauf: „Nicolaus Sombarts 3facher Vatermord ist ein Ritualer Vorgang und war wohl längst fertig. Der Initiierte tötet seinen Initiator – aber jeder kann jeden töten, das heißt nämlich: homo homini homo." Ebd., S. 413.

An Hansjörg Viesel schreibt Schmitt am 26.4.1977: „Nicolaus Sombarts neueste Bekundungen lassen mich verstummen. Capisco – capisco et obmutueris Christianos ad Leones [Ich verstehe, und du hättest besser geschwiegen, die Christen vor die

Ihnen die Sache längst geschickt, wenn ich nicht auf den Druck im MERKUR warten würde. Ein SA macht sich soviel besser, als ein hektographiertes Manuskript (geht das?). Also: ästhetische Skrupel.

Ingeborg Maus versuche ich mir zu besorgen. Inzwischen recherchiere ich weiter über SM.[294] Das ist ein kapitales Thema. Alles Gescheite über ihn ist leider von Rathenau gesagt worden.[295] Dem ist nichts hinzuzufügen – man kann aus den 60 nur 600 Seiten machen (was sich lohnen würde). Haben Sie den Essay? Soll ich [ihn] Ihnen schicken? – Sah von Boulez „Ring" in Bayreuth! Sie hätten Ihren Spaß gehabt. Evident die Parallele Fafner/Fasolt = Bismarck! Wann sehen wir uns?

Stets Ihr
N. S.

P. S.
Grüßen Sie Fräulein Anni!

101
Nicolaus Sombart an Carl Schmitt

Straßburg, 17.9.1976

Lieber Herr Professor,

Wenn Sie es satt haben, sich über die letzten Erzeugnisse der Carl Schmitt Literatur zu ärgern, finden Sie vielleicht einen geruhsamen Augenblick, um beiliegende Seiten zu lesen. Sie sind aus einem autobiographischen Buch, an dem ich nach Art der Sonntagsmaler, an stillen Abenden pinsele.[296] Warum französisch? Weil es leichter ist, eine französische als eine deutsche Schreibkraft zu finden? Oder weil der Verfremdungseffekt es mir leichter macht, gewisse Dinge zu „sagen"? Bequemlichkeit als – aber für „gute Europäer" kein Problem.

Ich hoffe, dass es Ihnen gut geht und verbleibe getreulich

Ihr Nicolaus Sombart

Löwen) – d.h. ad Seminar-Löwen." *Hansjörg Viesel*, Jawohl, der Schmitt. Zehn Briefe aus Plettenberg, Berlin 1988, S. 26.

293 Dieser Satz am Rand angestrichen, offenbar von Schmitt.

294 SM = Seine Majestät (Kaiser Wilhelm II.).

295 *Walther Rathenau*, Der Kaiser. Eine Betrachtung, Berlin 1919.

296 *Nicolaus Sombart*, Rumänische Reise. Ins Land meiner Mutter, Berlin 2006. Vermutlich schickte Sombart das Kapitel „Bei Professor Dimitrescu" (S. 143–152).

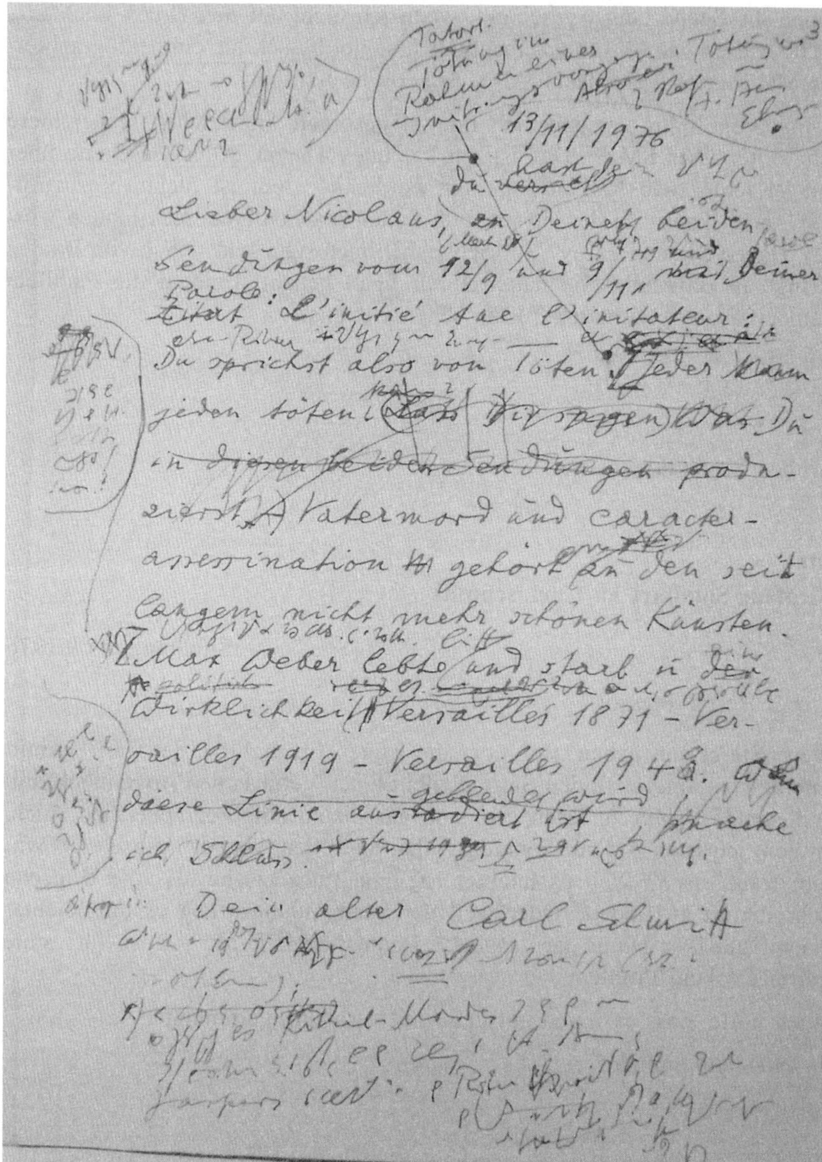

Ein weiterer Entwurf Schmitts zu Brief Nr. 102, der zeigt, wie schwer er sich damit tat (RW 0265 Nr. 20194).

102
Carl Schmitt an Nicolaus Sombart
(nicht abgeschickt!)

[Plettenberg], 13.11.1976

Lieber Nicolaus,

zu Deinen beiden Sendungen 12.9. und 9.11. und Deiner Parole: l'initié tue l'initiatuer: Du sprichst also vom Töten. Vergiß aber nicht[:] Jeder kann jeden töten. Was Du in diesen beiden Sendungen produzierst – Vatermord und character-assassination – gehört zu den seit langem nicht mehr schönen Künsten. Max Weber lebte, litt und starb in einer politischen Wirklichkeit Versailles 1871 – Versailles 1919 – Versailles 1940. Wenn diese Linie ausgeblendet wird, mache ich Schluss.

Dein alter
Carl Schmitt

103
Nicolaus Sombart an Carl Schmitt

Paris, 26.11.1976

Lieber Herr Professor,

Ohne Nachricht von Ihnen zu sein, will ich nur als Zeichen nehmen, wie sehr von allen Seiten Sie noch immer in Anspruch genommen werden, und mich dessen freuen! Interessiert Sie dieser MONDE-Ausschnitt, der mich intensiv an Sie denken ließ. – Hörten Sie von dem Buch von Pierre Legendre JOUIR DU POUVOIR – Theorie der Burokratie, Paris 1976? Hier liegen die Ansätze für Wege, die über Max Weber hinausführen. Wie gerne wüsste ich, was Sie davon halten!

Ihr N. S.

104
Carl Schmitt an Nicolaus Sombart

[Plettenberg], 10.12.1976

Mein lieber Nicolaus,

Du schreibst mir: l'initié tue l'initiateur. Eh bien, continuez [!] comme ça. Übrigens weißt Du ja: Jeder kann jeden töten – homo homini homo – und wer es noch nicht getan hat, der hat seinen Mord vielleicht noch zu begehen.

Max Weber ist für mich ein politisches Thema: erstens als Politischer Theologe (das wusste schon Christoph Steding[297]), und zweitens als der rabiateste deutsche Revanchist für Versailles 1918; dieses zweite als Ausgangspunkt für den Horizont: Weimar – Genf – Versailles (Versailles 1871, Versailles 1918/19, Versailles 1940).

Ohne mehr für heute
Dein alter
Carl Schmitt

105
Nicolaus Sombart an Carl Schmitt

Straßburg, 31.12.1977

Entwurf

Wie gerne, lieber und verehrter Herr Professor, würde ich mit Ihnen über alles sprechen, was hinter diesem kleinen Aufsatz steht![298] Beim Ordnen Ihrer Briefe erinnerte ich mich mit Wehmut der schönen Zeiten, in denen wir regelmäßig korrespondierten!

Ich muss mich gerade einer Handoperation unterziehen, die mir vielleicht die nötige Zeit einbringen wird, darüber etwas zu schreiben.

Mit sehr herzlichen Wünschen zum Neuen Jahr bin ich, wie stets,

Ihr ergebener
Nicolaus Sombart

[297] Christoph Steding (1903–1938), Historiker, Schmitt bezieht sich auf seine Dissertation „Politik und Wissenschaft bei Max Weber", Breslau 1932. Über Stedings nachgelassenes Werk „Das Reich und die Krankheit der europäischen Kultur" (1938) schrieb Schmitt eine umfangreiche Rezension: *Carl Schmitt*, Neutralität und Neutralisierungen. Zu Christoph Steding, „Das Reich und die Krankheit der europäischen Kultur". In: Deutsche Rechtswissenschaft IV/2, 1939, S. 97–118. Wiederabgedruckt in: *Carl Schmitt*, Positionen und Begriffe, Berlin 1940 (u. ö.). Zur Bedeutung Stedings vgl. *Helmut Heiber*, Walter Frank und sein Reichsinstitut für Geschichte des neuen Deutschlands (Quellen und Darstellungen zur Zeitgeschichte, 13), Stuttgart 1966, S. 501–532 und passim.

[298] Gemeint ist sein Aufsatz über die Richthofen-Schwestern, s. Brief Nr. 100.

Abb. 1: Carl Schmitt mit Tochter Anima im Garten des Hauses Kaiserswerther Str. 17 in Berlin, 1937

Abb. 2: Corina Sombart, 1933

Abb. 3: Sergiu Celibidache, Nicolaus Sombart, Werner Sombart, Nikolaus von Arseniew, Bad Kösen 1940

Abb. 4: Corina Sombart, Berlin 1936

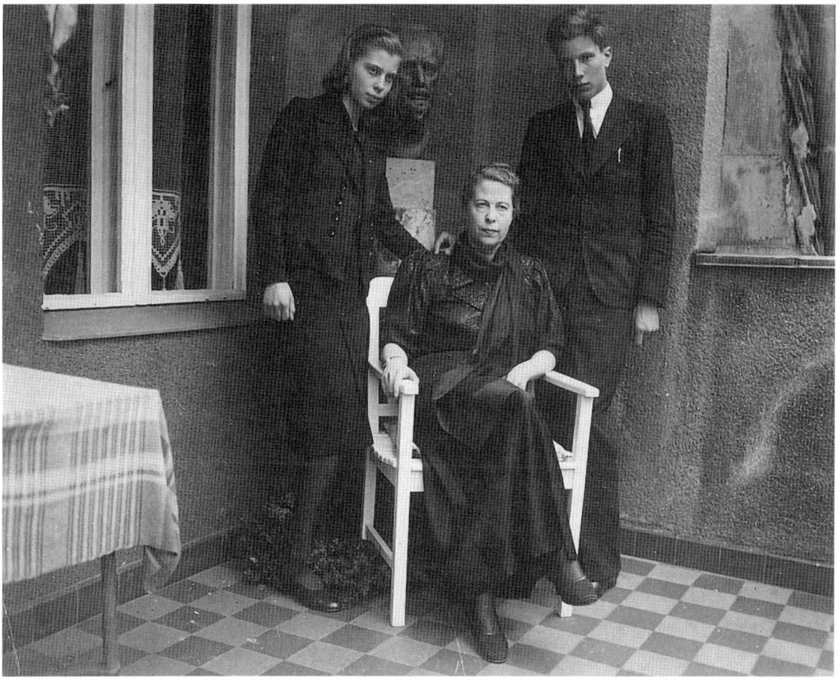

Abb. 5: Ninetta, Corina und Nicolaus Sombart am Tag der Beisetzung von Werner Sombart auf der Terrasse des Hauses Humboldtstr. 35a in Berlin

Abb. 6: Carl Schmitt, 1939

Abb. 7: Nicolaus Sombart, Anfang 1940er Jahre

Abb. 8a: Foto von Carl Schmitt, das er 1952 an Nicolaus auf dessen Wunsch hin schickte, und das dieser sich als „Ansporn“ auf seinen Schreibtisch stellte (vgl. Brief Nr. 38 und 40)

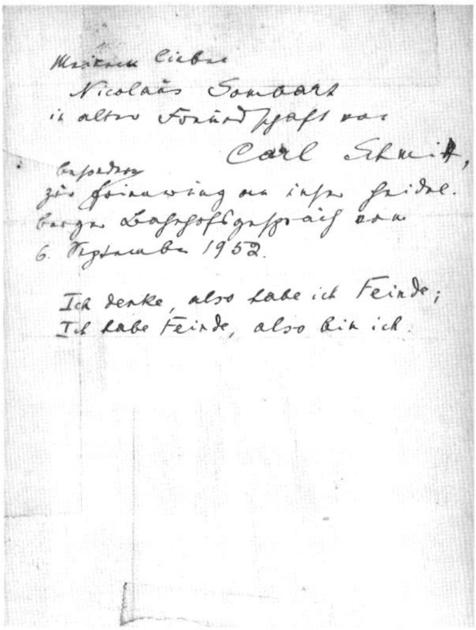

Meinem lieben
Nicolaus Sombart
in alter Freundschaft von
Carl Schmitt,
besonders
zur Erinnerung an unser Heidel-
berger Bahnhofsgespräch vom
6. September 1952.

Ich denke, also habe ich Feinde;
Ich habe Feinde, also bin ich.

Abb. 8b: Rückseite dieses Fotos mit der Widmung von Carl Schmitt für Nicolaus Sombart

Abb. 9: Nicolaus Sombart, ca. 1951

Abb. 10: Nicolaus Sombart, 1970

106 Nicolaus Sombart an Carl Schmitt

Straßburg, 31.12.1977

Wie gerne, lieber und verehrter Herr Professor, würde ich mit Ihnen über alles sprechen, was hinter diesem kleinen Aufsatz verborgen ist – und nur mit Ihnen.

Beim Ordnen alter Briefschaften gedachte ich mit Wehmut der schönen Zeiten, in denen wir regelmäßig korrespondierten! Aber was war das, verglichen mit den Gesprächen auf unseren Spaziergängen im Grunewald!

Ich musste mich gerade einer ärgerlichen Handoperation unterziehen. Sie hat das Gute, mir vielleicht die Zeit zu verschaffen, um darüber etwas zu schreiben!

Zu meinem größten Bedauern hörte ich, dass Anima in Deutschland war, ohne mich zu besuchen. Ich hätte sie sehr gerne wiedergesehen. Ich hoffe, es geht ihr gut.

Mit sehr herzlichen Wünschen für das Neue Jahr, bin ich, wie stets,
Ihr ergebener
Nicolaus Sombart

107 Carl Schmitt an Nicolaus Sombart

[Plettenberg], 7.1.1978

Lieber Nicolaus,

herzlichen Dank für Deine freundlichen Wünsche! Ich erwidere sie bestens. Deinen Hitler-Aufsatz[299] in der FAZ habe ich gelesen und auch mit Koselleck, der gerade zu Besuch war, besprochen. Der Aufsatz erregt die höchsten Erwartungen; in der symbolreichen Sprache des Skat-Spiels gesprochen: er meldet einen „Grand" an.

Ich bin nicht mehr gesprächsfähig; in der Erinnerung an unser letztes Gespräch (Februar 1976) und seine Weiterwirkungen ist es für mich besser, zu verstummen. Capisco et obmutesco.[300]

Stets Dein alter Freund
Carl Schmitt

---

299 *Nicolaus Sombart*, Wir sind mit Hitler noch lange nicht fertig. In: FAZ vom 19.11.1977. Wiederabdruck in: *Nicolaus Sombart*, Nachdenken über Deutschland, München 1987, S. 175–185.

300 „Ich verstehe und verstumme." Das ist die Formel, mit der Schmitt das Gespräch abbrach, weil er eine Weiterführung für sinnlos hielt, so z. B. auch bei Ernst Jünger am 5.2.1950; vgl. BW EJ, S. 248.

108
Nicolaus Sombart an Carl Schmitt

Straßburg, 13.6.1978

Sehr verehrter Herr Professor,

Es naht sich ja nun ein großer Tag, an dem ich nicht fehlen möchte unter denen, die Ihnen persönlich gratulieren kommen.[301] Gibt es ein „Programm"? Wann darf man zur „Cour" antreten? Wird Anima da sein – doch wohl gewiss. Es wäre eine schöne Freude für mich, auch sie wieder zu sehen.

Ich bin in den letzten Monaten tief versunken in Grunewalder Spaziergang-Erinnerungen.

Lassen Sie mich hören, wann wir uns sehen können.
Stets Ihr ergebener

Nicolaus Sombart

109
Carl Schmitt an Nicolaus Sombart

[Plettenberg], 21.6.1978

Lieber Nicolaus,

zu Deiner Anfrage vom 13.6.78: Du weißt, dass ich mich auf ein Gespräch mit Dir freue; ob eine Plettenberger Geburtstagsfeier (11. Juli, 11 Uhr, Berghaus Tanneneck, über Plettenberg) der geeignete Raum dafür ist, weiß ich nicht. Ich bin nicht der Manager dieser Veranstaltung, sondern deren Anlass und Objekt, und war nie ein Spielverderber.[302]

Stets Dein alter Freund
Carl Schmitt

---

[301] Gemeint ist die Feier zum 90. Geburtstag Schmitts.

[302] Der 90. Geburtstag Schmitts am 11.7.1978 wurde in Plettenberg groß gefeiert. Vgl. Carl Schmitt und Plettenberg, der 90. Geburtstag, hrsg. im Auftr. des Carl-Schmitt-Fördervereins Plettenberg e.V. von Gerd Giesler und Ernst Hüsmert, Plettenberg 2008. Nicolaus Sombart war nicht eingeladen, kam aber trotzdem.

110
Nicolaus Sombart an Carl Schmitt

Straßburg, 28.7.1978

Lieber Herr Professor,

Ist es möglich, dass Däubler Bachofen[303] nicht gekannt hätte?

Ich habe nun – in dem noch unaufgeschnittenen Exemplar der Straßburger Universitätsbibliothek,[304] angeschafft zu der Zeit, da Sie hier promovierten,[305] ein Gedanke der mich sehr bewegte – das Riesenopus Seite für Seite, Zeile für Zeile gelesen.[306] Ob es das Epos des Okzidents ist, weiß ich nicht. Wohl aber scheint es mir das repräsentativste literarische Produkt der wilhelminischen Ära zu sein, was ich nicht sage, um Däubler ab-, sondern um das Zeitalter aufzuwerten, dessen Wiederentdeckung ja jetzt beginnt. George und was es sonst noch gäbe, verzwergt daneben vollkommen. Da muss man schon auf den „Ring“ zurückgehen, um etwas Vergleichbares zu finden. (Und heute? Die „Cantos“ von Ezra Pound?)[307]

Auch scheint es mir in die Augen zu springen, dass es das große Epos der Bisexualität ist – was Sie in Ihrer Analyse[308] nur diskret andeuten.[309] Aber das war ja das Problem dieses Zeitalters! Weiter weg kann man von Marx nicht sein (obwohl es ja die Bachofenrezeption von Engels gab; das jedenfalls ist das Thema eines echten historischen Materialismus).[310] Däublers Werk entsteht ja auch genau zu dem Zeitpunkt, zu dem der von Ihnen nicht geliebte Freud[311] das Problem thematisiert, um es schnell zu verdrängen; (seine „Nicht-verarbeitung als Theorie“ ist dann die Psychoanalyse). Weininger – auf den Sie anspielen (10),[312] liegt ebenfalls genau zu dieser

---

303 Alle Unterstreichungen in diesem Brief von Schmitt.

304 *Theodor Däubler*, Das Nordlicht, Bd. 1–3, München/Leipzig 1910 (Florentiner Ausgabe). In der Bibliothèque Nationale Universitaire de Strasbourg vorhanden unter der Signatur CD.12.078.

305 Am Rand von Schmitt: „also 1910“.

306 Am Rand von Schmitt angestrichen und Fragezeichen gesetzt.

307 Am Rand von Schmitt angestrichen und vermerkt: „Stefan George“.

308 *Carl Schmitt*, Theodor Däublers „Nordlicht“. Drei Studien über die Elemente, den Geist und die Aktualität des Werkes, München 1916.

309 Dieser Satz von Schmitt am Rand angestrichen. Die „diskrete Andeutung“ der Bisexualität findet sich in der Neuauflage (Berlin 1991) auf S. 13.

310 Dieser Satz von Schmitt am Rand angestrichen.

311 Dazu von Schmitt am Rand notiert: „Genau, vgl. Gesetz und Urteil 1912, Seite“. Er nennt keine Seitenzahl; in der unveränderten Neuauflage (München 1969) ist Sigmund Freud auf S. 19 erwähnt. Deutlicher wird Schmitts Reserve gegenüber Freud in seinem gleichzeitigen Tagebuch; vgl. *Carl Schmitt*, Tagebücher Oktober 1912 bis Februar 1915, hrsg. von Ernst Hüsmert, Berlin 2003, S. 57 f.

312 *Carl Schmitt*, Theodor Däublers „Nordlicht“, Berlin 1991, S. 12.

Zeit, wie im Übrigen die Elektra von Hofmannsthal/Strauß – ein anderes Wilhelminisches Superding.

Aber man darf auch nicht den Senatspräsidenten Schreber[313] unerwähnt lassen, der das Unglück hatte, kein großer Dichter zu sein, um seine Sexualnöte zu verarbeiten, und der mit seiner so grundehrlichen Deskription der Mann-Weib-Problematik im Irrenhaus endete. Immerhin hat er sich wissenschaftlich verdient gemacht.[314]

Inwieweit die Carl Schmitt'sche „Theorie des Politischen" (im Sinne der im „Nordlicht" entwickelten Staatstheorie) eine Form der Verarbeitung des Zentralproblems ist, – oder auch eine Form der Nicht-verarbeitung, scheint mir die interessante Frage.[315] Der „Staat" wurde ja – spätestens mit dem Leviathanbuch – begraben; an seine Stelle trat die Land-Meer-Polarität, soll ich sagen die Raum-mythologie, durchaus elliptisch, in der der große geschichtsphilosophische Ansatz wieder sichtbar wird. Das fiele zusammen mit der Nennung von Bachofen (und Michelet) und der Rehabilitierung Savignys gegenüber Hegel.[316] Das ganz Neue ist nun die Entdeckung des Meeres als des Elementes des Weiblichen und die Identifikation des männlich/staatlichen Prinzipes mit dem Lande. Darin würde ich Ihren großen Beitrag zur Diskussion des Zentralthemas sehen wollen, das ja an Aktualität nichts verloren hat …

Warum, lieber Herr Professor, verwahren Sie sich dagegen, mit dem München der erotischen Bewegung in Verbindung gebracht zu werden?[317] Dass Sie Otto Gross als Ihren Erzantagonisten bezeichnet haben, ändert doch nichts daran, dass Sie aus einem Problemwissen heraus denken, das dort seinen geistesgeschichtlichen Ort hat.[318] Däubler scheint mir auf jeden Fall ohne München[319] – das Anti-Berlin – überhaupt nicht denkbar,[320] und ich möchte vermuten, dass er Bachofen in derselben Zeit kennen gelernt hat, wie

313 Daniel Paul Schreber (1842–1911), beschrieb in seinen „Denkwürdigkeiten eines Nervenkranken" (Leipzig 1903) die eigene Psychose und hatte damit großen Einfluss auf Freud u. a. Wie Schmitts Anmerkung (s. folgende Anm.) zeigt, scheint er Schreber nicht gekannt zu haben.

314 Von Schmitt am Rand notiert: „<…> Daniel Schreber 1845–1861 (1906?), Heilgymnastik? gest. 1861, Volkserzieher".

315 Dieser Satz von Schmitt am Rand angestrichen und notiert: „ebd.: Sp<.>".

316 Dieser Satz von Schmitt am Rand angestrichen und notiert: „Bachofen ganz <…> Michelet".

317 Von Schmitt am Rand notiert: „Schwabing (Eisner!)".

318 Dieser Satz von Schmitt am Rand angestrichen und Fragezeichen gesetzt.

319 Dazu eine Anm. von Schmitt: „Italien <…> Dresden (<…>) Berlin. Nach Südosten geht der <…> (Ivo Andrić)".

320 Am Rand zwei Fragezeichen und stenogr. Notiz.

Schuler, Klages und George.[321] Das Wissen um den Zusammenhang Anarchie – Matriarchat – „Paradis terrestre“ ersteht dort aufs Neue, nachdem es mit der Pariser „Commune“ untergegangen schien. Damit aber setzt ein völlig neues Verständnis des Problems „Revolution“ ein. (Übrigens: das berühmte „Charisma“ – Max Webers „Entdeckung“ – ist der Einbruch der „Anarchie“ in das Staatsrecht, würde ich sagen, die Entdeckung der „Sinnlichkeit“. Was Sie in „Politische Theologie II“ darüber sagen,[322] scheint mir ein fast parodistisches Manöver zu sein, die Spuren zu verwischen.)[323]

Wenn der frühe (oder sollen wir sagen, der „mittlere“) Carl Schmitt (von der „Politischen Romantik“ zum „Leviathan“) der heroische Versuch war, eine Abwehrstrategie zu entwickeln, um die „Rückkehr des Verdrängten“ zu verhindern, so ist der späte Carl Schmitt doch (von „Land und Meer“ über den „Nomos“ bis zu „Ex captivitate Salus“, doch der „Hamlet“ gehört auch dazu) der gegenteilige Versuch, der Herausforderung zu begegnen: i.e. einen neuen Verstehenszusammenhang, der wesentlich geschichtsphilosophisch ist, zu entwerfen, um das, was da auf uns zukommt, zu begreifen – eine echte Weiterführung also des „Nordlichts“; Bachofens, und nicht mehr Hegels (oder allenfalls eines aus der Perspektive der Einsichten Bachofens revidierten Hegels). Nicht Berlin also, sondern München.[324]

Schließlich ist doch für diesen späten Carl Schmitt Disraeli und seine Kaiserin wichtiger als Bismarck und sein Wilhelm „der Große“.[325] Und das Problem der Mutter war ja denn auch das Problem Wilhelms II., weswegen ich finde, dass Däubler ihm näher steht, als sonst irgend ein Dichter und Denker der Epoche.[326]

Das sind einige der Fragen, über die ich mich gerne mit Ihnen unterhalten würde, lieber Herr Professor. Niemand weiß mehr darüber, als Sie.

---

321 Am Rand angestrichen und vermerkt: „ganz falsche Fährte“. Zu Klages eine stenogr. Anmerkung, in der der Name Moeller van den Bruck in Klarschrift zu lesen ist.

322 *Carl Schmitt*, Politische Theologie II. Die Legende von der Erledigung jeder Politischen Theologie, 3. Aufl., Berlin 1990, S. 51 f., 62. Von der Erstausgabe 1970 schenkte Schmitt Sombart ein Exemplar mit der Widmung: „homo homini res mutanda [Was der Mensch dem Menschen ist, wechselt], im übrigen siehe Seite 122/123. – Nicolaus Sombart, zur Erinnerung an seinen Besuch, Februar 1976. Carl Schmitt“. Vgl. Katalog Tasbach, S. 26 f.

323 Der Satz angestrichen und Anm.: „der paulinische lutherische <…> Theologe, nicht <…> der Katechon, der Staat ist der κατέχων“.

324 Am Rand: „Das Bett der Kaiserin (Kleist)“. Fragezeichen am Rand und hinter München: „(Savigny?)“.

325 Zu diesem Satz am Rand: „richtig“.

326 Der Absatz am Rand angestrichen und mit einer längeren stenogr. Anm. versehen.

Davon bin ich überzeugt. Niemand aber ist diesem Wissen so nah, wie ich, meine ich andererseits, in schöner Bescheidenheit …

Ich verstehe aber, wenn Sie momentan Gespräche nicht gern haben wollen. Sollten Sie plötzlich Lust verspüren. lassen Sie's mich wissen!

Stets in Verehrung Ihr
Nicolaus Sombart

111
Carl Schmitt an Nicolaus Sombart

[Plettenberg], 2.8.1978

Warum, lieber Nicolaus, willst Du den dicken Südostler Däubler mit aller Gewalt in München verorten? Mit Schuler und Klages hat er überhaupt nichts zu tun, mit George nur insofern, als man seinen eigenen (Däublers) genialen Versen, die ihm, Däubler, (erst nach Vollendung des Nordlichts) allmählich bekannt gewordenen George-Verse immer öfter als Vorbilder entgegengehalten hatte. Weißt Du denn nichts von Moeller van den Bruck, dem ersten deutschen Herold des Nordlichts?[327] Kennst Du nicht einmal den 1910 von Moeller v. d. B. verfassten „Prospekt" zum Nordlicht?[328] Däublers lange Diskussionen in Italien mit Moeller[329] und dessen baltischer Frau, die den zweiten Weltkrieg noch erlebt hat? Däubler gehört eher nach Dresden (Frau Bienert,[330] Jakob Hegner[331] in Hellerau).

Moellers Buch über „Die Deutschen" mit dem Mittelpunkt Däubler als der große moderne Deutsche, das musst Du kennen lernen; der ganze Nordismus, das ist nicht Schwabing à la Klages oder Schuler. Und außerdem:

---

[327] Arthur Moeller van den Bruck, den Schmitt auch persönlich gekannt hat, hatte erstmals 1911 (in: Der Brenner 1, 1911, S. 594–595) über das „Nordlicht" geschrieben; später veröffentlichte er den Aufsatz: Theodor Däubler und die Idee des Nordlichtes, in: Deutsche Rundschau 47, 1921, S. 20–34. Vgl. auch das Kapitel über Däubler in: *Arthur Moeller van den Bruck*, Die Deutschen. Bd. 5: Gestaltende Deutsche, Minden (1907). Sombart verwertet diesen Hinweis Schmitts, ohne ihn zu nennen in: *Nicolaus Sombart*, Die deutschen Männer und ihre Feinde, München/Wien 1991, S. 129.

[328] Gemeint ist der Brenner-Text von 1911; s. vorstehende Anm.

[329] Vgl. *Arthur Moeller van den Bruck*, Die italienische Schönheit, München 1913. Das Buch ist „Theodor Däubler, dem Dichter des Mittelmeeres" gewidmet.

[330] Ida Bienert (1870–1965), Kunstsammlerin in Dresden und großzügige Mäzenin Theodor Däublers. Zu Schmitts Kontakten mit ihr vgl. *Carl Schmitt*, Tagebücher Oktober 1912 bis Februar 1915, hrsg. von E. Hüsmert, Berlin 2003.

[331] Jakob Hegner (1882–1962), Verleger und Übersetzer, verlegte u. a. Theodor Däubler und: *Carl Schmitt*, Römischer Katholizismus und politische Form, Hellerau 1923.

Florenz, Futurist Severini,[332] mit Giovanni Papini,[333] dessen witzige Reduzierung von Däublers Nordlicht auf ein einziges Wort (zu reduziert) Du lesen müsstest (in dem Buch „Gog“, auch auf Deutsch erschienen). Die Abwendung seit 1915 von Moeller ist das Interessante.

Ich kann das alles nicht zu Papier bringen; auch nicht in mündlicher Erzählung in kurzen Worten reproduzieren. Zu Richard Wagner hat der Aufsatz von Wapnewski im Merkur (Juni-Heft) mich einen Augenblick gefesselt.[334] Das alles irritiert mich, ohne mich durch neue Einsichten zu stärken. Endlich spricht der Tod: Genug.[335]

Dein alter Freund
Carl Schmitt

Ruf mich bitte nicht telefonisch an; meine Besuchsfähigkeit ist seit 11. Juli erschöpft.

112
Nicolaus Sombart an Carl Schmitt

Straßburg, 8.8.1978

Lieber Herr Professor,

Vielen Dank für den Brief mit den vielen interessanten Hinweisen auf Däubleriana! Und, natürlich, den K<...> SA!

In einem Gespräch mit Francis Rosenstiel musste ich mich davon überzeugen lassen, dass François Perroux[336] nicht Jude ist. Ich beeile mich,

---

332 Gino Severini (1883–1966), ital. Maler des Futurismus.

333 Giovanni Papini (1881–1956), ital. Schriftsteller. Sein Buch „Gog“ erschien in deutscher Übersetzung 1931.

334 *Peter Wapnewski*, Cosima Wagner und Cosimas Wagner. In: Merkur, 1977, H. 345, S. 130–144.

335 Zitat aus dem Gedicht „Trostaria“ von Johann Christian Günther.

336 François Perroux (1903–1987), Wirtschaftswissenschaftler, seit 1935 mit Schmitt freundschaftlich verbunden. Perroux wünschte sich für die ihm gewidmete Festschrift 1978 einen Beitrag von Schmitt, den dieser auch auf Französisch schrieb, der jedoch in der Perroux-Festschrift aufgrund von Widerständen der Herausgeber nicht erscheinen konnte. Schmitt veröffentlichte den Aufsatz dann – seine letzte wissenschaftliche Arbeit –, versehen mit einer Widmung für Perroux, auf Deutsch: *Carl Schmitt*, Die legale Weltrevolution. Politischer Mehrwert als Prämie auf juristische Legalität und Superlegalität. In: Der Staat 17, 1978, S. 321–339. Wiederabdruck in: *Carl Schmitt*, Frieden oder Pazifismus? Arbeiten zum Völkerrecht und zur internationalen Politik 1924–1978, Berlin 2005, S. 919–936 (dort, S. 936 ff., die Anmerkung des Herausgebers Günter Maschke zu Perroux). Einen Sonderdruck

meine falsche Behauptung vom 11. Juli zurückzunehmen. (Frage mich nur, wie ich darauf gekommen bin).

Der Aufsatz über Benjamin war mir wohl aufgefallen. Es ist merkwürdig: Ich kann mit B. „nichts anfangen“, obwohl ich es immer wieder versucht habe. Auch Scholem hat mich nicht auf die Fährte setzen können.

Letzterer schreibt in seinem „Von Berlin nach Jerusalem“ von einem seltsamen exklusiven Club, zu dem außer Rathenau auch Däubler gehört hätte, der den Weltkrieg durch Meditation abwenden wollte, der FORTE-KREIS.[337] Hat Däubler Ihnen davon erzählt??

Stets Ihr
Nicolaus S.

113
Carl Schmitt an Nicolaus Sombart

Plettenberg, 27.2.1979

Lieber Nicolaus: Dein Kaiser-Wilhelm-Gedächtnis-Kirchen-Aufsatz[338] geht mir durch den Kopf; Walther Rathenau als Orientierungspunkt zu benutzen, das ist genial; vgl. S. 332 anl. Aufsatzes.[339] Kennst Du denn eigentlich die „Schattenrisse“ des Joh. Negelinus von 1913?[340] Und den Bd. I der Rathenau-Edition von Prof. E. Schulin (Freiburg Br. 1977), Seite 523 zu meiner

---

schickte er an Nicolaus Sombart mit der Widmung: „An Nicolaus Sombart – und ‚Nirgends ein Zu spät‘, 11. Juli 1978, C. S.“ Auf S. 332 machte Schmitt einen hs. Hinweis auf folgenden Aufsatz: *Peter von Haselberg*, Der Deutsche Walter Benjamin. In: Merkur, 1978, H. 361, S. 592–600. Vgl. Katalog Tasbach, S. 28.

337 *Gershom Scholem*, Von Berlin nach Jerusalem. Erweiterte Fassung, Frankfurt a.M. 1994, S. 88. Zum Forte-Kreis vgl. Richard Faber/Christine Holste (Hrsg.), Der Potsdamer Forte-Kreis. Eine utopische Intellektuellenassoziation zur europäischen Friedenssicherung, Würzburg 2001.

338 *Nicolaus Sombart*, Kaiser Wilhelm II. in neuer Sicht. In: FAZ vom 12.1.1979.

339 *Carl Schmitt*, Die legale Weltrevolution (s. Anm. 336). Schmitt schickte zum wiederholten Male einen Sonderdruck dieses Aufsatzes an Nicolaus, diesmal mit dem Vermerk auf der Umschlagseite: „2. Exemplar (mit einigen Glossen als Bruchstücke eines Schatten-Gesprächs <…> 24/2 79“ und der Widmung auf der Titelseite: „an Nicolaus Sombart, von einem dankbaren Leser seines Kaiser-Wilhelm-Rathenau-Aufsatzes und Empfänger einer schönen Ansichtskarte aus Korfu, unter Hinweis auf Seite 331/332 beil. Aufsatz, 24/2 79, C. S.“ Nachsatz: „dankbar auch – freilich nur objektiv – für den Zufall, der mir den K-W-W-R-Aufsatz in die Hände gespielt hat“. Vgl. Katalog Tasbach, S. 28. Auf der Seite 331/332 des Aufsatzes ist der Mord an Rathenau erwähnt.

340 *Johannes Negelinus* [d.i. Carl Schmitt/Fritz Eisler], Schattenrisse, Leipzig 1913. Neudruck im Rahmen einer Monographie: *Ingeborg Villinger*, Carl Schmitts Kulturkritik der Moderne. Text, Kommentar und Analyse der „Schattenrisse“ des

Rathenau-(Kritik der Zeit)-Kritik?[341] Und die Dummheit (oder Schlauheit), diesen Schattenriss als Beleg für „Antisemitismus“ zu verwerten (z.B. H. Muth in Schieders His. Zeitsch., Anlage,[342] und jetzt wieder Petzold, Jungkonservative, 1978)?[343] Willst Du das Thema vertiefen oder lustwandelst Du schon längst wieder in andern Über=Großraum-Planungen?

Dein alter C. S.

2 Anlagen

Herzlichen Dank für die schöne Karte aus Korfu!

114
Carl Schmitt an Nicolaus Sombart

[Plettenberg], 15.5.1979

Lieber Nicolaus: solltest Du noch beim Orientierungspunkt

Walther Rathenau

schürfen, dann hole Dir eine Sensation in dem dicken Buch

Industrie-Kultur. Peter Behrens und die AEG, hrsg. von Prof. Tilmann Buddensieg (Kunst.Hist. Institut Univ. Köln), Gebr. Mann Verlag, 1 Berlin 61 (das ist kein Hoho-Mann-Verlag), S. 63 ff.

allwo viel Gold vergraben liegt.

C. S.

Johannes Negelinus, Berlin 1995. Schmitts Rathenau-Skizze hier auf S. 18–20, Kommentar Villingers auf S. 191–200.

341 An der angegebenen Stelle heißt es: „Rathenaus Blick auf eine erreichbare bessere Zukunft […] hat die Zeitgenossen besonders angesprochen. Carl Schmitt, der spätere Staatsrechtler, damals Student, stellt allerdings fest, daß sich hier die Kritik als weniger wertfrei erweise, als Rathenau wahrhaben wolle.“ Dann folgen ein längeres Zitat aus: *Carl Schmitt*, Kritik der Zeit. In: Die Rheinlande, 1912, S. 324, sowie zwei Abschnitte aus der „frühe[n] und geistreiche[n] Satire auf Walther Rathenau“ in den „Schattenrissen“.

342 „Bemerkenswert vor allem im Hinblick auf Schmitts späteres Verhältnis zum Nationalsozialismus sind die zahlreichen plumpen antisemitischen Ausfälle (z.B. Rathenau als ‚Nicht-Deutscher‘).“ *Heinrich Muth*, Carl Schmitt in der deutschen Innenpolitik des Sommers 1932. In: Historische Zeitschrift, Beiheft 1, 1971, S. 75–147; hier S. 77, Anm. 7.

343 „Dieses Plädoyer für den Faschismus im Geiste Ernst Jüngers verband Schmitt mit einem ausgeprägten Antisemitismus. Auch das war nicht neu bei ihm. Schon in seiner unter einem Pseudonym erschienenen literarischen Jugendschrift ‚Schattenrisse‘ aus dem Jahre 1913 hatte er sich verächtlich über die Juden geäußert.“ *Joachim*

115
Nicolaus Sombart an Carl Schmitt

Straßburg, 24.5.1979

Sehr verehrter Herr Professor,

Tausend Dank für den kostbaren Hinweis – mehr noch für das Lebenszeichen!

Rathenau wohl, jetzt aber bin ich bei Maximilian Harden, dem Instrument von Bismarcks Rache. In dem Kampf gegen Eulenburg: die ganze Pa<..> des A<..> Klischees „Politische Romantik“! Der arme Kaiser! Er wird mir immer sympathischer. Im September machen wir ein Kaiser-Kolloquium in Korfu mit jungen englischen und amerikanischen Historikern!

Der Kaisermord – ist das nicht das deutsche Tabu? Hier siedele ich Hamlet an.

Gerne käme ich wieder einmal zu einem Besuch – vielleicht an dem 31. Juli, wo ich in Marburg einen Vortrag über W II halte?

Mit herzlichen Grüßen stets
Ihr
Nicolaus Sombart

116
Nicolaus Sombart an Carl Schmitt

Straßburg, 12.7.1979

SEHR HERZLICHE GLUECKWUENSCHE [VON IHREM]
NICOLAUS SOMBART[344]

Petzold, Wegbereiter des deutschen Faschismus. Die Jungkonservativen in der Weimarer Republik, Köln 1978, S. 363. – Allerdings war der Mitverfasser der Schattenrisse Jude.

344 Der Text des Telegramms lautet: SEHR HERZLICHE GLUECKWUENSCHE ZUCH VOM UHREN. Das dürfte ein Übermittlungsfehler sein.

117
Carl Schmitt an Nicolaus Sombart

[Plettenberg, ca. 20.8.1979]

Lieber Nicolaus: ich höre, dass Du mich als „Parodisten" klassifizierst; das kommt davon, dass man sich auf halbe oder Zehntel-Freunde einlässt. Hier schicke ich Dir eine Fotokopie eines Briefes an Erwin von Beckerath, der die Beisetzung Deines Vaters (Juni 1941) betrifft;[345] zufällig konnte ich dieses Dokument vor dem Mülleimer retten.

Wann erscheint Dein Wilhelm-Buch? Kennst Du Wedekinds mit Maximilian Harden ernsthaft erörterten Plan aus der Zeit etwa 1915, gemeinsam ein Drama Bismarck zu schreiben?

Alle guten Sommerwünsche
Deines
Carl Schmitt

Du weißt, dass der von Thomas Mann in dem „Wälsungen-Blut" karikierte Deutsche „Beckerath" genannt wird.

118
Nicolaus Sombart an Carl Schmitt

Straßburg, 23.8.1979

Sehr verehrter, lieber Herr Professor,

Tausend Dank für die kostbare Photokopie des Briefes an Erwin von Beckerath! Ja, ich erinnere mich an diese Begräbnisfeier im Dahlemer Krematorium,[346] deren objektive Traurigkeit ich damals natürlich nicht erfasste. Die Trauerarbeit für meinen Vater hat erst sehr viel später, eigentlich erst in Kolbsheim, eingesetzt, und ich muss gestehen, dass sie bis heute nicht abgeschlossen ist. Es vergeht kein Tag, an dem ich nicht Umgang mit meinem Vater hätte, ihn um Rat anginge oder mir vorzustellen versuchte, was er mir zu diesem oder jenem wohl zu sagen hätte. Auch stellen sich zu den Themen, mit denen ich mich seit einigen Jahren beschäftige, immer wieder die Kommentare ein, die er in irgendwelchen Gesprächen einmal gemacht hat, und die ich jetzt auf ihren Gegenstand zu beziehen im Stande bin. Mir ist auch durchaus bewusst, dass mein obstinates Eindringen in die Wilhelminische Zeit zu dieser permanenten Auseinandersetzung mit meinem

---

345 Siehe unten, Anhang Nr. 1.

346 Vgl. Jugend, S. 47. Es handelt sich um das Krematorium in Wilmersdorf.

Vater gehört. Und das muss ich auch von meiner, davon nicht zu trennenden, Beschäftigung mit Ihnen und Ihrem Oeuvre sagen. So bewältigt jeder seine Vergangenheit, mit der entsprechenden Dosis von Nostalgie.

Über die intimen Beziehungen, die ich zwischen Ihrem Werk, Ihren Theoremen und Ihren Wandlungen und den Problemen der wilhelminischen Ära sehe – und die ich für ausschlaggebend halte, bis hin zu Hamlet und dem „Partisanen" – würde ich natürlich brennend gerne mit Ihnen sprechen. Aber ich verstehe durchaus, dass Ihnen das langweilig ist. Sie stehen vermutlich mehr in der Gegenwart, als ich.[347]

In solchen Gesprächen, wie ich sie natürlich im Geiste doch ständig führe, würde dann auch klar werden, dass es eine grobe Unterstellung ist, wenn man meint, dass ich Sie als „Parodisten" klassifiziere![348] Ich habe allerdings – in sehr interessanten Gesprächen mit Heinrich Meier in Freiburg – die Frage aufgeworfen, ob man die „Politische Theologie II" à la lettre nehmen dürfe oder in ihr nicht ein Dokument subtiler Sokratischer Ironie sehen müsste, wobei ich auf das „Buribunkische in Carl Schmitt" verwies, das man beim Studium seiner Texte, wie mir scheint, nie aus den Augen verlieren dürfe.

Ich glaube, dass es niemanden gibt, der Sie tiefer und liebevoller versteht.

In diesem Sinne verbleibe ich stets

Ihr ergebener
Nicolaus Sombart

P. S.
Mit dem Wilhelm II Buch hat es noch seine Weile. In seinem Vorfeld habe ich, nach dem Freiburger Seminar, jetzt erst einmal ein Internationales Kolloquium in Korfu organisiert, aus dem vielleicht ein lesenswerter Sammelband hervorgehen wird.[349] Ich schicke Ihnen anbei die Unterlagen.

---

[347] „langweilig" von Schmitt unterstrichen; der Satz ist am Rand angestrichen und von Schmitt mit einer teilw. stenogr. Anmerkung versehen: „Wer schreibt die Geschichte? Der Besiegte. Wer war der <Besiegte> im Falle Otto Gross (<…>)".

[348] Tatsächlich schreibt Sombart später: „In seinem parodistischen Spätwerk ‚Politische Theologie II' spürt Carl Schmitt dieser ‚Struktur-Identität der Begriffe' (PT II, 22) mit einem großen Luxus scheintheologischer und kirchengeschichtlicher Argumente nach." *Nicolaus Sombart*, Die deutschen Männer und ihre Feinde, München/Wien 1991, S. 83. „Politische Theologie II" ist für Sombart eine „Eulenspiegelei" (S. 21), mit der „der greise Carl Schmitt […] seine Schüler […] verunsichert oder an der Nase herumführt. Hier treibt ein Neo-Anarchist in der Ad-Absurdum-Führung seiner eigenen Demonstrationen einer politischen Theologie einen makabren Schabernack". Er sei „zurückgekehrt zu seinen Anfängen im Umkreis Dadas" (ebd., S. 367 f.).

[349] Kaiser Wilhelm II. New interpretations; the Corfu papers. Ed. by John C. G. Röhl and Nicolaus Sombart, Cambridge usw. 1982.

Briefwechsel
Carl Schmitt – Corina Sombart
1929–1968

119
Corina Sombart an Carl Schmitt

Bad Kissingen, [Ende Sept. 1929]

Auf der Durchreise nach Paris sind wir für zwei Tage hier, wo das wunderbarste Herbstwetter und die folgende Gesellschaft (vom Congress[350] <ausersehen>) uns angenehme Stunden bereiten. Ich danke Ihnen für die Grüße auf die Prof. Spranger-Karte: Die Wundertoten des heiligen Jahres sind beneidenswert und erfreulich!

Die Ansprache habe ich gelesen: Ziemlich viel Schärfe war nötig, um dem Benjamin folgen zu können: sogar mir war es nicht leicht![351]

Herzliche Grüße und schöne Tage in Barcelona[352]
C. Sombart

Sehr viele Empfehlungen und Grüße. Ihr E. von Beckerath.
Beste Grüße. Ch<...>.
Gruß. Werner Sombart

120
Corina Sombart an Carl Schmitt

Assisi, 10.11.1932

Die mächtige und stimmungsvolle Kirche des Heiligen Franciscus, der Zauber der malerischen und verträumten Strassen und die unbeschreibliche Poesie der umliegenden Landschaft machen diese Stadt zu einem Wunder. Morgen fahren wir nach Rom. – Welchen Ersatz kann Ihnen Preussen für diese versäumte Reise bieten?

Viele herzliche Grüße auch an Frau Professor
C. Sombart

[*Zusatz von Werner Sombart:*]

Perugia, aus dem wir kommen, ist vielleicht noch schöner. Welch ein Land!
Herzliche Grüße
Ihr W. Sbt.

---

350 In Bad Kissingen tagte am 24. September 1929 die Vereinigung der sozial- und wirtschaftswissenschaftlichen Hochschullehrer. Werner Sombart beteiligte sich mit Diskussionsbeiträgen; vgl. Protokoll der Generalversammlung, 1929, S. 41 ff.

351 Unklar, was gemeint ist.

352 Carl Schmitt hielt am 12.10.1929 in Barcelona seinen Vortrag „Die europäische Kultur im Zwischenstadium der Neutralisierung". Veröffentlicht in: Europäische Revue 5, 1929, S. 517–530 und dann in die 2. Aufl. von „Der Begriff des Politischen" aufgenommen.

121
Corina Sombart an Carl Schmitt

Bad Hahnenklee, [1932]

Verehrter Professor Carl Schmitt,

Nun habe ich die Zeit und die nötige Ruhe, um Ihr Buch über den Begriff des Politischen lesen zu können. Es ist für mich ein wahres intellektuelles „Régal“, denn die Präzision und die Klarheit Ihrer originellen Gedanken haben hier die Vollendung erreicht. So denke ich mit noch größerer Traurigkeit an Ihren eventuellen Abschied von Berlin,[353] denn wenn Ihre Berühmtheit Sie immer „seltener“ macht, so hat man wenigstens das Gefühl des „möglichen“ Verkehrs!

Aus den bescheidenen Hügeln, wo ich zehn Tage verbringen werde, sende ich Ihnen einen herzlichen Gruß und wünsche Ihnen Erfolg in Ihrer anstrengenden und verantwortungsvollen Arbeit

C. Sombart

122
Corina Sombart an Carl Schmitt

Berlin, 5.1.1934

Sehr geehrter Professor Carl Schmitt,

Haben Sie vielen Dank für das spannend-interessante Buch[354] das Sie mir zu Weihnachten schickten; ich freue mich immer von neuem in solcher kristall-klarer deutscher Sprache auch die abstraktesten Dinge zu lesen.

Zum neuen Jahr sende ich Ihnen und Ihrer Frau meine herzlichen Glückwünsche; möge 1934 Ihnen Befriedung [!] in Ihrer Arbeit und Anerkennung bringen.

Mit besten Grüßen auch für Anima
Ihre C. Sombart

---

353 In Schmitts Überlegungen, einen Ruf nach Köln anzunehmen, waren Corina und Werner Sombart schon frühzeitig einbezogen; vgl. Brief Nr. 162.

354 *Carl Schmitt*, Staat, Bewegung, Volk. Die Dreigliederung der politischen Einheit, Hamburg 1933. Das Exemplar trägt die Widmung: „Corinna [!] Sombart, mit herzlichen Weihnachtswünschen verehrungsvoll überreicht, Berlin, den 24. Dezember 1933, Carl Schmitt“. Vgl. Katalog Tasbach, S. 10 f.

123
Corina Sombart an Carl Schmitt

[Sankt Andreasberg], 23.7.1938

Sehr verehrter Carl Schmitt,

Wir haben „Leviathan“[355] mit großem Interesse, beinah, zu Ende gelesen – ich lese ihn meinem Mann jeden Abend vor –; als Dank für die anregenden Stunden sende ich Ihnen hierbei die ersten Früchte Ihres Buches: unter unserem Einfluss hat Nikolaus den Leviathan gemalt.[356]

Sieht er nicht majestätisch, gebieterisch, furchterregend und doch großzügig und vertrauenswürdig aus?

Mit herzlichen Grüßen von Haus zu Haus
Corina Sombart

124
Corina Sombart an Carl Schmitt

Bad Kösen, 9.7.1944

Lieber Herr Staatsrat,

Zusammen mit Robakidse,[357] der hier zu Besuch ist, sprechen wir über Sie und wollen Ihnen gerne ein Zeichen unseres freundlichen Gedenkens geben, aber wer weiß, ob diese Adresse noch richtig ist.

Es ist schön, so im Exil, den Besuch eines Freundes zu bekommen und über Vergangenes „in derselben Sprache“ sich unterhalten zu können.

Ihnen und Ihrer lieben Frau herzliche Grüße
C. Sombart

[*von G. R. geschrieben:*] Herzliche Grüße, auch Ihrer lieben Frau! Grigol Robakidse

---

355 *Carl Schmitt*, Der Leviathan in der Staatslehre des Thomas Hobbes. Sinn und Fehlschlag eines politischen Symbols, Hamburg 1938.

356 Es handelt sich möglicherweise um das unter der Signatur RW 0265 Nr. 20003 im Nachlass Schmitt liegende Aquarell eines Walfischs.

357 Siehe Brief Nr. 96.

125
Corina Sombart an Carl Schmitt

Bad Kösen, 31.8.1944

Lieber und verehrter Carl Schmitt,

Seitdem wir uns aus den Augen verloren haben, hat sich so vieles ereignet, auch in dem Privatleben jedes einzelnen, dass ich nicht weiß, wo ich anfangen soll, um die Gegenwart irgendwie verständlich zu machen. Um nicht zu viel (Zeit) aus Ihrer kostbaren Zeit zu rauben, will ich mich kurz fassen und Ihnen die Hauptsache erzählen.

Schon bevor wir das Haus verloren hatten,[358] hatte ich mich in Bad Koesen niedergelassen, wo ich in dem Haus unserer Verwandten „ein Zimmer“ bewohne, das ich nachträglich ausgestaltet habe mit geretteten Sachen aus unserer Villa, die mir meine Kinder herbeigebracht haben. Teppiche, Kissen, Bilder und viele schöne Bücher – unter welchen auch die von Ihnen gewidmeten sich befinden – und allerlei Erinnerungen geben dem bescheidenen Raum etwas aus meinem alten Milieu, was mich sehr leicht und rasch versöhnt hat mit meinem neuen Lebensstandard. Es mag dazu auch beigetragen haben mein „naturel“, der nicht duldet, dass mein Herz an Gegenständen allzu sehr hängt. Auch leide ich viel mehr wegen der Trennung von Menschen – Kinder, Familie, Freunde – als an dem Verlust unseres Hauses. Bad Koesen kann besonders wenig bieten einem geistig interessierten Menschen, und so bleiben einem nur seine eigenen Reserven. Die schließlich, wegen Mangel an jeder Anregung, werden immer schwächer. –

Nikolaus ist momentan in Riga; er ist vor kurzem aus einem „Kessel“ herausgekommen. Da Sie immer so freundlich zu ihm waren, darf ich Ihnen wohl erzählen, dass er zwei Geburtstagsgeschenke soeben geschickt hat: 1) Eisernes Kreuz II. Klasse für militärische Verdienste, 2) einen Preis für ein von ihm illustriertes Buch (Flackfibel), wofür er auch einen Urlaub bekommen hätte, wenn es keine E<..>sperre wäre – Gott sei Dank geht es ihm gut.

Leider Ninettas Gesundheit hat mir viele Sorgen gemacht; sie ist sehr schwach und blass, aber sie ist heute trotzdem gefahren nach Alsleben (Bez. Halle), um da als Betreuerin eines Kinderheimes ihren Militärdienst anzufangen. Hoffentlich reichen ihren Kräfte!

Das wäre ungefähr alles, was ich Ihnen von uns erzählen kann. Hoffentlich kommt das Ende – der Sieg – bald!

Ich habe große Sehnsucht nach Berlin, aber vorläufig geht es schwer.

---

358 Die Villa Sombarts in der Humboldtstr. 35a in Berlin-Grunewald wurde im November 1943 durch Bomben zerstört.

Von der Heimat bekomme ich keine Nachrichten mehr![359] Was aus den Rumänen aus Deutschland wird, weiß ich auch nicht.

[*Schluss fehlt!*]

126
Corina Sombart an Carl Schmitt

Bad Kösen, 13.10.1944

Sehr geehrter Professor Carl Schmitt,

Vor kurzem bat mich Graf Keyserling[360] Ihnen schriftlich mitzuteilen, wie schlecht es ihm geht, infolge des letzten Luftangriffes auf Darmstadt. Gleich danach bekam ich den beiliegenden Brief für Sie – da er Ihre Adresse nicht kennt – und so brauche ich nicht mehr ausführlicher darüber zu berichten.

Hoffentlich geht es Ihnen und Ihrer Gattin gut.

Nikolaus ist nun sehr nah an der deutschen Grenze, aber immer noch in Lettland, (ziemlich) stark gefährdet; bis gestern habe ich gute Nachrichten von ihm gehabt. Er erkundigt sich immer nach Ihnen und Ihrer Frau, in seinen Briefen. Inzwischen ist er Gefreiter geworden.

Ninetta arbeitet in einem Jugendheim als Erzieherin und liebt ihre Arbeit heiß. Da sie gesund geworden ist, fällt ihr diese verantwortungsvolle Tätigkeit nicht mehr so schwer. Infolge dessen geht es mir auch gut. Mit den vielen Sorgen hat man sich so gewöhnt, dass, wenn sie auf einmal von den Schultern wegfielen, würde man doch nicht mehr gerade gehen können. Ich male wieder Ikonen[361] und kann nicht so viele fertig stellen, wie sie hier begehrt werden!

Von der Heimat keine Nachricht mehr! Ich würde mich freuen, wieder mal von Ihnen und Ihrer Familie zu hören.

Mit vielen Grüßen an Sie, Ihre Gattin und Anima.
Ihre, in alter Freundschaft
Corina Sombart

---

359 Unter dem Diktator Antonescu war Rumänien im Zweiten Weltkrieg mit Deutschland verbündet. Das Vorrücken der sowjetischen Truppen führte im August 1944 zum Sturz Antonescus und zum Frontwechsel des Landes.

360 Hermann Graf Keyserling (1880–1946), Philosoph. Zu seiner Beziehung zu Sombart vgl. Jugend, S. 97–99.

361 Als aktives Mitglied der russisch-orthodoxen Gemeinde hatte Corina in ihrem Berliner Haus viele Ikonen, die sie auch selbst malte.

127
Carl Schmitt an Corina Sombart

Plettenberg, 24.10.1950

Liebe und verehrte Frau Corina Sombart,

vorige Woche war ich einige Tage in Heidelberg, um Duška in der Klinik zu besuchen.[362] Ich hatte bestimmt gehofft, Sie am Dienstagabend bei Prof. Brecht zu sehen, bei seinem Bericht über den Vortrag Heideggers; aber zu meinem großen Bedauern traf diese Erwartung nicht ein. Auf der Rückreise nach Plettenberg habe ich in Frankfurt Nicolaus getroffen, mit ihm in einer überaus sympathischen griechischen Weinstube gefrühstückt und einige Stunden mit ihm gesprochen. Das war für mich eine große Freude und ein Trost. Heute schicke ich Ihnen endlich ein Exemplar meines Büchleins Ex Captivitate Salus und bitte Sie, die Widmung freundlich annehmen zu wollen.[363] Wenn Sie es lesen, müssen Sie es mehr wie einen persönlichen Brief als wie ein Buch lesen.

Duška schrieb mir, dass Sie bei ihr waren und Sie sich lange unterhalten haben. Durch solche Mitteilungen wird der Gedanke an Heidelberg für mich erleichtert.

Der Promotion von Nicolaus sehe ich mit großer Spannung entgegen. Herr Dr. Hauser,[364] den ich besuchen wollte, habe ich nicht getroffen. Abends hatte ich Besuch von dem Studentenseelsorger in Leipzig, Werner Becker,[365] der Hauser gut kennt; aber auch der von ihm gemachte Versuch blieb erfolglos. Ich habe Hausers Buch „Autorität und Macht" mit großem Interesse gelesen.

Bei der Lektüre des französischen Bestsellers, la 25ème heure, von Gheorghiu[366] (aus dem Rumänischen übersetzt) habe ich die rumänische Miorița-

---

362 Die Ehefrau Schmitts lag wegen einer Krebserkrankung in einer Heidelberger Klinik, wo sie am 3.12.1950 verstarb.

363 *Carl Schmitt*, Ex Captivitate Salus. Erfahrungen der Zeit 1945/47, Köln 1950. Die Versendung vermerkt Schmitts Versandliste (RW 0265 Nr. 19600), wo auch die Widmung notiert ist – leider nur stenographisch.

364 Richard Hauser (1903–1980), kath. Theologe, Prof. in Heidelberg. Sein Buch „Autorität und Macht. Die staatliche Autorität in der neueren protestantischen Ethik und in der katholischen Gesellschaftslehre" erschien 1949 in Heidelberg.

365 Werner Becker (1904–1981), Jurist, Theologe und Priester; seine bei Schmitt entstandene Bonner Dissertation über Hobbes von 1925 hat Schmitt außerordentlich hoch geschätzt. Vgl. *Werner Becker*, Briefe an Carl Schmitt, hrsg. von Piet Tommissen, Berlin 1998.

366 *Constantin Virgil Gheorghiu*, La vingt-cinquième heure. Roman. Trad. du roumain par Monique Saint-Côme. Préf. de Gabriel Marcel, Paris 1949.

Frömmigkeit[367] von neuem bewundert. Das Buch von Cioran lasse ich Nicolaus schicken.

Auf Wiedersehen, liebe und verehrte Frau Corina, ich bleibe mit vielen Grüßen, denen Anima sich herzlich anschließt, immer Ihr
Carl Schmitt

128
Corina Sombart an Carl Schmitt

Heidelberg, 13.11.1950

Sehr geehrter Herr Schmitt,

Haben Sie herzlichen Dank für die freundliche Sendung des Buches „Ex Captivitate Salus“ und für die schöne Widmung. Das Buch habe ich schon gelesen, Herr Scheibert hatte mir sein Exemplar geliehen.

Es war für mich sehr interessant, wie Sie sich vorstellen können, was der „Carl Schmitt“ von 28–29, als ich ihn kennen lernte, und er mich mit seinem Geiste faszinierte, jetzt denkt. Die Gesetze des Geistes sind eigentlich sehr unberechenbar, obwohl die Haupteigenschaft des Gesetzes (in unserem gewöhnlichen Sinne), sollte man meinen, das Voraussehen ist! Wenn ich denke, wie mein eigener Geist sich entwickelt hat, und wo er heute gelandet ist! Wie oft stirbt er, um neu zu entstehen!

Duschka besuche ich sooft ihr physischer und seelischer Zustand es gestattet, und ich besuche sie, Gott sei Dank, sehr, sehr gerne, und ich würde sehr glücklich sein, wenn ich ihr viel mehr seelisch helfen könnte; manchmal komme ich recht geknickt nach Hause, denn ich fühle, wie unzureichend mein bester Wille ist; manchmal aber fühle ich, dass mir eine höhere Macht das Richtige flüstert, aber das kommt seltener vor. Sie freut sich, dass Sie bald kommen, mit einem neuen Buch dass Sie auch dies Ereignis miterleben darf![368]

---

367 Bezieht sich auf eine populäre rumänische Ballade. Vgl. dazu die Glossarium-Einträge vom 20.8.1949, 16.11.1949, 6.3.1952, 14.10.1955.

368 Carl Schmitt fuhr am 14. November 1950 zu seiner todkranken Frau, um ihr das erste Exemplar seines soeben erschienenen „Nomos der Erde“ auf das Bett zu legen. Auf der Fahrt im Zug nach Heidelberg schrieb er ihr folgendes Widmungsgedicht in das Buch:

Trotz Terror und trotz Heldenklau,
Trotz Bomben und trotz Morgenthau,
Trotz Automatik und Verrat,
Trotz Nürnberg und trotz Stacheldraht,
Trotz alledem entstand dies Buch
Und wuchs ein Segen aus dem Fluch.

Prof. Hauser ist ein sehr schüchterner reservierter Herr; er ist auch von einer vielseitigen Tätigkeit, Vorlesungen, wöchentliche Predigten für den Studentengottesdienst und geistliche Pflichten innerhalb der Gemeinde, so dass er jede Begegnung, die ihn außerhalb seiner sehr in Anspruch genommenen Pflichten führt, vermeidet. So glaube ich ihn charakterisieren zu dürfen, nach einigen Jahren Erfahrung.

Virgil Gheorghiu war in Heidelberg und war mein Mitarbeiter in der Betreuung der studierenden Rumänen von Heidelberg. Aus seinem Roman habe ich nur Fragmente gelesen, und einige Seiten hat er mir vorgelesen, als er von Immenstadt zurückkam, wo er das Buch niederschrieb.

Viele Grüße und Empfehlungen auch von Nicolaus, der einige Tage hier war, und einen schönen Gruß auch an Anima; ihre Kätzchen bringen immer eine willkommene Ablenkung, wenn es trüber wird!

C. Sombart

129
Carl Schmitt an Corina Sombart

Plettenberg, 23.11.1950

Liebe und verehrte Frau Sombart!

Gestern Abend, als ich hier ankam, fand ich Ihren Brief vom 13. XI. vor und las ihn, in der Erinnerung an den schönen Sonntagabend mit großer Rührung. Ich hoffe immer noch, im Dezember nochmals nach Heidelberg zu kommen. Heute schicke ich Ihnen den Roman von Gheorghiu und die Besprechung von Ex Captivitate Salus, die Sie mir geliehen haben.

Vielen Dank, herzliche Grüße und alle guten Wünsche Ihres
Carl Schmitt

Zur Beerdigung Duškas am 7. Dezember in Plettenberg kam auch Gretha Jünger, der Schmitt dieses Exemplar schenkte und die Widmung folgendermaßen ergänzte:

Im Andenken an die Segensstifterin
und in der Erinnerung an ihr Begräbnis
Gretha Jünger überreicht.
Plettenberg, den 8. Dezember 1950
Carl Schmitt

Der Verbleib des Exemplars ist unbekannt; eine Kopie der Widmung aus einem nicht näher bezeichneten Antiquariatskatalog befindet sich im Nachlass Piet Tommissen (RW 0579 Nr. 682). Für die Widmung und die Umstände ihrer Entstehung vgl. BW Mohler, S. 88 f.

130
Corina Sombart an Carl Schmitt

Heidelberg, 29.11.1950

Sehr geehrter Herr Schmitt,

Für die Sendung des Buches von Gheorghiu spreche ich Ihnen meinen herzlichen Dank aus; ich habe es mit sehr vielem Interesse gelesen: es hat romanische Klarheit, Buntheit, Schwung, Humor und manchmal, leider, übertriebene Grobheit – aber die philosophischen Betrachtungen sind ausgezeichnet symbolisiert und zum Absurdum geführt! In einer Woche bekommen Sie es zurück.

Anliegend die versprochenen Informationen: Adresse von Evola,[369] unzureichende Auskunft über Dr. Koch.[370] Die Kritik aus dem Sonntagsblatt kennen Sie wohl?[371]

Geben Sie bitte einen Stoß dem Nino, dass der Anfang seiner Arbeit für die Prüfung zureichend ist.

Duschka war sehr müde jedesmal, dass ich versuchte sie zu sprechen – vielleicht ist [es] für sie besser so.

Mit vielen Grüßen auch an Anima.
C. Sombart

131
Corina Sombart an Carl Schmitt

Heidelberg, 4.2.1951

Sehr geehrter Herr Schmitt,

Vor einiger Zeit hatte ich eine Unterredung mit Professor Hauser und so konnte ich auch ihm Ihren Gruß bestellen und was Sie über sein Buch sagten. Daraufhin bat mich Prof. Hauser Ihnen zu sagen, wie sehr er bedauere, damals Ihren Besuch versäumt zu haben; dass er sehr hofft Sie kennen zu lernen, wenn Sie in Heidelberg sein werden, und bat mich noch, ihm rechtzeitig Ihre Ankunft anzumelden. Ich erklärte ihm, dass Sie vielleicht

369 Julius Evola (1898–1974), ital. faschistischer Kulturphilosoph. Schmitt lernte ihn 1934 in Berlin kennen. Seine Briefe an Schmitt sind veröffentlicht: *Julius Evola*, Lettere di Julius Evola a Carl Schmitt (1951–1963). Trad. di Lucia Bartolucci. Introd. e cura di Antonio Caracciolo, Roma 2000 (dt. und ital.).

370 Nicht ermittelt.

371 Nicht ermittelt.

nicht so rasch wieder erscheinen werden, weil damals die Gegenwart Ihrer Frau der Grund Ihres Besuches war. Auch im Kolleg zitierte er einmal Ihre Auffassung vom Staate und sagte: „C. Schmitt, der Jurist und Staatsphilosoph der letzten Jahrzehnte“.

Gestern bekam ich einen Brief von Vater Johann,[372] der einige Zeilen für Sie enthält und so sende ich Ihnen seinen Brief, der nur Ihnen wohlbekannte Tatsachen und Namen enthält.

So viel ich mich erinnere, wollten Sie im März oder April nach Spanien fahren; falls Sie Ihren Plan realisieren und Sie eine Gelegenheit [haben], Santiago zu erreichen, wo [der] Hl. Johannes vom Kreuz begraben liegt, versäumen Sie nicht, das Benediktinerkloster de Samos-Sarria zu besuchen und nach P. Georg-Tzelnikow[373] zu fragen – der alle Sprachen, russisch, französisch, spanisch und deutsch – ganz ordentlich beherrscht. Er kennt uns alle und wird sehr glücklich sein, Sie kennen zu lernen. Er ist Ihnen im Geiste verwandt. (Früher hatte er an der Sorbonne über „Orthodoxe kath. Lehre“ doziert.) Er ist ein Rationalist „incarné“, obwohl sehr stark gläubig. und schätzt die guten Weine – (mutatis mutandum).

Ich beneide Sie um die spanische Reise und wünsche Ihnen einen guten, angenehmen Aufenthalt. Wenn Sie über Heidelberg fahren, unterbrechen Sie die Reise; Sie [sind mir] jederzeit willkommen.

Hoffentlich haben Sie und auch Anima meine Briefe bekommen.

Von Nino höre ich noch sehr wenig, er besucht mich nicht sehr oft.

Mit herzlichen Grüßen auch an Anima
Ihre C. Sombart

132
Corina Sombart an Carl Schmitt

Heidelberg, 26.6.1952

Lieber Professor Carl Schmitt,

Nicolaus bittet mich, diesen Aufsatz Ihnen zu schicken, und ich füge hinzu: ich bitte Sie, mir ihn nach Lektüre zurücksenden zu wollen! Ich finde ihn sehr gut und frech; was sagen Sie dazu?

Von Beckerath hörte ich sehr gerne, dass es Ihnen besser geht und infolgedessen ist mal wieder ein neuer Besuch zu erwarten!

---

372 Siehe oben Brief Nr. 2.

373 Dazu unten die Anm.: „Rev. Padre Gorge Tzelnikov de Villardo, Real Abadia de Samos-(Sarria-) (Prov. de Lugo)“.

Ich bin inzwischen zum zweiten Male Großmutter geworden, Ninetta hat wieder einen Jungen, Peter. Auch über Anima höre ich Gutes.

Herzliche Grüße
Corina Sombart

133
Corina Sombart an Carl Schmitt

Heidelberg, 25.10.1952

Geehrter und lieber Carl Schmitt,

Meine Zeilen werden Sie sehr überraschen, hoffentlich aber nicht verstimmen, denn ich komme mit einer Bitte zu Ihnen. – Wäre es Ihnen möglich, ohne selbst darunter eine Lücke zu fühlen, mir dreihundertfünfzig Mark zu leihen? Ich muss eine sofortige Zahlung machen, und es fehlt mir jede Möglichkeit, diesen Betrag zu verschaffen. (Aus meiner gekürzten Pension kommt es nicht in Frage.) Sollte es Ihnen möglich sein, so verpflichte ich mich, Ihnen jeden Monat, ab 1. Januar 53,50 Mk. durch die Bank anweisen zu lassen. – Antworten Sie mir durch ein Kästchen: ja oder nein. Wenn ja, auch Ihre Kontonr. – Vielleicht kämen noch zwei andere Freunde in Frage, aber da sie nichts durchgemacht haben, würden sie wenig Verständnis für solche Verlegenheiten haben.

Ich habe mir lange überlegt und ich habe das Gefühl, dass unsere lange Familienfreundschaft mir dazu einen gewissen Mut gibt. Ich brauche Sie nicht ausdrücklich zu bitten, dass unsere Kinder nichts davon erfahren.

Ich danke nicht im Voraus, da ich noch zweifle, ob Sie es können, und grüße Sie herzlich.
C. Sombart

Ich las schon den Aufsatz von Golo Mann;[374] fabelhaft … in verschiedenstem Sinne.

Nino ist schon in Paris; die Nachrichten aus meiner Heimat – auch eine Schwester im Gefängnis, weil ihre vier Söhne heimlich das Land verließen – und die Leere nach dem Abschied von Nino, haben eine starke Depression verursacht – worunter ich auch jetzt mächtig leide!

Ein Unglück kommt selten allein!

---

[374] *Golo Mann*, Carl Schmitt und die schlechte Juristerei. In: Der Monat 5, 1952, S. 89–92.

134
Corina Sombart an Carl Schmitt

Heidelberg, 1.11.1952

Verehrter und lieber Carl Schmitt,

Ihre telegraphische Sendung sowie Ihre bejahende Antwort kamen noch rechtzeitig an – wahrscheinlich war mein Brief kurz vor Ihrer Rückkehr eingetroffen – und ich möchte Ihnen in aller Eile recht herzlich danken für Ihre freundschaftliche Geste, die mich wenigstens von einer Sorge befreit hat. – Wenn es mir gelingt, werde ich mir die Mühe geben, alles noch rascher zu erledigen; wenn nicht, dann werde ich mich an mein erstes Versprechen halten.

Die Sache von Nicolaus[375] ist leider noch nicht geregelt, was mich auch, zu dem übrigen, beunruhigt, aber Erwin von B.[eckerath] meint, „es wird schon klappen".

Wir haben so oft an „das gute Buch"[376] gedacht und uns darüber oft unterhalten; hoffentlich wird dies Zitat „de bon augure"! [gutes Vorzeichen].

Das Buch über Kafka[377] las ich mit Interesse und Anerkennung, aber ich bleibe bei meiner Einstellung.

Wenn ich denke an E.[rnst] J.[ünger] bedauere ich, dass Ihre Freundschaft sich gelockert hat sowie alle Gründe, die dazu geführt haben.

Mit herzlichem Gruß und wiederholtem Dank.
Corina Sombart

135
Corina Sombart an Carl Schmitt

Heidelberg, 25.3.1953

Lieber Professor Carl Schmitt,

Falls Sie einige Zeit nichts von mir hören, bitte ich Sie, nicht zu glauben, dass ich schon tot bin – oder dass ich nachlässig bin. Es hat sich die Möglichkeit ergeben nach Paris zu fahren, um mit Nicolaus zusammen zu sein, und auch die geschäftliche Angelegenheit einer neuen Auflage von dem

---

375 Vermutlich das Stipendium für Frankreich.

376 Die geplante Habilitation von Nicolaus.

377 Siehe Anm. 119.

Buch „Wirtschaftsleben im 19. Jahrhundert“[378] mit ihm zu besprechen. Leider kann ich noch nicht zu Ostern da sein, aber die Hoffnung, bald nach den Feiertagen hinfahren zu können und mit Nicolaus und meinen Cousinen[379] zusammen zu sein, wird mich vor der Traurigkeit bewahren, die mich in der Weihnachtszeit fast krank machte!

Anima hat mich nicht mehr besucht, so glaube ich zu verstehen, dass [es] ihr bei mir nicht gefiel, was kein Wunder ist. – Ich habe es sehr bedauert.

Ich weiß nicht, ob Sie wissen, dass Carl Brinkmann[380] das zweite Mal operiert wurde und schwerkrank in der Klinik (Nussbaumstr. 20) München liegt. Er sprach immer mit großer Begeisterung von Ihnen und freute sich herzlich, als er hörte, dass Sie ein interessantes Leben führen.

Seien Sie bitte nicht böse, und freuen Sie sich etwas mit mir. Mit herzlichen Grüßen und Wünschen für ein angenehmes, fröhliches Osterfest.

Corina Sombart

136
Corina Sombart an Carl Schmitt

Heidelberg, 3.7.1953

Lieber Carl Schmitt,

Da ich im Begriffe bin von Heidelberg abzureisen, möchte ich Ihnen schon heute meine herzlichen Glückwünsche zu Ihrem Geburtstage senden, denn ich fürchte, in Paris werde ich in dem Trubel der Ereignisse alles vergessen. Ich wünsche Ihnen Arbeitslust und Inspiration und die Gestaltung einer befriedigenden neuen Lebensform, ungestört von dem Gefühl der Einsamkeit, das unter Umständen recht bedrückend wirken kann!

Am 9. Juli wird Nicolaus seine offizielle Verlobung mit einer recht hübschen und intelligenten Pariserin[381] (Vater Georgier, Mutter Engländerin!) feiern, und er legt viel Wert darauf, dass ich auch dabei sei, was ich ihm

---

378 *Werner Sombart,* Die deutsche Volkswirtschaft im 19. Jahrhundert und im Anfang des 20. Jahrhunderts. Eine Einf. in die Nationalökonomie, 8. Aufl., als photomech. Nachdr. der 7. Aufl., Stuttgart 1954.

379 Rumänische Cousinen von Corina lebten in Paris; vgl. Pariser Lehrjahre, S. 178 ff.

380 Carl Brinkmann (1885–1954), Soziologe und Nationalökonom, mit Schmitt seit den zwanziger Jahren bekannt. Brinkmann unterstützte Schmitt bei seinen ersten Nachkriegspublikationen und schrieb eine „sehr wichtige und bedeutende“ (Schmitt an Mohler, 25.8.1951) Besprechung des „Nomos der Erde“ (in: Universitas 6, 1951, S. 907–909).

381 Thamara Khoundadzé.

nicht verweigern kann. So fahren wir Montag zusammen nach Paris, und ich kehre so rasch wie möglich zurück. Ich habe kein Lebenszeichen mehr gegeben, weil ich eine ernste Erkrankung in diesem Sommer durchmachen musste, und auch jetzt bin ich nicht so ganz auf dem Damm, aber Mütter müssen tanzen, auch wenn sie nicht können …

Zu sehr bedauere ich, dass ich die Festlichkeit der „Academia Moralis“[382] nicht werde miterleben können, aber man kann nicht auf zwei Hochzeiten tanzen.

Wann besuchen Sie mich mal wieder in Heidelberg? Es war zu schade, dass wir uns das letzte Mal verpasst haben!

Mit herzlichen Grüßen und Glückwünschen.
Ihre Corina Sombart

P.S.
Auch sonst hören Sie bald von mir.

137
Corina Sombart an Carl Schmitt

Heidelberg, 22.7.1953

Lieber Carl Schmitt,

Infiziert von „Benito Cereno“ ist Nicolaus nach Spanien geflüchtet, wo er längere Zeit zu bleiben gedenkt. Ich danke Ihnen, dass Sie ihm das Buch gaben. Doch wie macht man nun, ihn von da direkt nach Deutschland zu bekommen? Sein Aufenthalt in Paris hat nach meiner Ansicht keinen Sinn mehr. Das Material, das er braucht, ist da, das Leben in Paris ist nur ablenkend und in der Hinsicht gefährlich; wie macht man, um ihn irgendwo zu placieren, um ihn in Deutschland zu fesseln? Geben Sie mir einen Rat, wenn Sie in der Lage sind, es zu tun.

Wann kommen Sie wieder nach Mainz oder irgendwo in der Nähe; ich möchte Sie so gerne sprechen. Falls Sie in Heidelberg nichts zu tun haben, könnte ich Sie irgendwo treffen, da ich momentan zu Hause bin.

Mit herzlichen Grüßen, auch an Anima.

Ihre Corina Sombart

---

382 Unter dem Namen „Academia Moralis“ bildete sich 1948 ein informeller Freundeskreis zu dem Zweck, Carl Schmitt, der erst 1951 seine Pension bekam, materiell und moralisch zu unterstützen. Höhepunkt ihrer Aktivitäten war die Feier des 65. Geburtstags in den Düsseldorfer Rheinterassen, bei der Schmitt eine (erste) Festschrift überreicht wurde, die allerdings nicht im Druck erschien (RW 0265 Nr. 21368). Auf der Feier hielt Nicolaus Sombart „eine schöne Rede“ (Schmitt an Mohler, BW Mohler, S. 142). Vgl. van Laak, S. 52–63; Schmittiana IV, 1994, S. 137f.

138
Carl Schmitt an Corina Sombart

Plettenberg, 22.12.1954

Hochverehrte, liebe Frau Geheimrat!

Durch Anima ermuntert, wage ich es, Ihnen dieses kleine Gespräch[383] zu übersenden und Sie zu bitten, es als porte-parole meiner aufrichtigen Verehrung gelten zu lassen. An Nicolaus habe ich natürlich schon ein Exemplar geschickt, freilich mit einer anderen Widmung.[384] Aber das Büchlein ist eine so anspruchslose, von der Gelassenheit eines allwissenden Greises getragene Angelegenheit, dass es jedem etwas anderes sein wird und die Zusendung an Sie nicht als Zusendung einer Doublette erscheint.

Es hat mich tief gerührt, dass Sie meine Tochter Anima so freundlich eingeladen haben. Sie hat mir viel davon erzählt und war sehr begeistert davon. Ich selber erinnere mich in dieser Adventszeit mit unverminderter Intensität an die letzten Wochen und Monate der Krankheit meiner unvergesslichen Frau und an die treue Güte und Sorge, die Sie, liebe Frau Geheimrat, ihr und mir damals bewiesen haben. Aus Straßburg erhielt ich einen langen Brief von Nicolaus und kurz vorher einen von Peter Scheibert. Mit großer Freude hörte ich, dass es Nicolaus gut geht und dass er eine so wunderbare Frau hat, die sich auch als Hausfrau bewährt. Er hat mich in einer besonders liebenswürdigen Weise eingeladen, ihn in Straßburg zu besuchen. Ich werde das gerne annehmen und will mich nur noch mit einem französischen Vetter abstimmen, den ich ebenfalls in Straßburg treffen will.

Aber ein Sorgenkind bleibt Nicolaus doch, und ich muss Ihnen eingestehen, dass mich das in keiner Weise beirrt oder gar stört. Wichtiger als alles andere ist, dass er gut verheiratet ist. Le marriage met tout dans son ordre. [Die Ehe bringt alles in richtige Ordnung.]

Zum Weihnachtsfest und für das kommende Jahr 1955 wünsche ich Ihnen, liebe und hochverehrte Frau Geheimrat, von ganzem Herzen viel Glück und Segen. Wir – Anima und ich – werde Ihrer in treuer Erinnerung in diesen letzten Tagen des Jahres gedenken.

Immer Ihr aufrichtig ergebener
Carl Schmitt

---

383 *Carl Schmitt*, Gespräch über die Macht und den Zugang zum Machthaber, Pfullingen 1954. Der Versand ist von Schmitt für den 22.12. mit (stenogr.) Widmung notiert (RW 0265 Nr. 19600).

384 Siehe oben, Anm. 150.

139
Corina Sombart an Carl Schmitt

Heidelberg, 20.10.1955

Lieber Professor Schmitt,

Vor kurzem bin ich von Italien zurückgekehrt, und bei einem Freunde traf ich Herrn Forsthoff, mit welchem ich mich länger über Sie unterhielt. Wir waren beide der Meinung, d. h. alle drei, denn seine Frau war auch dabei, dass Sie für einige Zeit nach Heidelberg kommen sollten, um etwas anderes zu erleben als immer und immer Plettenberg. Ich hatte mir gleich vorgenommen, Ihnen zu schreiben, aber ich tat es noch nicht, weil ich sehr beschäftigt war mit dem Besuch meiner Freundin, Frau Binz.[385] Heute höre ich wieder, dass Sie ganz allein zu Hause sind, und so frage ich, ob es nicht jetzt gerade der Moment ist, diese Reise zu unternehmen. Ein Zimmer (ein sehr ruhiges Zimmer) ist sehr leicht zu finden, und wenn Sie mir schreiben würden, könnte ich ohne jede Mühe eins für Sie reservieren. (Die Preislage müsste ich ungefähr wissen.) Ich hörte, dass Forsthoff im November da oben sein wird, und so frage ich, ob Sie nicht diese Gelegenheit wahrnehmen wollen, um mit ihm zusammen hierher zu kommen. Weshalb immer in der Einsamkeit und dem traurigen Alleinsein seine guten Jahre verleben, wenn Sie so gute Freunde hier haben, die Sie hier haben möchten?

Von Anima bekam ich eine sehr nette Karte aus Portugal, die ich sehr gerne beantwortet hätte, wenn ihre Adresse darauf gewesen wäre; so bitte ich Sie, so freundlich zu sein und ihr viele Grüße und gute Wünsche zu übermitteln.

Nicolaus kam sehr befriedigt von seiner amerikanischen Reise, und er war sehr glücklich, Ninetta wiederzusehen. Ninetta hat vor kurzem einen dritten Sohn (Philipp) bekommen, kurz nach der Abreise von Nicolaus.

Ich war einen Monat in Italien: Verona, Venedig, Florenz, Viareggio, Straßburg. Es war sehr schön, wie immer in diesem Land, das für mich fast eine halbe Heimat bedeutet, aber die Reise war im Zeichen dieses Ihnen nicht unbekannten Symbol[s]:

---

385 Juanita Binz (1876–1962); vgl. Jugend, S. 140–146.

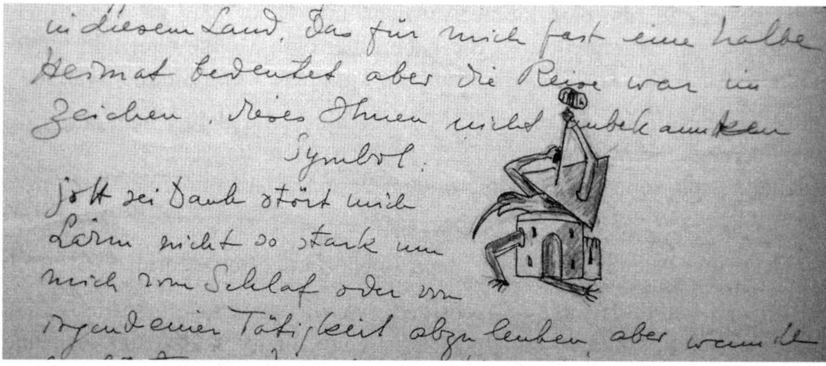
in diesem Land, das für mich fast eine halbe Heimat bedeutet aber die Reise war im Zeichen, dieses Ihnen nicht unbekannten Symbol:
Gott sei Dank stört mich Lärm nicht so stark um mich vom Schlaf oder von irgendeiner Tätigkeit abzulenken, aber wenn ich

Motiv aus der Madrider Fassung des Gemäldes „Versuchung des hl. Antonius" von Hieronymus Bosch (Zuschreibung heute als falsch erkannt). Schmitt hat 1943 im Prado die Bosch-Bilder studiert und den Kunsthistoriker Wilhelm Fraenger bei seiner Arbeit über Bosch unterstützt.

Gott sei Dank stört mich Lärm nicht so stark, um mich vom Schlaf oder von irgendeiner Tätigkeit abzulenken, aber wenn ich nichts tue und auf einer Café-Terrasse mein Dasein genießen möchte, dann macht mich der Lärm rasend.

In Heidelberg ist sehr viel los und obwohl ich zu Hause sehr einsam bin, habe ich einen sehr netten Kreis und verzweifle nicht …

Herzliche Grüße
Corina Sombart

140
Corina Sombart an Carl Schmitt

[Heidelberg], 15.1.1956

Sehr geehrter Carl Schmitt,

Nun sind auch die Weihnachten und das Neu-Jahr vorbeigegangen, und ich habe noch immer keine Antwort [auf] meinen Brief vom 20. Oktober des vorigen Jahres; ich will nicht prüfen, warum mein Brief keine Antwort verdiente und warum Sie mir auch sonst kein Lebenszeichen gaben. Zuerst nahm ich an, dass Sie krank wären, aber gestern waren Forsthoffs und Koselleck bei mir, und sie sagten mir, meine Befürchtung wäre unbegründet, denn es geht Ihnen sehr gut.

Ich frug Sie schon in dem vorigen Brief: wollen Sie nicht nach Heidelberg kommen? Alle Freunde würden sich sehr freuen Sie zu sehen, und es würde

Ihnen sicher gut tun, eine kleine Abwechslung. Heidelberg ist sicher nicht eine große Angelegenheit, aber Sie haben hier eine Menge alter und junger Freunde. Auch Nino würde von Straßburg kommen, wenn Sie hier wären.

Inzwischen bin ich umgezogen; ich habe eine sehr kleine, nette, comfortable, persönliche Wohnung, wo ich, endlich, Herr im Haus bin. Was das bedeutet, nach zehn Jahren Untermieter-Dasein, kann nur einer begreifen, der Ähnliches erlebt hat.

Von Anima bekam ich wieder einen lieben Gruß aus Madrid.

Übrigens Forsthoff finde ich sehr nett. Da wir uns am Anfang des neuen Jahres befinden, wünsche ich Ihnen alles Gute für die kommende Zeit und einige schöne Reisen, die Sie vor der Schwerfälligkeit des Alters bewahren. Ich denke oft an Duschka, auch an unsere letzten Gespräche …

Geben Sie mir bald ein kurzes Lebenszeichen!

Mit herzlichen Grüßen
Corina Sombart

jetzt: Keplerstr. 54

141
Corina Sombart an Carl Schmitt

Straßburg. o.D. [ca. 1956]

Lieber Carl Schmitt

Ich bin bei Nicolaus zu Besuch und habe bei ihm Ihr neues Buch[386] gelesen; es hat mir sehr gefallen. – Ich finde, Plettenberg bekommt sehr gut Ihrer schöpferischen Arbeit: Ihre Werke erreichten klassisches Format; deutsche Tiefe, französische Klarheit, kurze und präzise Formulierung, scharfsinnige Pointierung, kurz, es lebe die Luft von Plettenberg! Ich gratuliere herzlich!

Nikolaus erwartet Sie ernst hier; er liebt Sie aufrichtig, und es wäre schade, wenn Sie seine Anhänglichkeit enttäuschen würden; er möchte Sie bei [sich] unterbringen. Allerdings hat er nur einen Diwan für Sie, in seinem Studio, wo ich auch schlafe, wenn ich zu Besuch bin. Für mich ist es gut genug, aber vielleicht sind Sie verwöhnter, denn Sie haben nicht so oft vom Bett wechseln müssen wie ich … Seine Frau ist bezaubernd und entwickelt sich täglich zu ihrem Vorteil, auch als Hausfrau und Lebensgefährtin.

---

386 *Carl Schmitt*, Hamlet oder Hekuba. Der Einbruch der Zeit in das Spiel, Düsseldorf/Köln 1956.

Anima habe ich nur einmal in diesem Herbst gesehen. Sie ist hübsch und klug, in der Art der Mutter, doch fürs Studium, glaube ich, hat sie nicht sehr großes Interesse und so wünsche ich ihr eine baldige Verlobung mit einem netten wertvollen jungen Mann, der Ihnen auch das Leben bereichert.

Der Europa-Rat, in vollem Betrieb (Tagungen, Kommissionen etc.), hindert Nikolaus momentan – er ist überhaupt nur nachts zu Hause –, Ihnen zu schreiben; er lässt Sie durch mich sehr herzlich grüßen, und seine Frau ist sehr neugierig, Sie kennen zu lernen, da sie so oft von Ihnen sprechen hört.

In alter Freundschaft grüße ich Sie auch
Corina Sombart

142
Corina Sombart an Carl Schmitt

Palamòs (Costa Brava), 20.10.1957

Sehr geehrter Professor Schmitt,

Schönes, gesegnetes Land hat sich Anima als Wahlheimat gewählt! Ich habe einige Wochen bei Freunden in Katalonien verbracht und die mannigfaltige Schönheit dieser Gegend sehr genossen und nicht zuletzt die sommerliche Sonne (im Oktober), die auch heute strahlt und beglückt.

Herzliche Grüße
C. Sombart

143
Corina Sombart an Carl Schmitt

Heidelberg, 5.12.1957

Sehr geehrter Professor Carl Schmitt,

Soeben kehre ich von der letzten Reise dieses Jahres, Paris – Straßburg – Basel, zurück und finde Ihre und Animas Einladung,[387] auf mich wartend, zu Hause.

Ich danke Ihnen vielmals für die Einladung, der ich mit Freude folgen werde. Vor Weihnachten dachte ich nicht, dass ich noch irgendeine Gesel-

[387] Einladung zur Hochzeit von Anima Schmitt und Alfonso de Otero; die standesamtliche Trauung fand am 9. Dezember 1957 in Plettenberg statt, die kirchliche am 13. Dezember in der Heidelberger Schlosskapelle.

ligkeit mitmachen würde, weil ich in diesem Jahr eigentlich so spät nach Hause kam. Im September war ich im Schwarzwald, im Oktober in Spanien und im November in Paris etc. – aber Anima als Braut muss ich sehen und ihren Mann auch kennenlernen, denn wenn ich Duschka bald sehen werde, muss ich ihr alles erzählen können …

Bis auf Wiedersehen, alles Gute für Vater und Tochter.

Ihre, in alter Freundschaft
Corina Sombart

144
Corina Sombart an Carl Schmitt

Heidelberg, 20.12.1957

Lieber Professor Carl Schmitt,

Ich möchte Ihnen doch noch einmal sagen, wie sehr ich mich gefreut habe, dass Animas Hochzeit so schön gewesen ist, und wenn es wahr sein sollte, dass unsere Toten von oben alles sehen, so war Duschka bestimmt mit allem einverstanden. Aber auch wenn sie nichts gesehen hat, so ist es sehr angenehm zu glauben, dass sie mit allem zufrieden wäre …

Dass Sie bei allem eine so treue Freundin hatten, deren Klugheit, Distinktion und Erfahrung mit so viel Herzlichkeit durchwebt ist, würde ich als Beweis dafür halten, dass Gott, wenn er einem einiges wegnimmt, ihn reichlich andererseits bedenkt …

Ich denke auch an Anima, wie schön [es] für ein Mädchen ist, wenn sie aus dem Lande weggeht und so eine großartige Festlichkeit erlebt; das habe ich auch gehabt, und das haben weder ich noch mein Mann je vergessen. Das alles sage ich Ihnen nochmal, weil Männer diese Dinge nie beachten, obwohl sie schon wichtig sind.

Nicolaus werde ich erst übermorgen sehen und ihm alles erzählen.

Ich wünsche Ihnen ein gutes neues Jahr, das Ihnen auch eine Reise nach Spanien bringt und einige andere Wünsche erfüllt.

Eigentlich bedauere ich, dass Anima [für] den heiligen Georg, den wir beide für Sie gemalt hatten – ich dachte als Trost, weil sie weggeht –, eine andere Verwendung gefunden hat, denn sie kann schon selbstständig Ikonen malen, da sie im Zeichnen und Färben schon vorbereitet war; das wird sie auch bestimmt tun, da in Spanien dieselbe mystische Welt herrscht wie in Alt-Russland und auch Leute, im Hintergrunde.

Wenn Sie ein interessantes Buch mir empfehlen können, würde ich mich sehr freuen.

Mit herzlichen Weihnachtsgrüßen
C. Sombart

145
Corina Sombart an Carl Schmitt

Heidelberg, 10.7.1958

Verehrter und lieber Carl Schmitt,

mit wenigen Begnadeten werden Sie morgen die Schwelle der siebziger Jahre überschreiten, diejenige Zeitspanne unseres Lebens, wo die schönsten und großzügigsten Eigenschaften des Menschen zur Entfaltung kommen: Weisheit, Güte, Toleranz, selbstlose Liebe und Erhabenheit! Zu diesem Schritt muss ich Ihnen allzuerst gratulieren und Ihnen wünschen, dass Sie noch lange leben und alle diese Blüten genießen!

Auch in dieser Zeitspanne werde Sie erleben die Wirkung Ihrer Werke, die endlich einmal, auch in Deutschland, außerhalb Ihrer politischen Laufbahn, gewertet werden und ihren unerschütterlichen Platz in der Wissenschaft bekommen, so dass Sie auch diese Genugtuung erleben werden.

Wir alle, Ihre Freunde, jung und alt, werden uns mitfreuen, auch mit einer gewissen Genugtuung, dass wir schon vor dreißig Jahren Bescheid gewusst haben über die Qualität dieses Werkes – auch wenn uns damals nicht alle Gründe bewusst waren – und den Autor geschätzt und geliebt haben. An einem solchen Tag muss ich auch an Werner Sombart denken und bedauern, dass er Ihnen nicht schreiben kann, denn er schätzte Sie mehr, als Sie es je gespürt haben, und so eine Gelegenheit hätte er sicher wahrgenommen, um Ihnen seine Bewunderung für Ihren Geist und Ihr Werk zu äußern. Er hätte es jedenfalls geschickter als ich gemacht.

Mit meinen herzlichsten Glückwünschen und Grüßen schließe ich meine Zeilen, und mit dem Wunsch, mal wieder von Ihnen zu hören und auch von Anima, die bis jetzt kein Lebenszeichen gegeben hat!

In alter Freundschaft
Corina Sombart

P. S.
Von Prof. Forsthoff höre ich soeben, dass Sie in Spanien sind, und freue mich sehr für Sie und für Anima. Auch an Sie und Ihren Gatten viele Grüße!

146
Carl Schmitt an Corina Sombart

Santiago de Compostela, 15.7.1958

Ihr gütiger und erinnerungsreicher Geburtstagsbrief, liebe und verehrte Frau Corina, hat mich tief bewegt und viele Gedanken auch über Werner Sombart in mir wachgerufen. Ich bin sehr glücklich, dass Sie mich nicht vergessen haben und habe nur ein Zeichen von Nicolaus vermisst, den ich doch liebe. Den Geburtstag habe ich hier bei Anima und Alfonso sehr schön gefeiert. Es ist hier unglaublich schön, eine wunderbare Universitätsstadt (eine der schönsten die ich kenne), eine großartige Landschaft und in der Nähe der Atlantische Ozean. Alfonso und Anima lassen vielmals grüßen; Ihr Geschenk ist hoch in Ehren. Beiden geht es sehr gut. Im August reise ich nach Deutschland zurück; das Reisen wird mir allmählich zu schwer. Hoffentlich geht es Ihnen gesundheitlich gut.

In alter und treuer Verehrung immer
Ihr Carl Schmitt

[*von Anima geschrieben:*] saludos cariñosos. Anima

[*von Alfonso geschrieben:*] Herzliche Grüße. Alfonso

147
Corina Sombart an Carl Schmitt

Heidelberg, 30.7.1958

Sehr geehrter und lieber Professor Schmitt,

Über Ihre Karte aus Spanien habe ich mich sehr gefreut; ich habe das Gefühl, dass Sie sich in Santiago sehr gut gefühlt haben und dass Anima glücklich ist.

Ihr siebzigster Geburtstag war sicher für viele Verehrer und Freunde eine willkommene Gelegenheit gewesen, um Ihnen zu danken für die einmaligen geistigen Anregungen, die sie von Ihnen bekommen haben und ihre Treue zum Ausdruck zu bringen.

Es freut mich, dass die Festschrift bald erscheint[388] und dass Sie in Forsthoff einen so großen Freund und Anhänger haben. Ich habe ihn auch sehr lieb gewonnen seitdem ich mich überzeugt habe, wie anständig er ist.

---

[388] Festschrift für Carl Schmitt. Zum 70. Geburtstag dargebracht von Freunden und Schülern, hrsg. von Hans Barion/Ernst Forsthoff/Werner Weber, Berlin 1959. Corina Sombart bekam von der mit Verspätung erschienenen zweiten Schmitt-Fest-

Ich hoffe, Sie kommen einmal nach Heidelberg, um ihn zu besuchen, und bei der Gelegenheit kommt Nicolaus auch hierher. – (Er wusste nicht, dass Sie in Spanien sind, und er hat Ihnen nach Plettenberg geschrieben.)

Mit herzlichen Grüßen
Ihre C. Sombart

148
Carl Schmitt an Corina Sombart

[Plettenberg], 29.6.1965

Liebe, hochverehrte Frau Sombart,

darf ich den Vortrag von Nicolaus über Ernst Jüngers „Arbeiter"[389] noch einige Tage behalten? Ich bekomme dieser Woche Besuch von einem jungen Freund, der sich ungünstig darüber geäußert hat, und möchte den Text zur Hand haben. Ich verspreche Ihnen, das kostbare Exemplar bestimmt im Laufe der nächsten Wochen an Sie zurück zu schicken.

Sie können sich nicht vorstellen, wie dieses Exposé von Nicolaus Sombart (über Ernst Jüngers „Arbeiter") mich fesselt und beschäftigt. Die Übertreibungen (ce qui est exagéré est insignifiant,[390] sollte Nicolaus sich merken), die treffenden, genialen Wahr-Nehmungen (prises), die dumme Hin-Nahme (être pris) des längst obsoleten „Arbeiters" als „Gestalt", die fabelhaften Anstrahlungen und die offensichtlichen Abdankungen vor dem, was man in Straßburg für „die Welt" zu halten scheint – wie soll ich mit diesen seinen Widersprüchen fertig werden? Oder vielmehr: was geht diese meine Frage noch Nicolaus an, wenn er mir nicht einmal diesen Vortrag schickt?

J'aime beaucoup Amédée Ponceau. Il est mort le 23 avril 1948, subitement à sa table de travail, en ecrivant les lignes: [Ich schätze sehr Amédée Ponceau. Er starb am 23 April 1948, plötzlich an seinem Schreibtisch, beim Schreiben der Zeilen:]

> Le sommeil, la réflexion, la mort nous surprennent dans les positions les plus diverses – positions dans lesquelles il nous faut rester, au moment où l'on est surpris … Vient un jour (ou une heure) où on ne laisse pas échapper l'occasion de mourir, comme on ne laisse pas échapper, une fois par hasard, l'occasion de réfléchir …

---

schrift ein Exemplar vom Mitherausgeber Forsthoff mit der Widmung: „Frau Geheimrat Sombart in aufrichtiger Verehrung"; vgl. Katalog Tasbach, S. 36f.

389 Vgl. Brief Nr. 89.

390 Zitat Talleyrand: „Tout ce qui est exagéré est insignifiant." Alles was übertrieben ist, ist unwichtig.

[Der Schlaf, das Nachdenken, der Tod überraschen uns in unterschiedlichsten Lagen – Lagen, in denen wir, in dem Augenblick, in dem wir überrascht wurden, verbleiben müssen ... Es kommt ein Tag (oder eine Stunde), wo man der Gelegenheit zu sterben nicht ausweichen kann, wie man der zufälligen Gelegenheit zum Nachdenken nicht ausweichen kann ...]

Je vous envoie toute mon amitié fidèle.
Carl Schmitt

149
Carl Schmitt an Corina Sombart

[Plettenberg], 3.7.1965

Liebe, sehr verehrte Frau Corina,

mit vielem Dank für Ihre gütige Übersendung schicke ich Ihnen hier den Aufsatz (oder Vortrag) Nicolaus' zurück. Er hat mir inzwischen einen Sonderdruck (von Straßburg aus) überreicht, ich habe ihm auch gleich geantwortet. Es ist aber (wenigstens in meinen Jahren) fast unmöglich, schriftlich über ein solches Thema zu diskutieren. Inzwischen ist Ernst Jünger ja längst friedens-nobel-preis-reif, jedenfalls friedens-nobel-preis-kandidatur-reif geworden; für das Nachkriegsdeutschland des 2. Weltkriegs. Das kann man bei einem solchen Thema und bei solchen Thesen nicht einfach ignorieren.

Ich hoffe, dass Sie sich bester Gesundheit erfreuen und grüße Sie herzlich in dankbarer Erinnerung an die Stunden in Ihrer erinnerungsreichen Wohnung.

Stets Ihr
Carl Schmitt

150
Corina Sombart an Carl Schmitt

Badenweiler, 10.7.1965

Verehrter, lieber Carl Schmitt,

Vielen Dank für Rücksendung des Aufsatzes (ich bekomme keinen Separatabruck) und für Ihre kleine Schrift.[391] Ich bewundere immer von neuem

[391] *Carl Schmitt*, Die vollendete Reformation. Bemerkungen und Hinweise zu neuen Leviathan-Interpretationen. In: Der Staat 4, 1965, S. 51–69 (Sonderdruck).

Ihren „romanischen“ Stil, der mir damals die rumänische Übersetzung[392] so erleichterte. Um den Inhalt beurteilen zu können, fehlt mir leider die juristische Bildung, aber ich zweifle nicht, dass es an Tiefe und Originalität nicht fehlt.

Ich bin hier für einige Tage, um mich mit Ninetta zu treffen und noch einiges zu erledigen. – Leider kamen auf einmal mehrere Hiobsbotschaften hierher, die mich seelisch sehr niedergeschlagen haben. Meine älteste Schwester, die Ärztin, ist vor drei Wochen gestorben, und damit ist meine Beziehung zu Rumänien fast verloren gegangen, denn sie war die einzige, die mir schrieb. – Gleichzeitig erfahre ich, dass Nicolaus schwer erkrankt ist, und leider versteht er gar nicht sich zu pflegen. (Es scheint etwas mit den Nieren nicht in Ordnung zu sein.) – Das Wetter hier ist regnerisch und trübe, am liebsten wäre ich bei mir zu Hause!

Alles Gute Ihnen und den Ihrigen und herzliche Grüße
Corina Sombart

151
Corina Sombart an Carl Schmitt

Badenweiler, 9.8.1965

Lieber Carl Schmitt,

Gestern kamen Freunde von Freiburg und holten mich ab, um eine Autofahrt in die Umgebung zu machen. Ich dachte verstanden zu haben, dass Sie zu dieser Zeit bei Ihrem Freund Kaiser[393] sind, und so machten wir, spät nachmittags, vor seinem Haus halt, denn ich wollte auf diese Weise wieder gut machen, dass ich – wegen Abwesenheit von zu Hause – verpasst habe, [Ihnen] zu einem gewissen Geburtstag, Mitte Juli, zu gratulieren. Aber ich hatte Pech, denn weder Sie noch Prof. Kaiser waren zu Hause – er war im

---

Das Exemplar trägt auf der Umschlagseite die Widmung: „Meiner hochverehrten Freundin Corina Sombart in Heidelberg (dem Schauplatz des Erastus – vgl. S. 57 –) in treuer Erinnerung, 29/6 65, Carl Schmitt“. Auf der ersten Texttseite hat Schmitt notiert: „‚Es ist für eine Torheit neuerer Zeit zu erachten, eine Revolution ohne Reformation gemacht zu haben‘ so Hegel, Encyclopädie § 552, Zusatz zur 3. Aufl. 1830 – und die Reformation ohne Revolution?“ Der Titel ist von Schmitt angestrichen und mit der Bemerkung versehen: „la voici: la réforme accomplie“. Vgl. Katalog Tasbach, S. 25 f.

392 Corina Sombart übersetzte: *Carl Schmitt*, Staatsethik und pluralistischer Staat, unter dem Titel: „Morala Statului si Statul pluralistic“. In: Minerva, 1931, S. 1–15.

393 Siehe Anm. 286.

Seminar – und der Algerier[394] gab uns die nötige Auskunft (übrigens sehr sympathischer Mensch).

Es bleibt mir nichts mehr übrig, als dass ich schriftlich meine verspäteten Glückwünsche sende, was ich damit tue.

Ich bleibe hier bis 25. August, Haus Marie-Luise, Markgrafenstr. 25

Mit herzlichstem Gruß
Corina Sombart

152
Carl Schmitt an Corina Sombart

Plettenberg, 14.8.1965

Herzlichen Dank, hochverehrte Frau Geheimrat, für die entzückende Karte aus Badenweiler und die Mitteilung über den (leider nicht ergebnisreichen) Besuch in Staufen bei Prof. Jos. Kaiser!

Alle guten Wünsche für einen schönen Sommer
Ihr getreuer
Carl Schmitt

153
Carl Schmitt an Corina Sombart

Plettenberg, 3.1.1968

Liebe, hochverehrte Frau Corina,

Ihr Neujahrsgruß[395] hat mich überrascht und aufs höchste beglückt. Ich danke Ihnen sehr für Ihre freundlichen Grüße und Wünsche und erwidere sie herzlich, sowohl für Sie wie für Ihre Kinder Nicolaus und Ninetta. Dass es Ihnen gut geht – Sie schreiben „unverdient gut", das ist ja ein Über-Superlativ – macht mir besondere Freude.

Sie dürfen nicht annehmen, dass ich nicht an Sie denke, wenn ich nicht schreibe. Zu vieles erinnert mich fortwährend an unsere Berliner Jahre. Im November hatte ich hier Besuch von der Cembalistin Frau Eta Harich-Schneider;[396] Weihnachten schickte mir Heinz Friedrich die Taschenausgabe

---

[394] Corina Sombart hinterließ eine Nachricht für Kaiser (RW 0265 Nr. 15335 und 15336) in der dieser Mann als „Butler" bezeichnet wird.

[395] Nicht erhalten.

[396] Eta Harich-Schneider (1897–1986), Cembalistin und Musikwissenschaftlerin. Über ihre Beziehung zu Schmitt vgl. *Eta Harich-Schneider*, Charaktere und Katas-

(DTV) von Werner Sombarts „Luxus und Kapitalismus“ – das sind nur die letzten Beispiele für die Anstöße zu den Erinnerungen. Von Nicolaus (oder vielmehr: über ihn) hörte ich im vergangenen Jahr durch Prof. Joseph Kaiser in Freiburg. Seine Kinder müssen doch jetzt schon erwachsen sein. Meiner Tochter Anima geht es in Santiago sehr gut; die drei Kinder sind schön und gesund: 10 Jahre, 5 Jahre, 4 Jahre alt. Man kann nicht sagen, dass es mir gut geht, aber es geht mir auch nicht so schlecht, wie meine Verfolger es möchten; insofern darf man sagen: gut.

Ich komme nicht mehr zum Reisen, nicht einmal mehr zu einer Fahrt nach Freiburg; terré [eingewurzelt], wie ich hier bin, um nicht zu sagen enterré [begraben]. In Heidelberg haben Sie Ihren Kreis, das ist eine ganz andere Art von Leben als ich es hier führe oder über mich ergehen lasse, und dass Sie noch schöne Reisen machen, ist eine Freude zu hören. Bleiben Sie auch im kommenden Jahre 1968 gesund und lebensfroh und seien Sie meiner treuen Erinnerung immer versichert.

Ihr alter
Carl Schmitt

154
Corina Sombart an Carl Schmitt

Heidelberg, 7.1.1968

Verehrter, lieber Prof. Carl Schmitt,

Wenn man auch unseren sporadischen Briefwechsel nicht als eine regelrechte Korrespondenz betrachten kann, sondern mehr als die Bestätigung unserer Präsenz auf der Erde[397] und die Bejahung unserer erhaltenen Beziehung, die bald vierzig Jahre alt wird, bin ich dennoch etwas beunruhigt, dass ich diesmal keine Antwort [auf] meinen Weihnachtsbrief bekommen habe, nicht mal in der Form einer Bestätigung des Empfangs, und es kommt noch hinzu, dass auch Ihre hiesigen Freunde nichts von Ihnen gehört haben und etwas berichten können.

Es wäre mir deshalb sehr lieb, wenn Sie mal wieder einen kurzen Gruß an einen Ihrer Freunde geben würden, damit wir wissen, wie es Ihnen geht.

Ich male wieder sehr viel und gerade jetzt denselben Hl. Georg, den die Anima damals mit mir gemalt hat, und so muss ich besonders auch an sie denken und an unsere Gespräche bei dieser Gelegenheit.

---

trophen. Augenzeugenberichte einer reisenden Musikerin, Frankfurt a. M. usw. 1978, passim (das Namenregister ist für Schmitt unvollständig!).

397 Dies am Rand von Schmitt angestrichen.

Unser Familienfest, bei Nicolaus, wo wir sechzehn Mitglieder zusammen waren, am 23. Dez., war sehr gelungen, und ich habe besonders Spaß daran gehabt. Das Gehören zu einer Sippe, die man vor den Augen hat, wenn auch nur teilweise, erzeugt ein besonderes Gefühl der Zugehörigkeit, das diejenige „Vereinsamung" der alten Leute – so was soll sehr verbreitet sein, mir aber unbekannt geblieben – verwischt oder sogar vernichtet.

Ich hoffe, dass es Ihnen gut geht und dass Sie gesund ins neue Jahr gekommen sind, und wünsche, dass es Ihnen gut geht. Grüßen Sie, bitte, auch die Anima, bei Gelegenheit, von mir.

Mit freundschaftlichem Gruß
C. Sombart

155
Corina Sombart an Carl Schmitt

Heidelberg, 10.7.1968

Verehrter, lieber Carl Schmitt,

Mögen die Befugten, an diesem Tage, Ihre großen Verdienste, in der Wissenschaft und in dem Kreis Ihrer internationalen Schüler, würdigen und lobpreisen, ich möchte meinerseits, wo Sie volens-nolens auf Ihr Leben zurückblicken werden, nur meinen Dank aussprechen für Ihre Freundschaft, die Sie mir und meinem Mann geschenkt haben, so wie für die schönen Stunden, die Sie uns in unserem Berliner Heim bereitet haben, mit denen Sie unseren Salon geschmückt haben, dank Ihrem sprühenden Geist, Ihrer unübertroffenen Gabe, klar und treffend zu formulieren, und nicht zuletzt dank Ihrer enthusiastischen Art, sich für wissenschaftliche wie literarische Fragen einzusetzen, mit einer suggestiven Kraft, die jeden Zuhörer gewinnen musste und die mir in unvergesslicher Erinnerung geblieben ist!

Ich bin dankbar, dass ich diesen Tag noch erlebe, um Ihnen dies sagen zu können und Ihnen alles Gute und Schöne für das neue Jahrzehnt zu wünschen.

In alter Freundschaft
C. Sombart

156
Carl Schmitt an Corina Sombart

[Santiago de Compostela], 16.7.1968

Liebe, stets verehrte Frau Corina Sombart,

Ihr Wort zu meinem 80. Geburtstag macht diesen Tag für mich überhaupt erst gültig. L'individu n'existe pas, jedenfalls nicht ohne Freunde (und infolgedessen auch nicht ohne Feinde), und die Berliner Jahre von 1928–48 gehören in die Mitte meines Lebens; das bedeutet: sie können nicht gedacht werden ohne die Erinnerung an Sie, an Werner Sombart und die gemeinsamen Berliner Freunde. Ich bin glücklich darüber, dass Sie diese Erinnerung durch Ihre Freundschaft auch heute noch bestätigen, nachdem ich diesen 80. Geburtstag außerhalb Deutschlands hier, in dem umstehend abgebildeten Gebäude, mit einigen Freunden und Verwandten, außerhalb jeder manipulierten Öffentlichkeit, würdig (wie ich glaube) begangen habe. Jetzt bleibt mir nur noch der Wunsch, Sie noch einmal zu sehen, liebe und verehrte Frau Corina, auch noch einmal das Porträt von Werner Sombart in Ihrer Heidelberger Wohnung,[398] um mich für Ihren wunderschönen Brief persönlich zu bedanken, als Ihr alter, unveränderlicher

Carl Schmitt

157
Corina Sombart an Carl Schmitt

Hinterzarten, 17.8.1968

Verehrter Professor Schmitt,

Über Ihren liebenswürdigen Adept Prof. Kaiser erfuhr ich, dass Sie wieder zuhause sind, und so kann ich Ihnen direkt schreiben. Zuerst danke ich Ihnen für Ihre freundliche Karte aus Spanien; ich habe mich sehr darüber gefreut, dass Sie Ihren Geburtstag so angenehm verlebt haben und wie Sie richtig sagen, so „würdig", im Kreise Ihrer Familie und Ihrer Freunde und Anhänger. Das ist nicht jedem beschert, aber Sie sind auch nicht „jeder".

Ich befinde mich im Schwarzwald, und leider ist das Wetter schlecht. Bis jetzt regnete es nur abends und man konnte tags einige Stunden laufen, aber seit zwei Tagen regnet es von früh morgens bis abends! Dennoch bleibe ich

[398] Ölbild, gemalt von Franz Lippisch (1859–1941), Geschenk von Freunden zum 50. Geburtstag Werner Sombarts.

in der Gegend bis Mitte September, teils hier, teils in Badenweiler, weil die gute Luft auch bei schlechtem Wetter erholend und wohltuend wirkt.

Wie sehr würde ich mich freuen, Sie einmal wieder zu treffen! Ich weiß, Sie reisen wenig, aber einige Gelegenheiten nehmen Sie doch wahr, um auch Ihre Freunde zu sehen. Sie müssen mir viel über Anima erzählen und ihr jetziges Leben.

Sehr herzliche Grüße
C. Sombart

158
Carl Schmitt an Corina Sombart

Plettenberg, 27.8.1968

Liebe, hochverehrte Frau Corina Sombart,

mein Plan, Sie in Badenweiler zu sehen, hat sich leider nicht ausführen lassen; Prof. Kaiser fährt Ende des Monats für längere Zeit ins Ausland. Es hat sich bei mir durch die Erlebnisse und Erfahrungen der letzten Monate so viel an Gesprächsstoff angestaut, dass ich den heftigen Wunsch, Sie wiederzusehen, gern verwirklicht hätte. Jetzt hoffe und warte ich also auf eine andere Möglichkeit. Inzwischen danke ich Ihnen herzlich für Ihre freundliche Karte aus Hinterzarten und wünsche Ihnen für Badenweiler gutes Wetter und gute Fortsetzung Ihrer Erholung.

Ich habe eine Bitte an Sie: wenn Sie eine halbe Stunde Zeit auf die Lektüre des beiliegenden Begrüßungsaufsatzes[399] verwenden können und mir Ihren Eindruck unbedenklich mitteilen wollen, tun Sie mir einen besonderen Gefallen. Oft habe ich Sehnsucht nach Nicolaus. Doch ist das schon eine andere Generation. Unter den heute 30Jährigen, also den jüngeren Freunden, ist dieser Antonio Gonzales Casanova mir besonders aufgefallen. Irgendwie verweist mich die Richtung meines Schicksals doch immer wieder nach Spanien, und das nicht nur wegen meiner Tochter Anima und ihrer vier schönen Kinder. Ich füge ein Foto bei (der vierte, Álvaro, ist erst 3 Monate alt).

---

[399] Kopie eines vierseitigen Typoskripts der Rede von José Antonio González Casanova anlässlich des in Santiago begangenen 80. Geburtstags von Schmitt. Auf dem Kopf von Schmitt geschrieben: „für Frau Corina Sombart, 26/8/68, C. S. (zum 11. Juli 1968)“. Abb. in: Katalog Tasbach, S. 33. Ein Exemplar des Typoskr. auch im Nachlass Schmitt (RW 0265 Nr. 19470). Der Verfasser der Rede, José Antonio González Casanova (geb. 1935), war von 1967 bis 1971 Prof. für Staatsrecht in Santiago, ab 1971 in Barcelona, wo er auch als sozialistischer Politiker hervortrat.

Alle guten Wünsche, liebe und verehrte Frau Corina, und die besten Grüße für Sie und die Ihrigen von Ihrem alten

Carl Schmitt

[*anliegend Foto aus Santiago de Compostela mit C. Schmitt, der Familie seiner Tochter und einem Geistlichen; auf der Rückseite von Schmitt geschrieben:*]

11. Juli 1968
Santiago de Compostela, nach der Messe in der Kathedrale;
Gruß für Frau Corina Sombart
von Ihrem getreuen
Carl Schmitt

159
Corina Sombart an Carl Schmitt

Badenweiler, 4.9.1968

Lieber, verehrter Prof. Carl Schmitt,

Ich hatte sehr damit gerechnet, dass ich, einmal in Badenweiler angekommen, würde sofort von meiner Erkältung los, die schon zwölf Tage alt war, als ich Hinterzarten verließ, aber optimistisch wie immer, wurde ich sehr enttäuscht, da ich heute noch nicht so weit bin. Diese Mitteilung, die als Anfang eines Briefes an einen großen Mann keineswegs sich dazu eignet, [sei] nur deshalb erwähnt, um Ihnen zu erklären, warum Sie bis jetzt meine Antwort, die Sie haben wollten (wie mir die Festrede von Casanova gefällt), noch nicht angekommen ist. Außerdem, noch ein Grund kam hinzu: ich schwankte, ob ich Ihnen sagen soll, dass mir die Rede nicht besonders gefällt …

In einer nebulösen Art benutzt er diese Gelegenheit, um sehr viel von [sich] und seinen komplizierten Gefühlen und Empfindungen zu sprechen. Es wäre „ein Tag des Schweigens", dabei spricht er sehr viel und sagt eigentlich sehr wenig über Carl Schmitt. Er meint [es] sicher sehr gut, aber wo bleibt eine kurze schöne Formulierung von der Bedeutung von Carl Schmitt in der Wissenschaft, was charakterisiert sein Werk, sein Schaffen, was spezifiziert den Gelehrten, was den „einmaligen" Lehrer, welches sind seine Eigenarten. Man könnte sagen, das gehört nicht zu einer Tischrede – oder es war auch keine? – aber man kann in einer geistreichen Form auch ernste Betrachtungen zum Ausdruck bringen, die klar und treffend sind. Aber die „Klarheit" hat er von Ihnen nicht gelernt.

Der letzte Teil, über Hobbes – Carl Schmitt, Freund-Feind-Verhältnis, und vor allem Diagnostiker und Prophet des totalitären Staates, hat mir mehr gefallen. Warum [hat Sie] die zitierte Stelle aus „Ex Captivitate Salus“[400] besonders beeindruckt? Er will sagen, dass die Interpretation der Feinde der zitierten drei Sätze, nur aus Hass, und sogar aus mehr wie Hass, entstehen [kann]. So verstehe ich diesen Abschnitt, und er scheint mir richtig. Es mag sein, dass ich etwas zu scharf kritisiere, aber das kommt vielleicht aus enttäuschten Ansprüchen. Hoffentlich haben Sie auch nicht zuviel von meiner Kritik erwartet, und so wird Ihre Enttäuschung nicht zu groß.

Was Nicolaus anbetrifft, ich weiß nur, über Tamara, dass beide sehr enttäuscht waren, als sie erfuhren, dass Sie im Elsass waren und Sie die Sombarts nicht besucht haben, wo Sie [es] doch seit so lange versprochen hatten. Ich habe hier kein richtiges Urteil, aber ich glaube nicht, dass „der Unterschied der Generationen“ eine maßgebende Rolle spielt, sondern vielmehr die Perspektiven, von denen gerade in dem Moment, Sie und er, die heutigen Probleme betrachten. Vielleicht ist das der Grund, der Sie etwas entfernt von einander.

Ich rechne sehr damit, dass Sie bald nach Heidelberg kommen, wo Sie doch den treuen Forsthoff haben, und schließlich auch mich, Frau Siebeck[401] auch nicht vergessen, denn bedenken Sie, ich werde in diesem Jahr 75 und manches flüstert mir ins Ohr, dass nicht alle 80 werden …

Ich habe mich über das Bild sehr gefreut; ich finde die Anima sehr nett darauf und die Kinder ganz besonders gelungen. Sie sind unverändert geblieben, bis auf die weißen Haare! Ninetta besuchte mich vor einigen Tagen, und sie konnte kaum glauben, dass Sie so unverändert geblieben sind!

Der Besuch bei Kaiser war sehr nett. Er ist sicher nicht mein Typ, aber man kann sich mit ihm sehr gut unterhalten, und ich hatte nicht das Gefühl, dass unser Altersunterschied ihn gehemmt hätte. Das Haus gefällt mir weniger, weil es ihm an jeder „Gemütlichkeit“ fehlt und wir Frauen können gerade diesen spezifischen Aspekt einer Behausung nicht entbehren.

Und nun ist längst Zeit, dass ich aufhöre. Ich lese momentan über den Selbstmord und das Absurde unseres Lebens von Camus, den ich enorm schätze (seine Moral, die nicht aus christlichen Grundsätzen, oktroyierten und nicht mehr geprüften, sondern eine Moral, die es aus „Menschlichkeit“

---

400 Auf S. 2 des oben genannen Typoskripts heißt es: „Wenn sich ein Mensch in dieser Seelenverfassung befindet, so meine ich daß man ihm glauben muß. In seinen Worten nur eine sich entschuldigende Sophisterei zu sehen, das ist etwas, das mehr ist als Haß: es bedeutet, den aufrichtigsten Spiegel zerbrechen, der uns beunruhigt und der uns die Unmöglichkeit zeigt, das Leben zu beurteilen.“ Unterstreichung von Schmitt, der am Rand notierte: „diese Stelle hat mich besonders beeindruckt und mich veranlaßt, Ihnen eine Abschrift zu schicken.“

401 Marie Siebeck, Ehefrau des Heidelberger Chirurgen Richard Siebeck (1883–1965), der Duška Schmitt operiert hat.

herauspresst, aus der Würde dieses anspruchsvollen Geschöpfes), aber dennoch [habe ich mich] weder für den Selbstmord noch für das Absurde des Lebens gewinnen lassen!

Also, leben Sie wohl!
Viele herzliche Gedanken und vergessen Sie uns nicht!
Corina Sombart

160
Corina Sombart an Carl Schmitt

Heidelberg, 20.12.1968

Verehrter, lieber Carl Schmitt,

Bevor ich nach Straßburg fahre, wo ich mit den Kindern und allen Enkeln, plus zwei Großneffen aus Amerika (die in der Schweiz die Schule besuchen) die Festtage feiern werde, möchte ich den wenigen Freunden, die ungefähr [zu] meiner Generation gehören, meine guten Wünsche für ein fröhliches Weihnachtsfest und ein gnädiges neues Jahr senden.

Ich habe die ganze Zeit vor Weihnachten, d.h. Oktober, November und Dezember, Ikonen gemalt und ganz zuletzt denselben Hl. Georg, den ich damals mit Anima gemalt habe, und so dachte ich viel an sie und an jene Zeit.

Am letzten Sonntag war Forsthoff nachmittags im kleinen Kreis bei mir, und wir sprachen, wie es sich versteht, viel von Ihnen. Die Festschrift „επίρρωσις"[402] werden wir übrige Sterbliche (wegen des unbezahlbaren Preises) nicht zu Gesicht bekommen, aber ich habe mich sehr gefreut, dass die erschienen ist und Sie diese Genugtuung gehabt haben

Hoffentlich haben Sie mir nicht übelgenommen, dass ich in meinem letzten Brief den Aufsatz oder die Rede des Spaniers so scharf kritisiert habe; mit Hilfe von Forsthoff habe ich jetzt verstanden die Ursache, die diesen Eindruck bewirkt hat.

Nicolaus hat eine sehr scharfe Kritik über Ernst Jünger veröffentlicht, zu meinem großen Ärger, weil der Angriff zu stark war.[403]

---

402 Die dritte Festschrift für Carl Schmitt: Hans Barion/Ernst-Wolfgang Böckenförde/Ernst Forsthoff/Werner Weber (Hrsg.), Epirrhosis. Festgabe für Carl Schmitt, Bd. 1–2, Berlin 1968 (2. Aufl. in 1 Bd., Berlin 2002).

403 Dieser Satz ist von Schmitt angestrichen. Gemeint ist: *Nicolaus Sombart*, Jünger in uns. In: Streit-Zeit-Schrift, Heft VI/2, September 1968, S. 7–9. Der Aufsatz beginnt mit dem Satz: „Das Erstaunlichste an Ernst Jünger, wie an Adolf Hitler,

Sonst geht bei uns in der Familie alles gut, und in Straßburg werden wir am Montag 16 Familienmitglieder der Familie versammelt sein (inklusiv Ninetta mit 3 Söhnen!!).

Herzliche Adventsgrüße
Corina Sombart

---

ist sein Erfolg." Und in Hinsicht auf Jüngers französische Bewunderer heißt es: „Wenn sie wüßten, daß der Ästhetizismus Jüngers dem Perfektionismus Eichmanns näher steht, als der Artistik Cocteaus, würden sie ihn meiden wie einen räudigen Hund." Für den irritierten Jünger ist dieser Angriff, wie er am 31.7.1970 an Schmitt schreibt, ein „psychologisches Rätsel". Er habe Nicolaus Sombart durch Schmitt kennen gelernt und sie seien immer freundlich, ja freundschaftlich zueinander gewesen. „Wie ist es möglich, daß er vor etlicher Zeit und ganz ‚ohne Vorwarnung' in übler Gesellschaft zu einem Angriff gegen mich überging, der an denunziatorischem Schmutz nichts zu wünschen übrig ließ? [...] Wollte er den Namen Sombart in ein zeitgemäßes Licht bringen?" Jünger bittet Schmitt um eine Erklärung.

Die Antwort, die Schmitt ihm gibt, zeigt die Distanz, die er selbst inzwischen zu Nicolaus hat, und sie gibt zugleich eine vorsichtige Interpretation der sich schon seit einiger Zeit abzeichnenden Abwendung Sombarts von Jünger wie auch von Schmitt: „Ihr Schreiben vom 31.7. erreichte mich erst gestern in einer nordwestspanischen Bucht. Ich antworte gleich, obwohl ich zur Sache nicht viel sagen kann und seit Jahren zu Nikolaus Sombart keine Verbindung mehr habe. Seine skandalöse Invektive ist mir vor etwa einem Jahr in die Hände gefallen. Ich habe ihm nichts dazu geschrieben, weil ich keinen Kontakt mehr mit ihm habe. Seine Mutter hatte mir brieflich ihr Befremden über die Publikation ihres Sohnes mitgeteilt; sie ist vor einiger Zeit gestorben. Die Zeitschrift, in der die Äußerung erschien, ist mir in allem und in jeder Hinsicht fremd, sodass ich die sachliche Bedeutung einer so offensichtlich von persönlichen Affekten getragenen Demonstration nicht einschätzen kann. Doch kann Ihre Situation nicht davon berührt werden und Sombarts eigene Situation, was immer er sich dabei gedacht hat, wird dadurch nicht verbessert oder gehoben. Manches erklärt sich heute aus der allgemeinen Unsicherheit, die einen unberechenbaren, von der Wende des Jahres 1945 sehr verschiedenen Umschwung herannahen fühlt, ohne seine Richtung bestimmen zu können." BW EJ, S. 374 f.

Briefwechsel
Carl Schmitt – Werner Sombart
1928–1939

161
Werner Sombart an Carl Schmitt

Berlin, 4.11.1928

Werter Herr Kollege

würden Sie uns das Vergnügen machen, am kommenden Donnerstag (8.XI.) um 8 Uhr bei uns zu abend zu speisen? Sie fänden Oscar A. H. Schmitz,[404] der Sie gern kennenlernen würde.

Mit freundlichem Gruß
Ihr W. Sombart

162
Werner Sombart an Carl Schmitt

[Ferrara], 7.6.1932

Aus der klaren Späre reiner Staatlichkeit und reiner Politik grüßen Sie herzlich verbunden

Werner Sombart
Corina Sombart[405]
E. v. Beckerath[406]

Un saluto da un italiano fascista che conosce e ammira le Vostre opere. Guido Bortolotto[407]

163
Werner Sombart an Carl Schmitt

Hahnenklee, 27.8.1932

Lieber Carl Schmitt,

ich sende Ihnen aus einer unsagbar spießig-bourgeoisen Sommerfrische, in der auch ich noch einmal mit Vergnügen – aber doch auch mit dem schmerz-

---

404 Oscar A. H. Schmitz (1873–1931), Schriftsteller, Mitglied der Schwabinger Boheme. Thomas Mann hielt ihn für einen „hervorragend gescheiten Schriftsteller", dagegen urteilt Schmitt am 11.3.1931 im Tagebuch: „[...] hörten einen dummen, langweiligen Vortrag von Oscar Schmitz".

405 Am 25.11.1932 notierte C. Schmitt im Tagebuch: „Frau Sombart erzählte von Mussolini, für den sie schwärmte."

406 Erwin von Beckerath (1889–1964), Staats- und Wirtschaftswissenschaftler. Sein Buch „Wesen und Werden des faschistischen Staates" (Berlin 1927) wurde von Carl Schmitt 1929 ausführlich besprochen.

407 Guido Bortolotto, Staatsrechtler an der Universität Rom, Theoretiker des Faschismus.

lichen Gefühle, der aufstrebenden Generation nichts mehr bieten zu können – Ihren „Begriff des Politischen" gelesen habe, herzliche Grüße. Und möchte Sie gleich im Anschluss daran bitten, mir Ihre neueste Schrift[408] zuzusenden. Mein „Gutachten" über eine „Arbeitsbeschaffung" haben Sie mittlerweile wohl bekommen.[409] Ich habe die Gedanken etwas weiter ausgeführt in 2 Artikeln, die jetzt in der DAZ erscheinen werden[410] und die Sie wohl dort zu Gesicht bekommen. Zehrer[411] konstruiert unbeirrt weiter auf der Grundlage fremder Gedanken. Ich bin auf sein Programm für den „Aufbau der Gesellschaft" gespannt, von dem er sicher noch weniger versteht als von dem „Aufbau des Staates". Also Schleicher wird die Sache machen. Er ist offenbar mindestens très rusé. Er hat den treuherzigen, dummen Hitler gefangen wie die Maus in der Falle. Bürgerkrieg? Er würde 20 Jahre dauern, wenn die Reichswehr auseinanderfällt.

Ich höre, dass Sie noch schwanken, ob Sie den Ruf nach Köln annehmen sollen. Ich würde Ihnen abraten, es zu tun, es sei denn, dass Sie dadurch Ihre Chancen verbessern, früher an die Berliner Universität zu kommen, wo doch das eigentliche Feld Ihrer Tätigkeit liegen wird. Die Frage ist nur, ob Sie in dieser kritischen Zeit Berlin überhaupt verlassen dürfen. Mir scheint: nein. Und so würde ich ein paar Jahre Handelshochschule in Kauf nehmen. Außerdem ist noch zu erwägen, dass die Hochschultätigkeit in Köln nach allem, was man hört, auch immer noch den Charakter einer Handelshochschule bewahrt hat – mit größeren Hörerziffern, sodass Sie sich in dieser Hinsicht nicht verbessern würden. Dass Ihre Berliner Freunde, deren Sie viele gewonnen haben und zu denen ich mich rechne, Ihr Fortgehen sehr schmerzlich empfinden würden, sollte auch, wenn auch nur ein kleines, Gewicht in der Waagschale „Berlin" bedeuten. Und vergessen Sie nicht, dass Sie in Köln unter den Augen des Erzbischofs und in unmittelbarer Fühlung mit dem von Ihnen so wenig geliebten Zentrum leben. Ich weiß von Max Scheler, der in mancher Hinsicht in ähnlicher Lage war wie Sie, dass ihm Köln zur Hölle geworden war.

Wir bleiben hier noch etwa 5 Tage, machen dann noch ein paar Tage in Harzburg Station, und sind gegen den 10. September in Berlin zurück, wo ich Sie noch anzutreffen hoffe.

Mit herzlichen Grüßen auch an Frau Schmitt bin ich
Ihr getreuer
Werner Sombart

---

408 *Carl Schmitt*, Legalität und Legitimität, München/Leipzig 1932.

409 Liegt im Nachlass Werner Sombart, Geh. Preuß. Staatsarchiv Berlin, VI.HA, Nr. 22.

410 Nicht ermittelt.

411 Hans Zehrer (1899–1966) Journalist, Herausgeber der Monatszeitschrift „Die Tat".

164
Werner Sombart an Carl Schmitt

Berlin, 19.9.1932

Lieber Herr Kollege,

werden Ihre <einleuchtenden> Ausführungen auf S. 54 („Legal. u. Legit.") nicht noch schlagkräftiger, wenn man erwägt, dass ein Verf. änderndes Gesetz sogar von einer Minderheit der Abgeordneten (2/3 der Anwesenden!) = 4/9 erlassen werden kann?

Im übrigen freue ich mich bei der Lektüre Ihrer ungemein anregenden Schrift, mit welchem Freimut Sie sich der verpönten Ausdrücke: „werthaft", „wertoffen", „wertneutral" usw. bedienen.

Also Unterhaltungsstoff für die hoffentlich nach Ihrer Rückreise von K.[öln] zu ermöglichende Zusammenkunft!

Mit herzlichen Grüßen von Haus zu Haus
Ihr W. S.

165
Carl Schmitt an Werner Sombart

[Köln], den 24.6.1933

Hochverehrter Herr Geheimrat,

ich habe mich lange auf Ihren Kölner Vortrag gefreut; jetzt muß ich aber um die gleiche Zeit einen Vortrag halten, sodaß mir Ihr Vortrag entgeht.[412] Mit diesem Schreiben will ich nur versuchen, Ihre Anwesenheit in Köln wenigstens dadurch auszunutzen, daß ich Sie herzlich bitte, Samstag Mittag oder Abend (wie es Ihnen am angenehmsten ist) unser Gast zu sein. Hoffentlich können Sie uns diese große Freude machen.

Auf Wiedersehen; mit vielen Grüßen für Sie und Ihre sehr verehrte Gattin bleibe ich in treuer Verehrung und Anhänglichkeit immer Ihr

Carl Schmitt

---

[412] Sombart hielt Ende Juni 1933 in Köln einen Vortrag mit dem Thema „Berufsstand und berufsständische Organisationen mit besonderer Berücksichtigung Italiens und Deutschlands", in dem er sich gegen die berufsständische Idee der Selbstverwaltung zugunsten des totalen Staates aussprach; vgl. *Friedrich Lenger*, Werner Sombart 1863–1941, München 1994, S. 365. Carl Schmitt hielt am 30.6.1933 in Köln den Vortrag „Rechtspflege und Justiz im neuen Staat".

166
Werner Sombart an Carl Schmitt

Berlin, [Anfang 1934]

Lieber Herr Kollege,

da ich Ihre „Sympathie“ für F. J. Stahl kenne, möchte ich Sie auf die Ju. Dissertation (Berlin 1913) von M. Michniewicz,[413] Stahl und Bismarck, aufmerksam machen, die Ihnen vielleicht entgangen ist …

Was haben Sie zu der „Gleichschaltung“ der DGfSoz. [Deutschen Gesellschaft für Soziologie] und unsere Ausbootung gesagt?[414] Schade, dass Sie nicht in der Sitzung waren …

Dass die „Ak. f. DR.“ [Akademie für Deutsches Recht] einen Preis für die Beantwortung der Frage: „Was ist ein Staat?“ ausgesetzt hat, ist vortrefflich. Das sollte fortgesetzt werden. Was ist ein „Volk“, eine „Nation“, „Artgleichheit“, „Gemeinschaft“ usw. usw. usw.

Ich benutze die Gelegenheit, Ihnen beiden unserer Beider Glückwünsche zum Neuen Jahr zu übermitteln und begrüße Sie herzlich.

Ihr W. Sombart

167
Carl Schmitt an Werner Sombart

Berlin, 25.6.1934

Hochverehrter Herr Geheimrat!

Die Schriftleitung der DJZ. [Deutsche Juristen-Zeitung] hat mir Ihr Schreiben vom 16. Juni 1934[415] übersandt. Ich erwidere Ihnen darauf, daß ich in der DJZ. auf die im „Deutschen Recht“ veröffentlichte Zuschrift[416] nicht

---

413 *Bernhard Michniewicz*, Stahl und Bismarck, Phil. [nicht Jur.!] Diss. Berlin 1913.

414 Nach erheblichen Konflikten 1933 innerhalb der Deutschen Gesellschaft für Soziologie, die dazu führten, dass Ferdinand Tönnies sein Präsidentenamt niederlegen musste und Sombart vorübergehend als Präsident fungierte, kam es Ende Dezember 1933 auf einer Mitgliederversammlung zur „Gleichschaltung“. Sombart versuchte, die Gesellschaft als unpolitische, sich aus der Öffentlichkeit möglichst heraushaltende, rein wissenschaftliche zu retten, konnte sich damit aber gegenüber den jungen völkischen Kollegen nicht behaupten, die Hans Freyer als neuen „Führer“ der deutschen Soziologen durchsetzten. Bei der Abstimmung enthielt sich Sombart der Stimme und ermöglichte damit die Wahl Freyers. Vgl. *Friedrich Lenger*, Werner Sombart 1863–1941, München 1994, S. 358 ff.

415 Nicht ermittelt.

416 In der Zeitschrift „Deutsches Recht“ gab es am 25.5.1934 eine Kritik an der „Deutschen Juristen-Zeitung“, in der u. a. Sombart auf S. 241 vorgeworfen wurde, in

zurückkommen möchte. Jede Bezugnahme auf das vor dem 1. Juni 1934 liegende Entwicklungsstadium der DJZ.[417] sowie jede Heranziehung der bekannten Veröffentlichung im „Deutschen Recht" würde zu unabsehbaren Erklärungen und Gegenerklärungen führen. Ich will, soweit die von mir herausgegebene DJZ. in Betracht kommt, einen Strich unter alle diese Fragen machen. In diesem Sinne ist auch mein einleitender Aufsatz in dem Heft der DJZ. vom 1. Juni 1934 gehalten.

In alter Verehrung bin ich mit
Heil Hitler
Ihr sehr ergebener
Carl Schmitt

168
Werner Sombart an Carl Schmitt

St. Andreasberg, 11.7.1938

FUENFZIG JAHRE WOHLGETAN HERZLICHE GLUECKWUNSCHE

WERNER SOMBART UND FRAU

169
Werner Sombart an Carl Schmitt

St. Andreasberg, 26.7.1938

Lieber Herr Kollege,

nachdem nun Gattin und Sohn ihre Bewunderung über Ihr neuestes Buch bereits Ausdruck gegeben haben,[418] möchte ich als Nächstbeteiligter, der

---

seinem Aufsatz „Das Wesen der ständischen Gliederung mit besonderer Berücksichtigung Deutschlands" in Nr. 8 vom 15.4.1934 Positionen zu vertreten, die dem Nationalsozialismus zuwiderlaufen. Möglicherweise hat Sombart sich mit einer Stellungnahme an die DJZ vom 16.6. dagegen verwahrt.

[417] Die seit 1896 erscheinende angesehene „Deutsche Juristen-Zeitung" wurde von Hans Frank im Mai 1934 gleichgeschaltet; er setzte ab 1. Juni 1934 Carl Schmitt als Herausgeber ein. 1936 wurde die Zeitschrift zugunsten der „Zeitschrift der Akademie für Deutsches Recht" eingestellt. Vgl. *Michael Stolleis*, Geschichte des öffentlichen Rechts in Deutschland. Weimarer Republik und Nationalsozialismus, München 2002, S. 300f.

[418] *Carl Schmitt*, Der Leviathan in der Staatslehre des Thomas Hobbes. Sinn und Fehlschlag eines politischen Symbols, Hamburg 1938. Zur Reaktion von Corina und Nicolaus Sombart auf das Buch vgl. oben, Brief Nr. 123.

das Buch mit einer so schönen Widmung empfangen, doch auch nicht länger zögern, Ihnen herzlich für Ihre Gabe zu danken und Ihnen zu sagen, dass ich Ihr neuestes Werklein, wie alle Ihre Bücher, wieder mit großer Anteilnahme und Bereicherung gelesen habe.

Der Gedanke, Hobbes in den großen „Technifizierungs"-Prozess einzureihen, ist sehr glücklich. Nur glaube ich, dass man dann den Begriff „Technisches Zeitalter" anders fassen muss. Man könnte darunter „Maschinenzeitalter" verstehen, muss es dann aber auch so nennen. Z.Z. von Hobbes begann das „Zeitalter der Mühlen". Was wir aber mit „Techn. Z.A." ausdrücken wollen, ist etwas ganz anderes als Masch. Z.A. Es ist auch nicht das Z.A. der modernen T., die ca. 1760 (also nach H.) erst beginnt mit der Erfindung des Cake-Verfahrens und der allgemeinen Verwissenschaftlichung der Technik. „Technisches" Z.A. ist ein ganz anderer Begriff. Er bedeutet die Erhebung des Mittels zum Zweck: siehe „Deutscher Sozialismus".[419] Und beginnt – das ist mir erst nach der Niederschrift der Skizze im DS. [Deutschen Sozialismus] klar geworden – mit dem Eindringen des Erwerbsprinzips in die Wirtschaft, d.h. mit der Entstehung des „Mod. Kap." (Hier würden Sie auch in reichlicherem Maße Auskünfte für Ihren Juden-Ursprungsgedanken finden als in der Entwicklung der modernen Staatsidee, für die die 3 Männer Spinoza – Mendelssohn – Stahl doch allzu wenig bedeuten). Erwerbsprinzip = Geldstreben = „Kapitalverwertung" heißt in der Tat, das Mittel zum Zweck erheben. Und ihm passt sich alles übrige an: Staat – Kunst (l'art pour l'art) – Wissenschaft usw. Das einmal auszuführen, wäre sehr lohnend. (Ernst Jünger weiß zu wenig. Sein einziges Erlebnis ist die Materialschlacht. Aber aus ihr alle Geschichtsdeutung und alle Zukunftsgeschichte zu entnehmen, langt nicht.)

Was ist's nun mit „innen" und „außen"?! Soll uns auch unser Meinen und Glauben vorgeschrieben werden oder nicht? Ich habe die Empfindung, als ob die Staatslehre noch mehr konkretisiert werden sollte und als ob Sie der Mann wären, die Reform durchzuführen. Dazu braucht man ja nur auf Marx weiter zu bauen, wie Sie es schon in so großzügiger Manier längst angefangen haben.

Ich meine: worauf es ankommt, ist zu zeigen: nicht dass jeder Staat ein „Klassen"-Staat ist, das ist zu gering und in dieser Allgemeinheit auch falsch. Wohl aber, dass jeder Staat einem bestimmten Typus Mensch adäquat ist; d.h. ihm in der Wirklichkeit oder in den Idealen entspricht.

Was für ein Staat ist denn der „liberale" Staat für Hobbes? Der Staat der gebildeten und kapitalistisch erwerbenden Upper-middle-class. Sie will Erwerbsfreiheit und sie will Kulturfreiheit. Sie hatte aber auch noch soviel

---

419 *Werner Sombart*, Deutscher Sozialismus, Berlin 1934.

religiöses und kirchliches Interesse, dass sie den Kultus frei haben wollte. Nehmen wir als Gegenbeispiel: den der under-middle-class adäquaten Staat. Dieser hat einen horror vor freier Konkurrenz, hat gar keine philosophischen, wissenschaftlichen, künstlerischen Interessen und gar keinen dogmatisch festgelegten Glaubensstandpunkt: für sie ist der Staat der richtige, der ihr alle Portionen Kultur- und Geistesgut zumisst; sie hat an Freiheit des Geistes oder Glaubens gar kein Interesse usw. Nehmen Sie als 3. Beispiel: den Bolschewismus. Sein Standort wird bestimmt durch die Bedürfnisse des Industrieproletariats usw. – Absolute Entscheide gibt es also nicht.

Über all' das müssten wir einmal und mehrmal ausführlich uns aussprechen. Hoffentlich bietet sich bald einmal Gelegenheit.

Hier in dem alten Silberort ist es sehr schön. Er ist ein prächtiges Muster einer soliden, sauberen, schön aufgebauten Handwerkersiedlung, in der die Schrecknisse der heutigen Zeit noch keine Verwüstungen angerichtet haben.

Alsdann – leben Sie wohl. Seien Sie nochmals herzlich bedankt und mit Ihrer lieben Frau herzlich gegrüßt von

Ihrem treuergebenen
W. Sombart

170
Werner Sombart an Carl Schmitt

Berlin [Februar 1939]

Lieber Herr Kollege,

Sie haben Recht: Philister! nicht Mensch! Welcher Blödsinn von mir, dieses quid pro quo! Es war so unnötig, da Goethe mit seiner wundervollen Definition schon vertreten war! Sobald sich eine Gelegenheit bietet, werde ich den Schandfleck austilgen. Haben Sie vielen Dank, dass Sie mich darauf aufmerksam gemacht haben.

Die Meinen haben mir viel über den Vortrag G. de R.[420] erzählt; ich habe mir aber kein rechtes Bild von seinem Inhalt machen können.

Mit herzlichen Grüßen von Haus zu Haus

Ihr W. Sbt.

---

420 Wahrscheinlich: William Gueydan de Roussel (1908–1996), Jurist und Germanist, seit 1933 mit Schmitt befreundet, übersetzte „Politische Romantik“ und „Der Begriff des Politischen“ ins Französische. Vgl. Schmittiana III, 1991, S. 52–62.

171
Werner Sombart an Carl Schmitt

Berlin, 9.10.1939

Lieber Herr Kollege,

seien Sie, bitte, nicht böse, wenn ich heute abend nicht zu Ihnen komme: ich fühle mich nicht ganz wohl. Ich hoffe aber sehr, Sie bald einmal bei uns zu sehen. Ihr Büchlein[421] bringt Ihnen mit Dank meine Frau zurück.

Ich habe es wieder, wie alle Ihre Schriften, nicht nur mit lebhafter Anteilnahme, sondern mit Spannung gelesen. Bewundernswert: Ihre Fähigkeit, einleuchtende Begriffe aus dem Nichts hervorzuheben. Meisterhaft: Ihre Entlarvung Englands!

Sehr gefallen hat mir Ihre Ehrenrettung des Staatsbegriffs und seine Verteidigung gegen die „völkischen" Bilderstürmer. Sie sollten aber selbst den unklar-verschwommen-romantischen Begriff „Volk" fallen lassen, beziehungsweise ihn dahin verweisen, wohin er gehört. Habe ich recht gelesen, dass Carl Schmitt einen „Organismus" des Volkes[422] annimmt (S. 82)?! OJ [Oje] Carl Schmitt! So spricht der Siegfried, der den Drachen „politische Romantik" so siegreich bekämpft hat!?

Lesen Sie doch gelegentlich meine Ausführungen über den Volksbegriff in: „Vom Menschen"[423] nach. Ich sollte meinen, sie sind endgültig. Mindestens müssten sich doch die heutigen Wortführer die Mühe geben, meine Argumente zu widerlegen …

Aber das alles müssen wir einmal mündlich durchsprechen.

Mit den besten Empfehlungen an Frau Schmitt und herzlichen Grüßen an Sie
Ihr W. Sombart

---

421 *Carl Schmitt*, Völkerrechtliche Großraumordnung mit Interventionsverbot für raumfremde Mächte. Ein Beitrag zum Reichsbegriff im Völkerrecht, Berlin/Wien/Leipzig 1939.

422 Schmitt beruft sich hier auf eine Formulierung von Gottfried Neesse. Vgl. *C. Schmitt*, Völkerrechtliche Großraumordnung …, Neudruck in: *ders.*, Staat, Großraum, Nomos, hrsg. von Günter Maschke, Berlin 1995, S. 303.

423 *Werner Sombart*, Vom Menschen. Versuch einer geisteswissenschaftlichen Anthropologie, Berlin 1938. Vgl. hier den 2. Abschnitt, insbes. S. 155 f.

Verzeichnis und Nachweis der Briefe und Abbildungen

1
Nicolaus Sombart an Carl Schmitt
RW 0265 Nr. 15364, Bf., hs., 4 S.
Frankreich, Anfang 1943
Oben links: „Verzeihen Sie den Bleistift!“. Darunter stenogr. Notiz von Schmitt sowie groß und unterstrichen: „Nikolaus“

2
Carl Schmitt an Nicolaus Sombart
RWN 0260 Nr. 453, Bf., hs., 3 S.
Berlin-Schlachtensee, Kaiserstuhlstr. 19, den 29. Januar 1947

3
Nicolaus Sombart an Carl Schmitt
RW 0579 Nr. 355, Bf., ms., Unterschrift hs., 2 S.
NICOLAUS SOMBART, Heidelberg, Schloßberg 49, den 28. August 1947
Name und Adresse gedruckt. Unter dem Datum stenogr. Notiz von Schmitt, datiert 24.11.47.

4
Nicolaus Sombart an Carl Schmitt
RW 0265 Nr. 15365, Bf., hs., 4 S.
Heidelberg, den 9.12.48
Von Schmitt hinzugefügt: „Mönchhofstr. 17a“

5
Nicolaus Sombart an Carl Schmitt
RW 0265 Nr. 15366, Bf., ms., 1 S.
Nicolaus Sombart, Mönchhofstr. 17a, Heidelberg den 6. März 1949
Auf dem Briefkopf stenogr. Notiz von Schmitt und: „b.[eantwortet] 10.3.“

6
Carl Schmitt an Nicolaus Sombart
RWN 0260 Nr. 453, Bf., hs., 4 S.
Plettenberg, den 10. März 1949

7

Nicolaus Sombart an Carl Schmitt

RW 0265 Nr. 15367, Bf., hs., 4 S.
NICOLAUS SOMBART, Heidelberg, Werderstr. 72, 14. Juli 49
Ort, Straße und Hausnr. von Schmitt hinzugefügt; auf dem Briefkopf stenogr. Notiz von Schmitt sowie: „b.[eantwortet] 16.7.49"

8

Nicolaus Sombart an Carl Schmitt

RW 0265 Nr. 15368, Bf., ms., Unterschr. hs., 3 S.
NICOLAUS SOMBART, z.Z. Kampen auf Sylt, den 16. August 1949
Darunter von Schmitt notiert: „Haus Creutzfeldt". Daneben: „b.[eantwortet] 21.8.49". Am Ende Schmitts stenogr. Entwurf seines Antwortbriefes

9

Carl Schmitt an Nicolaus Sombart

RWN 0260 Nr. 453, Bf., hs., 2 S.
Pl.[ettenberg] 21.8.49

10

Nicolaus Sombart an Carl Schmitt

RW 0265 Nr. 15369, Ansichtsk., hs.
19. XII. 49
Ansichtskarte aus dem verschneiten Heidelberg mit Aufdruck: „Heidelberg im Winterkleid"

11

Nicolaus Sombart an Carl Schmitt

RW 0265 Nr. 15370, Bf., ms., Unterschr. hs., 7 S.
Nicolaus Sombart, Heidelberg, den 27. März 1950

12

Nicolaus Sombart an Carl Schmitt

RW 0579 Nr. 355, Pk., ms., Unterschr. hs.
Nicolaus Sombart, Werderstr. 72, Heidelberg, 26. April 1950
Unter dem Datum von Schmitt, teilw. stenogr. geschrieben: „2.5. Grevenverlag <…>"

13

Carl Schmitt an Nicolaus Sombart

RWN 0260 Nr. 453, Bf., hs., 1 S.
Plettenberg, den 2. Mai [1950]

14
Carl Schmitt an Nicolaus
RWN 0260 Nr. 453, Bf., hs., 1 S.
Plettenberg 13/7 50

15
Nicolaus Sombart an Carl Schmitt
RW 0265 Nr. 15371, Pk., ms., Unterschr. hs.
(noch) Heidelberg, den 4. September 1950
Postkarte mit Aufdruck „S. Fischer Verlag, Frankfurt am Main, Falkensteiner Strasse 24“. Darüber ms.: „Nicolaus Sombart“. Auf der Rückseite oben rechts stenogr. Notiz von Schmitt

16
Nicolaus Sombart an Carl Schmitt
RW 0265 Nr. 15372, Bf., ms., Schluss hs., 2 S.
S. FISCHER VERLAG FRANKFURT AM MAIN FALKENSTEINER STRASSE 24
[gedruckter Briefbogen, ms.:] Nicolaus Sombart, 13. Oktober 1950

17
Nicolaus Sombart an Carl Schmitt
RW 0265 Nr. 15373, Bf., ms., 1 S. u. Anlage (nicht erhalten).
S. FISCHER VERLAG FRANKFURT AM MAIN FALKENSTEINER STRASSE 24
[gedruckter Briefbogen, ms.:] den 25.11.1950, S./H.

18
Nicolaus Sombart an Carl Schmitt
RW 0265 Nr. 15374, Ansichtsk., hs.
Paris, 1. I. 51
Ansicht von Paris, Eiffelturm. Auf der Rückseite neben dem Datum unleserl. Notiz von Schmitt sowie: „b.[eantwortet] 6.1.51“

19
Nicolaus Sombart an Carl Schmitt
RW 0265 Nr. 15375, Bf., hs., 2 S.
S. FISCHER VERLAG FRANKFURT AM MAIN FALKENSTEINER STRASSE 24
[gedruckter Briefbogen, hs.:] Frankfurt, 17. I. 1951
Von Schmitt oben notiert: „1) Bobbio, 2) Nic., 3)… b.[eantwortet] 21.1.51“

20
Carl Schmitt an Nicolaus Sombart
RWN 0260 Nr. 453, Bf., ms./hs., 2 S.
Prof. Dr. Carl Schmitt, Plettenberg-Bhf. (Westf.), Brockhauserweg 10, 21.1.1951

21
Nicolaus Sombart an Carl Schmitt
RW 0265 Nr. 15376, Bf., hs., 2 S.
S. FISCHER VERLAG FRANKFURT AM MAIN FALKENSTEINER STRASSE 24
[gedruckter Briefbogen, hs.:] I. Februar 1951

22
Nicolaus Sombart an Carl Schmitt
RW 0265 Nr. 15377/1, Bf., hs., 2 S.
S. FISCHER VERLAG FRANKFURT AM MAIN FALKENSTEINER STRASSE 24
[gedruckter Briefbogen, hs.:] 9. Februar 51

23
Nicolaus Sombart an Carl Schmitt
RW 0265 Nr. 15377/2, Bf., hs., 2 S.
S. FISCHER VERLAG FRANKFURT AM MAIN FALKENSTEINER STRASSE 24
[gedruckter Briefbogen, hs.:] 25. Februar 1951

24
Nicolaus Sombart an Carl Schmitt
RW 0265 Nr. 15378, Bf., hs., 1 S.
DR. NICOLAUS SOMBART FRANKFURT AM MAIN FALKENSTEINERSTR. 24
[gedruckter Briefbogen, hs.:] 27. III. 51
Unter dem Datum von Schmitt notiert: „b.[eantwortet] 28. 3."

25
Nicolaus Sombart an Carl Schmitt
RW 0265 Nr. 15379, Bf., ms., Unterschr. hs., 2 S.
DR. NICOLAUS SOMBART FRANKFURT AM MAIN FALKENSTEINERSTR. 24 („24" durchgestrichen und hs. korrigiert in „10").
[gedruckter Briefbogen, ms.:] 28. Juni 1951

26
Nicolaus Sombart an Carl Schmitt
RW 0265 Nr. 15380, Pk, ms., Unterschr. hs.
[Aufgedruckter Absender des S. Fischer Verlags durchgestrichen und ms. ersetzt durch:] Dr. Nicolaus Sombart, Heidelberg, Bergstrasse 27a
Heidelberg, den 7. August 51
Darunter von Schmitt notiert: „b.[eantwortet] 13.8."

27
Carl Schmitt an Nicolaus Sombart
RWN 0260 Nr. 453, Bf., hs., 1 S.
Plettenberg, 13.8.51

28

Nicolaus Sombart an Carl Schmitt

RW 0265 Nr. 15381, Pk., ms., Unterschr. hs.
Aufgedruckter Absender des S. Fischer Verlags; darüber ms.: „Dr. N. S.".
Marburg, den 30. August 1951

29

Anima Schmitt und Carl Schmitt an Nicolaus Sombart

RWN 0260 Nr. 453, Bf., hs., 1 S.
Plettenberg, 8. VII.[recte: 9.] 51.
Das von Anima geschriebene Datum kann nicht stimmen, da der Brief nach dem Besuch Sombarts am 1./2. September geschrieben wurde! Es muss 8.9.51 heißen.

30

Carl Schmitt an Nicolaus Sombart

RWN 0260 Nr. 453, Ansichtsk., hs.
Ansicht von Sevilla. Reales Alcázares. Dormitorio de los Reyes Moros, Detail.
Pl.[ettenberg], 18.9.51

31

Nicolaus Sombart an Carl Schmitt

RW 0265 Nr. 15382, Bf., ms., Unterschr. hs., 1 S.
Auf dem Kopf von Schmitt stenogr. Notiz, davon lesbar: „b.[eantwortet] 6. XI. 51. Kojève <…> S. 500 <…>" (Bezieht sich vermutlich auf: *Kojève*, Introduction à la lecture de Hegel; s. Schmitts Brief vom 6.11.1951).
Paris, den 2. November 1951

32

Carl Schmitt an Nicolaus Sombart

RWN 0260 Nr. 453, Bf., hs., 1 S.
Plettenberg, 6. XI. 51

33

Nicolaus Sombart an Carl Schmitt

RW 0265 Nr. 15406, Grußk.
Paris, Dezember 1951

34

Nicolaus Sombart an Carl Schmitt

RW 0265 Nr. 15383, Bf., ms., Unterschr. hs., 2 S.
Mit hs. Korrekturen und Ergänzungen. Auf dem Kopf und am Rand umfangreiche stenogr. Notizen von Schmitt.
DR. NICOLAUS SOMBART
Paris 1er, 27. Dezember 1951

35
Nicolaus Sombart an Carl Schmitt
RW 0265 Nr. 15432, Ansichtsk., hs.
Paris [Anfang 1952]

36
Nicolaus Sombart an Carl Schmitt
RW 0579 Nr. 355, Bf., ms., Unterschr. hs., 1 S.
Name und Adresse gedruckt.
Dr. NICOLAUS SOMBART, 25, Place Dauphine, Paris Ier, 6. März 1952

37
Nicolaus Sombart an Carl Schmitt
RW 0265 Nr. 15384, Bf., ms., Unterschr. hs., 1 S.
Name und Adresse gedruckt.
Dr. NICOLAUS SOMBART, 25, Place Dauphine, Paris Ier
z. Zt. Heidelberg, 9. September 52

38
Carl Schmitt an Nicolaus Sombart
RWN 0260 Nr. 453, Bf., hs., 1 S.
Plettenberg, den 11.9.52

39
Nicolaus Sombart an Carl Schmitt
RW 0265 Nr. 15385, Bf., hs., 1 S.
Name und Adresse gedruckt.
Dr. NICOLAUS SOMBART, 25, Place Dauphine, Paris Ier, Heidelberg, 17.9.52

40
Nicolaus Sombart an Carl Schmitt
RW 0265 Nr. 15386, Bf., hs., 1 S.
Name und Adresse gedruckt.
Dr. NICOLAUS SOMBART, 25, Place Dauphine, Paris Ier, 14. X. 52

41
Nicolaus Sombart an Carl Schmitt
RW 0265 Nr. 15387, Bf., hs., 1 S.
Name und Adresse gedruckt.
Dr. NICOLAUS SOMBART, 25, Place Dauphine, Paris Ier, 1. Januar 1953

42

Nicolaus Sombart an Carl Schmitt

RW 0265 Nr. 15388, Bf., ms., Unterschr. hs., 2 S.
Name und Adresse gedruckt.
Dr. NICOLAUS SOMBART 25, Place Dauphine, Paris Ier, 14. Januar 1953

43

Carl Schmitt an Nicolaus Sombart

Verbleib des Originals unbekannt; nach einer Kopie im Besitz von Gerd Giesler, Bf., hs., 1 S.
Pl.[ettenberg], 18.7.53

44

Nicolaus Sombart an Carl Schmitt

RW 0265 Nr. 15389, Bf., ms., Unterschr. hs., 1 S.
Name und Adresse gedruckt. Auf dem Briefkopf stenogr. Notiz von Schmitt: „<…> 6.12.53“.
Dr. NICOLAUS SOMBART, 25, Place Dauphine, Paris Ier, 15. November 53

45

Nicolaus Sombart an Carl Schmitt

RW 0265 Nr. 15390, Pk., ms.
Unten Notiz von Schmitt: „Hbg 29/I/54“.
o. Datum, Poststempel: Heidelberg 30.1.54

46

Carl Schmitt an Nicolaus Sombart

RWN 0260 Nr. 453, Bf., hs., 1 S.
Name und Adresse gedruckt.
Prof. Dr. Carl Schmitt, Plettenberg II [hs. korrigiert in: „I“] (Westf.), Brockhauserweg 10, 3.8.1954

47

Nicolaus Sombart an Carl Schmitt

RW 0579 Nr. 355, Bf., ms., Unterschr. hs., 2 S.
Straßburg, 2, rue de Lens, den 10. August 1954

48

Carl Schmitt an Nicolaus Sombart

RWN 0260 Nr. 453, Bf., ms., Unterschr. hs., 1 S.; RW 0265 Nr. 13537 (Kopie)
Briefbogen gedruckt.
Prof. Dr. Carl Schmitt, Plettenberg II (Westf.), Brockhauserweg 10, 30.11.54

49

Nicolaus Sombart an Carl Schmitt

RW 0265 Nr. 15391, Bf., ms., Unterschr. hs., 3 S.
Auf dem Briefkopf hs. stenogr. Notiz von Schmitt sowie: „b.[eantwortet] 16.12.54".
Straßburg, 2, rue de Lens, den 6. Dezember 1954

50

Carl Schmitt an Nicolaus Sombart

RWN 0260 Nr. 453, Bf., hs., 3 S.
Plettenberg, den 16. XII. 1954

51

Nicolaus Sombart an Carl Schmitt

RW 0265 Nr. 15392, Bf., ms., Unterschr. hs., 2 S.
Straßburg, den 19. Dezember 1954

52

Carl Schmitt an Nicolaus Sombart

RWN 0260 Nr. 453, Bf., hs., 1 S.
Plettenberg, 7.1.55

53

Nicolaus Sombart an Carl Schmitt

RW 0265 Nr. 15393, Bf., hs., 2 S.
Straßburg, den 23. IV. 55

54

Nicolaus Sombart an Carl Schmitt

RW 0265 Nr. 15394, Bf., ms., 3 S.
Straßburg, den 5.5.55, Todestag Napoleons, Gründungstag des Europarates
Unter dem Datum Vermerk von Schmitt: „b.[eantwortet] 10.5.55"

55

Carl Schmitt an Nicolaus Sombart

RWN 0260 Nr. 453, Bf., hs., 2 S.
Plettenberg, 10.5.55

56

Nicolaus Sombart an Carl Schmitt

RW 0265 Nr. 15395, Bf., hs., 2 S.
Auf dem Briefbogen des Conseil de l'Europe.
Strasbourg, 2.6.55

57
Carl Schmitt an Nicolaus Sombart
RWN 0260 Nr. 453, Bf., hs., 2 S.
Pl.[ettenberg], 22.9.55

58
Nicolaus Sombart an Carl Schmitt
RW 0265 Nr. 15396, Bf., ms., Unterschr. hs., 2 S.
Straßburg, den 23. September 1955

59
Carl Schmitt an Nicolaus Sombart
RWN 0260 Nr. 453, Bf., hs., 2 S.
Plettenberg, den 26. Dezember 1955

60
Nicolaus Sombart an Carl Schmitt
RW 0265 Nr. 15397, Bf., ms., Unterschr. hs., 2 S.
Straßburg, den 6. Dezember 1955 [recte: 6. Januar 1956]
Ursprüngliche Datierung: „6. Dezember 1956“. Die Jahreszahl ist hs. in „1955“ korrigiert, was aber nicht stimmen kann, wie auch nicht der Monat.

61
Carl Schmitt an Nicolaus Sombart
RWN 0260 Nr. 453, hs., 1 Bl.
Juli 1956

62
Carl Schmitt an Nicolaus Sombart
RWN 0260 Nr. 453, Bf., hs., 1 S.
Plettenberg, 15.8.56

63
Nicolaus Sombart an Carl Schmitt
RW 0265 Nr. 15398, Bf., hs., 2 S.
Auf dem Briefkopf stenogr. Bleistiftnotizen von Schmitt.
Straßburg, den 2. Oktober 1956

64
Carl Schmitt an Nicolaus Sombart
RWN 0260 Nr. 453, Bf., hs., 2 S.
Plettenberg, 11.10.56

65
Carl Schmitt an Nicolaus Sombart
RWN 0260 Nr. 453, Bf., ms./hs., 2 S.
[Plettenberg], 30.12.56

66
Nicolaus Sombart an Carl Schmitt
RW 0265 Nr. 15400, Bf., hs., 2 S.
Straßburg, den 11.1.1957

67
Nicolaus Sombart an Carl Schmitt
RW 0265 Nr. 15399, ms., 1 S.
Telegramm aus Paris an den Rhein-Ruhr-Club Düsseldorf

68
Nicolaus Sombart an Carl Schmitt
RW 0265 Nr. 15401, Bf., hs., 2 S.
Kolbsheim, den 23. I. 57

69
Nicolaus Sombart an Carl Schmitt
RW 0265 Nr. 15402, Bf., ms., Unterschr. hs., 3 S.
Unter Ort und Datum von Schmitt notiert: „Bas-Rhin, b.[eantwortet] 3.2. <…>“.
Kolbsheim, den 30. Januar 1957

70
Carl Schmitt an Nicolaus Sombart
RWN 0260 Nr. 453, Bf., hs., 4 S., 1 Visitenk.
Plettenberg, 3.2.57

71
Nicolaus Sombart an Carl Schmitt
RW 0265 Nr. 15403, Bf., ms., Unterschr. hs., 2 S.
Kolbsheim, den 5. Februar 1957

72
Nicolaus Sombart an Carl Schmitt
RW 0265 Nr. 15404, Bf., hs., 4 S.
Kolbsheim (Bas-Rhin), 24. VIII. 57

73
Nicolaus Sombart an Carl Schmitt
RW 0265 Nr. 15405, Bf., hs., 2 S.
Kolbsheim (Bas-Rhin), 19.9.57

74
Nicolaus Sombart an Carl Schmitt
RW 0265 Nr. 15407, Bf., hs., 2 S.
Kolbsheim, den 17.XII.57

75
Nicolaus Sombart an Carl Schmitt
RW 0265 Nr. 15408, Bf., hs.
Unter dem Datum von Schmitt notiert: „b.[eantwortet] 2.2.58".
Kolbsheim (Bas-Rhin), 27.I.58

76
Carl Schmitt an Nicolaus Sombart
RWN 0260 Nr. 453, Bf., hs., 2 S.
Plettenberg, 2.2.58

77
Nicolaus Sombart an Carl Schmitt
RW 0265 Nr. 15409, Bf., hs., 4 S.
Kolbsheim, 5.II.58

78
Nicolaus Sombart an Carl Schmitt
RW 0265 Nr. 15410, Bf., hs., 1 S., Kt.
Weihnachtskarte des Europarates mit Bild von Maria und Joseph mit dem Kind sowie gedruckten Weihnachts- und Neujahrsgrüßen in frz. und engl.
Kolbsheim, 22.XII.58

79
Nicolaus Sombart an Carl Schmitt
RW 0265 Nr. 15411, Bf., hs., 4 S.
Auf dem Briefkopf stenogr. Notiz von Schmitt sowie: „b.[eantwortet] 18.2."
Kolbsheim, 7.II.59

80
Carl Schmitt an Nicolaus Sombart
RWN 0260 Nr. 453, Bf., hs., 1 S.
o. O., 18.2.59

81

Nicolaus Sombart an Carl Schmitt

RW 0265 Nr. 15412, Ansichtsk., hs.
Ansichtsk. aus Wien mit dem Bild „Das Feuer“ von Arcimboldo (Kunsthistorisches Museum Wien).
o. O., 27.II.59

82

Carl Schmitt an Nicolaus Sombart

RWN 0260 Nr. 453, Bf., hs., 1 S.
Plettenberg, 2.3.1960

83

Carl Schmitt an Nicolaus Sombart

RWN 0260 Nr. 453, Bf., hs., 1 S.
Vic-sur-Seille (Moselle), 12. August 1962

84

Nicolaus Sombart an Carl Schmitt

RW 0265 Nr. 15413, Bf., ms., 1 S.
Auf dem Briefbogen des Conseil de l'Europe; adressiert an: Herrn Prof. Dr. Carl Schmitt c/o M. André-Marie Steinlein, Notaire, Vic-sur-Seille (Moselle). Neben der Unterschrift stenogr. Notiz von Schmitt.
Strasbourg, den 16. August 1962

85

Carl Schmitt an Nicolaus Sombart

RWN 0260 Nr. 453, Kunstk., hs.
Karte mit dem Bild von Goya „El dos de mayo de 1808 en Madrid“ (Prado). Offenbar im Zug geschrieben; abgestempelt in Köln-Deutz.
Auf der Rückreise zwischen Mainz und Koblenz, 20.8.62

86

Carl Schmitt an Nicolaus Sombart

RWN 0260 Nr. 453, Bf., hs., 1 S.
Plettenberg (Westfalen), 22.8.62

87

Carl Schmitt an Nicolaus Sombart

RWN 0260 Nr. 453, Ansichtsk., hs.
Ansichtskt.: Musée de la Monnaie in Vic-sur-Seille (Moselle).
Vic-sur Seille, 11.9.63

88

Nicolaus Sombart an Carl Schmitt

RW 0265 Nr. 15414, Ansichtsk., hs.
Ansicht von Staufen im Breisgau, Rothofweg.
18.6.64

89

Carl Schmitt an Nicolaus Sombart

RWN 0260 Nr. 453, Bf., hs., 2 S.
1.7.65

90

Carl Schmitt an Nicolaus Sombart

RWN 0260 Nr. 453, Bf., hs., 1 S.
den 12. November 1965

91

Nicolaus Sombart an Carl Schmitt

RW 0265 Nr. 15415, Bf., hs., 1 S.
Briefkopf gedruckt: „Dr. Nicolaus Sombart“
Kolbsheim, 31. Mai 1966

92

Widmung von Carl Schmitt für Nicolaus Sombart

In einem Sonderdruck: *Carl Schmitt*, Über zwei große „Dualismen“ des heutigen Rechtssystems. Wie verhält sich die Unterscheidung von Völkerrecht und staatlichem Recht zu der innerstaatlichen Unterscheidung von öffentlichem und privatem Recht? In: Mélanges Streit, Bd. 2, Athen 1940, S. 315–328. Darauf von Schmitt notiert: „abgedruckt in Positionen und Begriffe (1940), S. 261 ff.“ Die Einträge Schmitts sind abgebildet in: Katalog Tasbach, S. 12. Dazu gibt es im Nachlass Schmitt teilw. stenogr. Notizen, in denen es u. a. heißt: „Cherchez la femme? A bas le père! La recherche de la réalité se transforme dans la recherche du père. [Sucht die Frau? Nieder mit dem Vater! Die Suche nach der Wirklichkeit wandelt sich in die Suche nach dem Vater.] Das kann nicht gut enden: Pater semper incertas [Der Vater ist immer ungewiss] – jedenfalls nicht ohne getrennten Haushalt.“ (RW 0265 Nr. 211, Bl. 9).

93

Carl Schmitt an Nicolaus Sombart

RWN 0260 Nr. 453, Bf., hs., 1 S.
Mit Umschlag, Poststempel „Plettenberg“
20.6.73

94
Carl Schmitt an Nicolaus Sombart
RWN 0260 Nr. 453, Bf., hs., 1 S.
6.1.76
Zu diesem Brief gibt es einen stenographischen Entwurf im Nachlass Schmitt; RW 0265 Nr. 453

95
Nicolaus Sombart an Carl Schmitt
RW 0265 Nr. 15416, Bf., hs., 2 S.
Straßburg, den 24.II.76

96
Nicolaus Sombart an Carl Schmitt
RW 0265 Nr. 15417, Bf., hs., 4 S.
8, Place des Étudiants, Strasbourg, den 3.III.76

97
Nicolaus Sombart an Carl Schmitt
RW 0265 Nr. 15431, Ansichtsk., hs.
Ansicht: Staufen i. Br., Rothofweg (Wohnhaus Prof. Kaiser)
18.6.76

98
Nicolaus Sombart an Carl Schmitt
RW 0265 Nr. 15418, Ansichtsk., hs.
Fotografie von Hughenden Manor in Buckinghamshire.
16.7.76

99
Carl Schmitt an Nicolaus Sombart
RWN 0260 Nr. 453, Bf., hs., 2 S.
Neben dem Datum: „Ich wohne nicht mehr Brockhauserweg, sondern in D 597 Plettenberg-Pasel 11 c, wo Du mich besucht hast (Feb. 1976)."
24. August 1976

100
Nicolaus Sombart an Carl Schmitt
RW 0265 Nr. 15419, Bf., hs., 2 S.
Straßburg, 8. Sept. 1976

101
Nicolaus Sombart an Carl Schmitt
RW 0265 Nr. 15420, Bf., hs., 2 S.
Auf dem Kopf von Schmitt links oben notiert: „Prof. Démitrescu". Neben dem Datum: „erhalten 21.9.76. Da war der 2 Damen-Aufsatz also schon beim Merkur."
Straßburg, den 17.9.76

102
Carl Schmitt an Nicolaus Sombart
RWN 0260 Nr. 20194, hs., 1 S.
13/11/1976
Darüber geschrieben: „nicht abgeschickt".
Dazu gibt einen stark bearbeiteten, teilw. stenogr. Entwurf und weitere Notizen (ebd.)

103
Nicolaus Sombart an Carl Schmitt
RW 0265 Nr. 15421, Bf., hs., 2 S.
Paris, den 26.XI.76

104
Carl Schmitt an Nicolaus Sombart
RWN 0260 Nr. 453, Bf., hs., 1 S.
10. Dezember 1976
Konzept dieses Briefes: RW 0265 Nr. 21809

105
Nicolaus Sombart an Carl Schmitt
RWN 0260 Nr. 455, Entwurf des folgenden Briefes

106
Nicolaus Sombart an Carl Schmitt
RW 0265 Nr. 15422, Bf., hs., 2 S.
Unter dem Datum von Schmitt: „b.[eantwortet] 7.1.1978". Beiliegend Schmitts stenogr. Entwurf seines Briefes vom 7.1.1978.
Straßburg, den 31.12.77

107
Carl Schmitt an Nicolaus Sombart
RWN 0260 Nr. 453, Bf., hs., 1 S.
7.1.1978

108
Nicolaus Sombart an Carl Schmitt
RW 0265 Nr. 15423, Bf., hs., 2 S.
Neben dem Datum von Schmitt stenogr. Notiz und Ergänzung der Adresse („8, place des Étudiants") Am Ende: „b.[eantwortet] 21.6.78" sowie stenogr. Entwurf des Antwortbriefes.
Straßburg, den 13.6.78

109
Carl Schmitt an Nicolaus Sombart
RWN 0260 Nr. 453, Bf., hs., 1 S.
21.6.78

110
Nicolaus Sombart an Carl Schmitt
RW 0265 Nr. 15424, Bf., ms., Unterschr. hs., 3 S.
Neben dem Datum Adresse von Schmitt notiert: „8, Place des Étudiants, F 6700 Strasbourg". Darunter: „b.[eantwortet] 2.8.78 mit anl. Sonderdruck <…>" (Rest stenogr.).
Straßburg, den 28.7.78

111
Carl Schmitt an Nicolaus Sombart
RWN 0260 Nr. 453, Bf., hs., 2 S.
2.8.1978

112
Nicolaus Sombart an Carl Schmitt
RW 0265 Nr. 15425, Bf., hs., 2 S.
Straßburg, den 8.8.78

113
Carl Schmitt an Nicolaus Sombart
RW 0265 Nr. 13626, Bf., hs., 1 S.
Beiligend ein Zettel mit stenogr. Notizen Schmitts
597 Plettenberg-Pasel 11 c, 27.2.79

114
Carl Schmitt an Nicolaus Sombart
Ohne Sign.; Vorlage: Kopie im Besitz von Gerd Giesler, Bf., hs., 1 S.
15/5/79

115
Nicolaus Sombart an Carl Schmitt
RW 0265 Nr. 15426, Kt., hs., 2 S.
Strassburg, den 24.5.79

116
Nicolaus Sombart an Carl Schmitt
RW 0265 Nr. 15427, Telegramm
Straßburg, 12.VII.79, 6.26 Uhr

117
Carl Schmitt an Nicolaus Sombart
RWN 0260 Nr. 453, Bf., hs., 1 S.
o. Datum, oben rechts vermerkt: „erhalten 22/8/79"

118
Nicolaus Sombart an Carl Schmitt
RW 0265 Nr. 15428, Bf., ms., Unterschr. hs., 2 S.
Unter dem Datum von Schmitt vermerkt: „erhalten 27.8.79".
F 67 Strasbourg, 8, Place des Étudiants, den 23. August 79

119
Corina Sombart an Carl Schmitt
RW 0265 Nr. 15435, Ansichtsk., hs.
Ansicht: Regentenbau und Saale-Partie in Bad Kissingen
Bad Kissingen, o. D. [Poststempel 25.9.29]

120
Corina Sombart an Carl Schmitt
Besitz G. Giesler, Ansichtsk., hs.
Ansicht: Assisi – Chiesa di S. Francesco e Campagna Umbra
Assisi – 10.XI.32

121
Corina Sombart an Carl Schmitt
RW 0265 Nr. 15338, Ansichtsk., hs.
Ansicht von Waldsee-Bad Hahnenklee im Oberharz
o. Datum, vermutlich 1932

122
Corina Sombart an Carl Schmitt
RW 0265 Nr. 15339, Kunstk., hs.
Foto einer Figur aus dem Marienaltar von Tilman Riemenschneider in der Herrgottskirche in Creglingen.
Grw [Grunewald] 5/I/34

123
Corina Sombart an Carl Schmitt
RW 0265 Nr. 15340, Bf., hs., 1 S.
St. A. [Sankt Andreasberg] 23/VII/38

124
Corina Sombart an Carl Schmitt
RW 0579 Nr. 354, Postk., hs.
BK/9/VII/44. Abs.: Sombart, 10 Bad Koesen, Am Rechenberg 8. Darunter von Schmitt: „28/8/44".
Adressiert an: „Herrn Professor Carl Schmitt, Berlin-Dahlem, Kaiserswertherstr. 17, bitte nachsenden". Korrigiert in: „Berlin-Schlachtensee, Schönererzeile 19"

125
Corina Sombart an Carl Schmitt
RW 0579 Nr. 354, Bf., hs., 2 S.
BK/31/VIII/44

126
Corina Sombart an Carl Schmitt
RW 0579 Nr. 354, Bf., hs., 2 S.
BK/13/X/44

127
Carl Schmitt an Corina Sombart
RWN 0260 Nr. 454, Bf., hs., 2 S.
Plettenberg, 24. Oktober 1950

128
Corina Sombart an Carl Schmitt
RW 0265 Nr. 15341, Bf., hs., 3 S.
H/13/XI/50
Auf dem Briefkopf stenogr. Notiz von Schmitt sowie: „b.[eantwortet] 23/XI/50"

129
Carl Schmitt an Corina Sombart
RWN 0260 Nr. 454, Bf., hs., 1 S.
Plettenberg, 23/XI 50

130
Corina Sombart an Carl Schmitt
RW 0265 Nr. 15342, Postk., hs.
H/29/XI/50

131
Corina Sombart an Carl Schmitt
RW 0265 Nr. 18814, Bf., hs., 2 S.
H/4/II/51

132
Corina Sombart an Carl Schmitt
RW 0265 Nr. 15343, Bf., hs., 1 S.
H/26/VI/52
Auf dem Brief stenogr. Notizen von Schmitt, sowie: „b.[eantwortet] 28.8.52“

133
Corina Sombart an Carl Schmitt
RW 0265 Nr. 15348, Bf., hs., 2 S.
H/25/X/52
Auf dem Briefkopf Notiz von Schmitt: „Tel. 28/10., Tel. überwiesen 29/10.52, Schreiben 29/10. 52“

134
Corina Sombart an Carl Schmitt
RW 0265 Nr. 15344, Bf., hs., 2 S.
H/I/XI/52
Beiliegend ein Zettel von Nicolaus Sombart: „Golo Mann habe ich noch nicht gelesen, aber ich werde mir den ‚Monat‘ dieser Tage kaufen. Ich brenne vor Neugierde zu erfahren, wie er das heiße Eisen angepackt hat.“
Ein weiterer Zettel von N. Sombart nur als Fragment vorhanden.

135
Corina Sombart an Carl Schmitt
RW 0265 Nr. 15345, Bf., hs., 1 S.
H/25/III/53

136
Corina Sombart an Carl Schmitt
RW 0265 Nr. 15346, Bf., hs., 2 S.
H/3/VII/53

137
Corina Sombart an Carl Schmitt
RW 0265 Nr. 15347, Bf., hs., 1 S.
H/22/VII/53

138
Carl Schmitt an Corina Sombart
RWN 0260 Nr. 454, Bf., hs., 1 S.
[Gedruckter Briefkopf:] Prof. Dr. Carl Schmitt, Plettenberg I (Westf.), Brockhauserweg 10
den 22.XII.1954

139
Corina Sombart an Carl Schmitt
RW 0265 Nr. 15349 Bf., hs., 2 S.
H/20/Oct/55

140
Corina Sombart an Carl Schmitt
RW 0265 Nr. 15350, Bf., hs., 2 S.
Sonntag, 15.I.56

141
Corina Sombart an Carl Schmitt
RW 0265 Nr. 15337, Bf., hs., 2 S
Strassburg, undatiert

142
Corina Sombart an Carl Schmitt
RW 0265 Nr. 15351, Ansichtsk., hs.
Bild: Gemälde einer Stierkampfszene mit dem Torero Manolete
Palamós Costa Brava, 20.X.57

143
Corina Sombart an Carl Schmitt
RW 0265 Nr. 15352, Bf., hs., 1 S.
H/5/XII/57

144
Corina Sombart an Carl Schmitt
RW 0265 Nr. 15353, Bf., hs., 3 S.
H/20/XII/57

145
Corina Sombart an Carl Schmitt
RW 0265 Nr. 15354, Bf., hs., 2 S.
H/10/VII/58
Auf dem Briefkopf von Schmitt: „b.[eantwortet]"

146
Carl Schmitt an Corina Sombart
RWN 0260 Nr. 454, Ansichtsk., hs.
Ansicht von Santiago de Compostela
Santiago de Compostela, 15/7/58

147
Corina Sombart an Carl Schmitt
RW 0265 Nr. 15355, Bf., hs., 2 S.
H/30/VII/58

148
Carl Schmitt an Corina Sombart
RWN 0260 Nr. 454, Bf., hs., 2 S.
29/6/65

149
Carl Schmitt an Corina Sombart
RWN 0260 Nr. 454, Bf., hs., 1 S.
San Casciano, 3/7/65

150
Corina Sombart an Carl Schmitt
RW 0265 Nr. 15356, Ansichtsk., hs.
Ansicht von Badenweiler
10/VII/65

151
Corina Sombart an Carl Schmitt
RW 0265 Nr. 15357, Ansichtsk., hs.
Ansicht von Badenweiler
9. VIII. 65

152
Carl Schmitt an Corina Sombart
RWN 0260 Nr. 454, Kunstdruckk., hs.
14/8/65
Die Karte zeigt das Porträt von Thomas Hobbes, gemalt von Michael Wright, aus der National Portrait Gallery in London. Im kurzen biographischen Text auf der Rückseite heißt es u. a.: „An infidel for whom Being was mechanism, morality selfishness, and religion part of law …“ Das Wort „infidel“ von Schmitt unterstrichen und mit einem Fragezeichen versehen. Unter dem Porträt hat Schmitt geschrieben: „Science is but a small power. Leviathan ch. X.“

153
Carl Schmitt an Corina Sombart
RWN 0260 Nr. 454, Bf., hs., 2 S.
Plettenberg, den 3. Januar 1968

154
Corina Sombart an Carl Schmitt
RW 0265 Nr. 15362, Bf., hs., 2 S.
H/7/I/68

155
Corina Sombart an Carl Schmitt
RW 0265 Nr. 15359, Bf., hs., 1 S.
H/10/VII/68

156
Carl Schmitt an Corina Sombart
RWN 0260 Nr. 454, Ansichtsk., hs.
Ansicht des Hospital de los Reyes Católicos in Santiago de Compostela („eines der schönsten Hotels der Welt", E. Harich-Schneider)
16/7/68

157
Corina Sombart an Carl Schmitt
RW 0265 Nr. 15358, Ansichtsk., hs.
Ansicht: Hotel Weißes Rößle, Hinterzarten
17.VIII.68 Hotel weisses Rössli bis 28. Aug.

158
Carl Schmitt an Corina Sombart
RWN 0260 Nr. 454, Bf., hs., 2 S.
Plettenberg, den 27. August 1968

159
Corina Sombart an Carl Schmitt
RW 0265 Nr. 15360, Bf., hs., 4 S.
Badenweiler, 4.IX.68 [von Schmitt ergänzt:] Schweizerhof

160
Corina Sombart an Carl Schmitt
RW 0265 Nr. 15361, Bf., hs., 2 S.
H/20/XII/68

161
Werner Sombart an Carl Schmitt
RW 0265 Nr. 15434, Bf., hs., 1 S.
Berlin-Grunewald, Humboldtsr. 35a, 4.XI.28

162
Werner Sombart an Carl Schmitt
RW 0265 Nr. 15442, Ansichtsk., hs.
Ansicht: Ferrara, Chiesa di S. Benedetto e Corsa Porta Po
undatiert, Poststempel: 7.VI.32

163
Werner Sombart an Carl Schmitt
RW 0265 Nr. 15436, Bf., hs., 2 S.
z.Z. Hahnenklee (Oberharz), Hôt. Waldgarten, 27.VIII.32

164
Werner Sombart an Carl Schmitt
RW 0265 Nr. 15437, Pk., hs.
undat., Poststempel: 19.9.32

165
Carl Schmitt an Werner Sombart
Geh. Preuß. Staatsarchiv, VI.HA, Nl Sombart, Nr. 10 b, Bd. 9, Bl. 883, Pk., hs.
Aufdruck: „Professor Carl Schmitt, Köln-Lindenthal, Pharriusstr. 6", 24.6.33

166
Werner Sombart an Carl Schmitt
RW 0265 Nr. 15438, Pk., hs.
Abs. Berlin-Grun., Humboldtstr. 35a, undatiert [Anfang Januar 1934]

167
Carl Schmitt an Werner Sombart
Geh. Preuß. Staatsarchiv, VI.HA, Nl Sombart, Nr. 2 k/I, Bl. 140, ms., 1 S.
Gedr. Briefkopf „Preußischer Staatsrat Professor Carl Schmitt, Berlin-Steglitz, Schillerstr. 2"
den 25. Juni 1934

168
Werner Sombart an Carl Schmitt
RW 0265 Nr. 15439, Telegramm
St. Andreasberg, 11.7.1938
darauf von Schmitt notiert: „b.[eantwortet] 12.7."

169
Werner Sombart an Carl Schmitt
RW 0265 Nr. 15440, Bf. hs., 3 S.
z.Zt. St. Andreasberg (Harz), Villa Hoffmann, 26.VII.38

170
Werner Sombart an Carl Schmitt
RW 0265 Nr. 15433, Pk., hs.
Abs. Berlin-Grun., Humboldtstr. 35a, undatiert, Poststempel: „<.>2.39"

171
Werner Sombart an Carl Schmitt
RW 0265 Nr. 15441, Bf. hs., 2 S.
Berlin-Grun., Humboldtstr. 35a, 9.X.39

Abbildungsnachweis

Carl-Schmitt-Gesellschaft: 1, 6

Familienarchiv Sombart: 2–5, 7–10

Anhang

1
Carl Schmitt an Erwin von Beckerath

RW 0265 Nr. 12808, ms. Brief (Auszug), 1 S.

Berlin, den 7.6.1941

[...]

Jene Beisetzung Werner Sombarts war unsagbar traurig, die Reden Schumachers, Giesekes, Emges, Heymanns so arm und inadäquat, daß ich es für eine wichtige Standesfrage halte, die, wie Sie sagen, „merkwürdige und interessante Figur" dieses Mannes einmal zu zeichnen, damit nicht der Eindruck entsteht, als wären wir schon so tief in das nachwissenschaftliche Zeitalter abgesunken, daß wir uns der vorangehenden Generation nicht einmal mehr bewußt zu werden vermögen. Frau Sombart, die klug und gebildet ist, der 15jährige Sohn Nikolaus, der etwas Genialisches hat, taten mir so leid, als ich sie dieser deprimierenden Povertät am Sarge ihres Vaters und Mannes ausgesetzt sah. Müssen wir auch diese Standespflicht emigrierten Juden überlassen? Oder Amerikanern? Ist es schon soweit, daß man sich an den Satz Franz von Baaders aus dem Jahre 1820 erinnert: Die Exkommunikation der Intelligenz, die einige servile Narren heute (1820!) fordern, wird mit der Exkommunikation aus der Intelligenz beantwortet werden. [...]

2
Nicolaus Sombart: Gedicht

Akademie der Künste, Berlin, Hans-Werner-Richter-Archiv Nr. 1660, ms., 2 S., datiert Juni 1942

Selbstbildnis 1942

Der kleine Fischer, der spät in der Nacht noch sein Netz legt,
Sieht stumm und mit abergläubigem Staunen das Traumschiff,
Purpurne Segel am Mast
Im Gaukel bunter Laternen;
Und süß von Musik umgirrt und dem Nachklang von Stimmen,
die mild der Wind mit sich forttreibt.

Freunde zechen an Bord, in seidnen Gewändern
Festlich gestimmt von Wein und von Worten.
Hört, dort erzählt wohl einer von Blüten und Steinen;
Von neu entdeckten Gefilden der Sehnsucht.
Und dieser da erfindet sie, die Königin, der man alles,
Was man sah und erdacht anbetend zu Füssen breitet.
Ein anderer weiß dazu den wehen Vers eines Dichters,
Von dem es heißt, dass er längst
In den Häfen verkam. Abseits aber pinselt einer,
Den weiten Ärmel zurückgeschlagen, träumerisch vor sich hin
Auf zartes Papier.

In dem dunklen Spiegel des Wassers fangen sich die Gestalten
Deren tändelnde Laune ernsten Gedanken Kostüm ist.
Zerbrechliche Gesten führen die schweren Pokale,
Und phantastischen Vögeln gleich flattern die Reden hinaus in die Nacht.

Wer seid ihr, bunte Gesellschaft?
In so vertrautem Gelage beisammen,
Und doch so fremd zueinander?
Sind diese Feste, deren einziger Zeuge der Mond ist
Eurer Fahrten letzte Bestimmung?
Sagt, was macht ihr des Tags?
Seid ihr auf heimlicher Flucht,
Oder sucht ihr Atlantis, das lange Verschollne,
Weil Menschen vergaßen,
Dass ihnen das Wundersame eher gemäß ist,
Als jener blinde Niederschlag, den man müde als Wirklichkeit hinnimmt.

Doch halt!
Tönt da nicht plötzlich vom Lug her ein Warnruf?
Ist es der kleine Kutter dort,
Oder kräuselt sich gegen den grauenden Osten verdächtiger Rauch?
Gellender Pfiff zerreißt das zarte Gespinst …
Im Nu sind die Segel gerefft, die Lampen erloschen,
Und in die Luken verschwinden Teppich und Polster.
Aus unteren Decks rumort es von Stimmen, die anders klingen
Als das verwöhnte Geplauder. Und wahrlich
Es sind nicht die selben, die jetzt in zerrissnem Gewand,
Unter Planken die Waffen hervorziehn,
Gewehre und schwere Pistolen, Dolche und Säbel
Deren Perlmuttgriff oder silberne Scheide nur ansagt,
Woher sie wohl stammen.

Längst ist das zierliche Tauwerk ersetzt,
Und linnene Segel umklatschen die Rahen.
Und sieh, hoch an der Spitze des Mastes fetzt auch schon der schwarze
Wimpel
Zu dem mit Schmunzeln dieser und jener der Mannschaft hinaufschaut,
Ein Lächeln, das erst den lorbeerbekränzten
Zechkumpanen verrät.

Wer seid ihr, wunderliche Besatzung?
Träumer, oder gewissenlose Korsaren, die Schätze verachten
Und mit dem Schönsten nur spielen.

Seid ihr auf Kriegsfahrt?
Wohin?

3
Nicolaus Sombart an Duška Schmitt
RW 0265 Nr. 15429, ms. Brief, 2 S.

Frankfurt, 20.9.1950

Sehr verehrte, liebe Frau Professor,

– um diesen Brief zu schreiben, habe ich die Lektüre eines Buches von Carl Schmitt unterbrochen, – es ist der kleine Cortés-Band, den ich mir von dem Stand des Greven-Verlages auf der Frankfurter Buchmesse (die heute in der Paulskirche eröffnet wurde) einfach mitgenommen habe, froh ihn dort mit seinen beiden Geschwistern in der Öffentlichkeit und im Zentrum des Interesses der Kenner zu sehn, aber zu ungeduldig um zu warten, bis ihn mir mein Buchhändler besorgen kann; ich habe die Lektüre unterbrochen, weil ich von seinem Inhalt auf seinen Autor zu denken kam, und weil von der Person des Autors meine Gedanken zu Ihnen glitten … ganz plötzlich war mir alles, was Mama mir von Ihrem schweren Leiden in Heidelberg geschrieben hat, auf seltsame Weise gegenwärtig, und es drängte mich, Ihnen ein Zeichen dieser Verbundenheit zu geben. Vielleicht kann ein Wort der Dankbarkeit, der aufrichtigen Verehrung eine böse Minute erleichtern; ich glaube daran, dass die Zauberkraft der Worte, die von Herzen kommen, noch nicht erloschen ist. Viele Jahre nach dem Tode meines Vaters begriff ich plötzlich, – mich quälte als Junge schon immer die Frage, was er nachts, wenn er sich von uns allen verabschiedet hatte, und wach in seinem Bette lag, wohl denken mochte – die Einsamkeit, in der er, von uns allen umgeben, gelebt hatte – und damit die Einsamkeit, zu der wir alle verurteilt sind, und in die wir uns schicken müssen. Und doch, so demütig ich diese Lehre annahm, so reuig tat ich es auch, denn ich war der unendlichen Versäumnisse eingedenk, mit denen ich die wenigen Chancen verpasst hatte, mich der Einsamkeit dieses ehrfürchtig verehrten Mannes zu nähern, einfach dadurch, dass ich ihm sagte: meine Gedanken sind mit Dir. Darum lasse ich diesen Brief jetzt nicht ungeschrieben, mag es mir gelingen, das auszudrücken, was ich fühle, und Ihnen s a g e n möchte, oder nicht.

Sie wissen, dass die entscheidende Begegnung meines Lebens diejenige mit Carl Schmitt gewesen ist; ein Verführer, ein Magier, hat er mein Denken verzaubert; durch die Jahre hindurch hat es in immer neuen Verwandlungen den Gesetzen dieses Zaubers gehorcht; ich glaube, dass es der Zauber ist, der den Zugang zu den Geheimnissen entsiegelt. Darüber will ich noch einmal gründlich berichten. Hier ist nur das eine wichtig, dass zu Carl Schmitt von allem Anfang an auch immer Sie gehörten. Ob Sie nun mit ihm von einer Gesellschaft der Eltern weg in unser Kinderzimmer kamen, um eine Matador-Hochbahn mit Zinnpassagieren zu besichtigen; oder ob Sie es waren, die den Primaner wissen ließ, dass er zu einem Wald- und Regenspaziergang antreten solle; oder ob Sie den jungen Studenten als die strenge Herrin des Dahlemer Hauses bewirteten. Immer standen Sie irgendwie unsichtbar – und nur gelegentlich in Erscheinung tretend – hinter ihm, und letzten Endes waren Sie es, von der jene Atmosphäre archaischer Sicherheit ausstrahlte, die zu seiner Aura gehört. Diese Sicherheit, die Beruhigung mitteilte, wie ich sie in diesem Maße bei keinem anderen Menschen erlebt habe, lernte ich erst langsam in ihrer Mächtigkeit verstehen. Dass sie von Ihnen kam, spürte ich, wenn ich (von Ihnen mitgenommen) erlebte, wie Sie mir fremde Menschen an ihr teilnehmen ließen. So ist mir unser Besuch bei dem Maler Nolde deutlich in Erinnerung. Mochte ich damals auch in erster Linie durch die Tatsache in Anspruch genommen worden sein, einen „verbotenen“ Künstler aufzusuchen, mochte das reine Ateliererlebnis im Vordergrund gestanden haben, heute weiß ich, dass ich Zeuge davon war, wie Sie jemandem etwas von Ihrer Sicherheit spendeten! Genauso wie dann, wenn wir in die „Hinteren Räume“ der Galerie Buchholz gingen, nach geflüstertem Wortwechsel mit ehrerbietigen Hütern der Schwelle. (Obwohl ich diese Erinnerung nicht deswegen beschwöre, muss ich Ihnen hier sagen, dass ich wesentlich Ihnen meine Beziehung zur modernen Kunst danke …) Auch wenn Gilles in Ihrem serbisch geschmückten Kabinett seine Blätter zeigte, nahm er, wie ich, der ich still dabei saß (und vielleicht ebenso ahnungslos und wundersam getragen), von Ihrer Sicherheit. Und lag etwas anderes vor, wenn ich Sie in Mamas Salon sitzend fand, in der weiten Pelerine, nie ganz wirklich zu Gast, sondern immer wie in einer verpflichtenden Angelegenheit auf Visite, – und mit ihr über Russisches berieten?

Ich gestehe, liebe Frau Professor, dass es eine lange Zeit gab, in der mir Ihre Gegenwart weniger Vertrauen als Angst einflößte; d. h. eine Art von Respekt, die Unterwerfung fordert, nur zu der sich die eigene Selbstgefälligkeit schlecht bequemen wollte. Doch hatte es diese „Angst" sonderbarerweise an sich, dass ich sie irgendwie gerne empfand. Von ihr her erschloss sich mir denn auch die Seite von Carl Schmitt, die nicht nur faszinierend, nicht nur blendend ist, sondern letzten Ernst und letzte Verantwortlichkeit zu erkennen gibt: von Ihnen her lernte ich die Entschlossenheit des konservativen Denkens zur Ordnung sehen und begreifen. Begreifen, mit allen Opfern, die damit verbunden sind. Ich musste natürlich älter werden dazu. Aber vielleicht hätte das nicht genügt, wenn ich Sie immer nur in der Wohlhabenheit der Berliner Zeit erlebt hätte. Sie beide, meinen Lehrer und seine Frau, lernte ich erst richtig kennen in der achtunggebietenden Kargheit Ihres Plettenberger Exils. Hier, wo jeder Anschein von Sekurität verschwunden war, trat die Sicherheit, Ihre Sicherheit, in ihrer vollen Größe hervor. – So klar ich sie sehe, ich muss gestehen, dass ich ihre Herkunft und ihren Grund nur dunkel ahne ...

Doch ist das eine andere Sache. Ihre Erfahrung wird mich begleiten. Und so gehöre Sie zu meinem Leben. So sind Sie, wenn ich das sagen darf, ein Teil meiner Einsamkeit.

Bitte sagen Sie, dass es Sie ein ganz klein wenig freut! Allein, ich kam nicht, um zu fordern. Ich kam, um Ihnen meinen Dank zu entrichten. Seltsam, wenn ich persönlich hätte kommen können, hätte ich dumm neben Ihnen gesessen und kein Wort davon hervorgebracht. Vielleicht musste ich hier in die Ferne, um Ihnen so nah sein zu dürfen.

Ich küsse Ihnen in tiefer Verehrung die Hand!
[*hs.:*] Ihr Nicolaus Sombart

4
Nicolaus Sombart,
Rezension von: Max Weber, Gesammelte Aufsätze zur Wissenschaftslehre, 2. Aufl., hrsg. von Johannes Winckelmann, Tübingen 1951
RW 0265 Nr. 20195 (weitere Exemplare: Nr. 20204 und 21809), ms., 4 S.

Ob Neuauflagen Repristinationen einleiten, oder umgekehrt, mag umstritten sein. Auf jeden Fall wirft eine Neuauflage der wissenschaftstheoretischen Schriften von Max Weber die Frage nach der Ursache der so seltsamen Wirkungslosigkeit der wissenschaftlichen Leistung des vor dreißig Jahren verstorbenen großen Gelehrten auf, des größten vielleicht seiner Generation. Da sie das Material zu ihrer Beantwortung bereit stellt, muss sie als kühnes Wagnis erscheinen, denn das Ergebnis einer erneuten Beschäftigung mit diesen Arbeiten wird die Einsicht sein, dass es kein Zufall, vielmehr typisch für die geistesgeschichtliche Position Max Webers ist, dass er ohne Schule und Nachfolge blieb.

Er steht nicht an einem Anfang, wie er vielleicht gegen besseres Wissen gehofft hat, sondern am Ende; sein Scheitern bei dem Versuch, die „Soziologie“ als „Wissenschaft“ zu begründen, fasst in einem großartigen Beispiel jenen Vorgang zusammen, den man als den Zusammenbruch des okzidentalen Scientismus bezeichnen darf. Unabhängig vom Erfolg kommt ihm Symbolwert zu und er wird dadurch noch wirken, wenn kein Mensch mehr die methodologischen Probleme, an denen er sich entzündete, versteht.

Deutlich lassen sich drei Phasen der Bemühung unterscheiden.

In dem zermürbenden Zweifrontenkrieg gegen die falsche, weil gläubige (und polemische) Wissenschaftlichkeit des Marxismus auf der einen Seite und dem nicht minder gläubigen (und apologetischen) Kathedersozialismus der Universitäten andererseits, scheint der mit leidenschaftlicher Aggressivität geführte Kampf um „Wertfreiheit“ und „Objektivität“, d. h. um die Bloßlegung jeder Wertimplikation im Dienste einer gesteigerten Rationalität, zunächst noch ganz den klassischen, – von Auguste Comte zuletzt hypostasierten – Bestrebungen zu gehorchen, die Wissenschaft von der Gesellschaft als pouvoir neutre zu konstituieren.

„Unbefangenheit“ des Forschers ist die Parole. Doch wirkt dahinter schon, wenn auch nicht zur echten Bürgerkriegserfahrung verschärft, das Wissen „um die Unaustragbarkeit des Kampfes letzter möglicher Standpunkte zum Leben überhaupt.“ Der Kampf um die „Unabhängigkeit“ der Wissenschaft bekommt dadurch eine seltsame Wendung. Die von ihr geforderte Rationalität, die mit der Bloßstellung von Wertideen im allgemeinen begann, radikalisiert sich zu der Voraussetzung, dass es Wertideen überhaupt nicht gibt. Damit wird der alte Glaube der Wissenschaft an objektive Normen und deren wissenschaftliche Begründbarkeit zerstört. Im Zentrum einer durch Rationalisierung entzauberten Welt gewinnt so die Weber'sche Wissenschaft den Rang einer letzten Instanz der Desillusionierung. Was als Kampf um die Wissenschaftlichkeit einer Fachdisziplin begann, verwandelt sich in generelle, durch Zeitgenossenschaft zu Nietzsche charakterisierte Kulturkritik. Was eine Basis der Objektivität sein sollte, wird zu einer Plattform der Negativität.

Von hier aus wird nun die Einsicht in das Wesen der „Hörigkeit des Menschen“ im „stahlharten Gehäuse“ der wohl durch ihn geschaffenen, ihm aber entfremdeten Welt zu einer Analyse des als integrales Kulturphänomen gesehenen Rationalisierungsprozesses vertieft, dessen innere Dialektik durch eine geheimnisvolle Verkehrung der ursprünglich für die Welt konstitutiven rationalen Zweck-Mittel-Verhältnisse in völlig neue, befremdliche, irrationale, den Menschen in seiner historischen Gestalt in Frage stellende Bezüge, von der Weltherrschaft zur Selbstzerstörung des Menschen führt. Paradoxerweise ist es aber gerade die Rationalität der Wissenschaft, die sie zu solcher

Einsicht befähigt, ja mehr, ihr die Chance gibt, die als tiefe „Beziehungslosigkeit" erfahrenen neuen Bezüge in ihrer typischen Irrationalität zu entlarven und dadurch zu entschärfen. So erweist sich das Prinzip der Rationalität, das in dialektischer Verkehrung den Menschen als allgemeines Weltschicksal apokalyptisch bedroht, zur erkenntnistheoretischen Methode verschärft als heuristisches Mittel der Rettung. Das Kriterium der Rettung ist die Erhaltung der „Freiheit" des Individuums. Ohne auch nur die Frage nach den gesellschaftlichen Veränderungen aufzuwerfen, die dieser merkwürdigen Tatsache zugrunde liegen könnten, geht es dem zeitkritischen Soziologen zu guter Letzt nur noch um diese „Freiheit", und in einer Attitude verzweifelter Selbstverteidigung baut er die Wissenschaft zu einem ihrer letzten Reservate aus. Das anfängliche Pathos des Kampfes um „unbefangene", „wertfreie", „objektive" Wissenschaftlichkeit degeneriert zu einem Ethos heroischen Ausharrens auf verlorenem Posten, und so wie etwas später (unter verschärften Bedingungen) für einen anderen großen Repräsentanten der gleichen Epoche des Bürgertums, Carl Schmitt, ist schließlich auch für Max Weber die Wissenschaft nichts anderes mehr, als ein – Asyl.

Diesen Reduktionsprozess aus dem voluminösen Bande herauszulösen ist nur unter schmerzlicher Anteilnahme möglich. Wer sich nach den Bedingungen einer geisteswissenschaftlichen Soziologie heute fragt, wird sich eingestehen, dass wir, trotz Herrn Wieners Cybernetic, noch keinen Schritt weiter gekommen sind. Nicht nur im Hinblick auf die vollkommene editorische Leistung sei darum Herrn Winckelmann und dem Verleger für die Neuherausgabe dieses wichtigen Zeugnisses zur Situationsbestimmung der Gegenwart gedankt.

5
Hanno Kesting an Carl Schmitt

RW 0265 Nr. 7467, ms. Brief, 4 S. (Auszug)

Wetter (Ruhr), den 22.9.1950

[...]

Nikolaus Sombart ist inzwischen, wie Sie wahrscheinlich schon gehört haben, beim S. Fischer-Verlag in Frankfurt gelandet. Seine Dissertation ist fertig und Weber hat sie, wenn auch einigermaßen schockiert und verärgert, entgegen genommen; noch in diesen Ferien soll die mündliche Prüfung stattfinden. Die Arbeit selbst ist nicht ganz gleichmäßig, hat aber herrliche Passagen. Doch Sie werden selbst sehen; sobald die Reinschrift fertig ist, bekommen Sie das erste Exemplar. Ab Januar oder März nun, das steht noch nicht fest, wird Nikolaus die „Neue Rundschau“ machen, die mit neuer Orientierung und neuen Mitarbeitern dann monatlich erscheinen soll. In einen solchen Verlag einzusteigen, ist natürlich eine heikle und gefährliche Sache. Man wird da nur allzuleicht mit Haut und Haaren vereinnahmt. Wie es scheint, hat er sich allerdings schon jetzt eine sehr starke Position zu schaffen gewusst, so dass er mit der N. R. allein schalten und walten kann. Er beabsichtigt, unter dem alten Namen und hinter der Fassade von Aufsätzen alter N. R.-Schreiber wie Thomas Mann usw., die der Verlag sich nicht leisten kann an die Luft zu setzen, der Zeitschrift ein ganz neues Gesicht zu geben und so etwas wie ein „Archiv für Weltbürgerkrieg und Raumforschung“ aus ihr zu machen. Dann wäre die N. R. eine gut gedeckte Stellung, aus der sich manches lancieren ließe, und ein solches Organ im Handstreich zu nehmen, bedeutete darüberhinaus ein nettes kleines Husarenstück. Man muss natürlich abwarten, wie Fischer sich dazu verhält. Es besteht indessen die berechtigte Erwartung, dass er alles macht – vorausgesetzt, dass es Geld einbringt. Und in dieser Hinsicht hat Nino einiges vor. – Was mir freilich Sorge macht, ist die Frage, ob der gute Nikolaus bei der Stange bleibt und sich nicht im entscheidenden Augenblick kassieren lässt. Er hat, wie Sie wissen, einen ungeheuren Drang zum Karrieremachen und gilt bei Freund und Feind nicht gerade als ein sicherer Kantonist. Doch das wird sich herausstellen, und ich bin eigentlich ganz froh, dass hier eine Gelegenheit ist, das sehr bald herauszubekommen. Denn aller Umgang und alle Freundschaft mit ihm wird eben dadurch beeinträchtigt, dass man irgendwo das Gefühl hat, es mit einer Art Luftikus zu tun zu haben. Nun, wir werden sehen.

Die Themen, denen sich die N. R. widmen wird, sind alle die großen und bekannten Themen. Bürgerkrieg, Weltbürgerkrieg, Ideologien und Ideologienkritik, europäischer und asiatischer Marxismus, Großraumprobleme, Elitenlehre usw. und nebenbei natürlich auch Literatur und Literaturkritik. Es soll da so allerlei klar gemacht werden, z. B. dass der eigentliche Gegensatz heute keineswegs der von Demokratie und totalem Staat ist, dass es keinen Staat mehr gibt, der nicht total ist, dass man die Ost-West-Spannung nur rassisch verstehen kann usw. usw. Mit einem Wort, wenn Nino hält, was er verspricht, haben wir bald eine herrliche deutsche Zeitschrift.

[…]

6

Nicolaus Sombart an Corina Sombart

Staatsbibliothek Berlin, Handschriftenabt., Nl 405 Nr. 10, ms. Brief, 6 S.

Paris, den 24. Januar 1952

Liebe Mama,

Ich danke Dir sehr herzlich für Deinen langen Ermahnungsbrief. Du wolltest zwar keine Antwort darauf haben, aber ich halte es doch für wichtig, dass Du weißt, wie ich über alles, was Du sagst, denke. Ich hoffe, es wird Dir helfen, manches besser zu verstehen, vor allem aber mir besser und k o n k r e t e r zu raten, wessen ich sehr bedürftig bin.

Zunächst einmal kann ich Dir ganz aufrichtig gestehen, dass ich alle Gefahren und Misslichkeiten meiner momentanen Existenz genauso deutlich und mit nicht weniger Beunruhigung sehe, wie Du. Vielleicht sogar noch schärfer und mit weniger Wohlwollen. Was mich aber in einen Zustand der Lähmung und Angst versetzt, ist, dass ich überhaupt keinen Ausweg sehe, mich aus dieser Lage zu befreien.

Du stellst die Frage, wo der Nicolaus geblieben sei, der voller Ideale und Pläne aus dem Krieg zurückgekommen sei. Genau dieselbe Frage stelle ich mir auch. Auch frage ich mich, wo mein „Lebensideal“ geblieben sei ... Ich habe nur eine sehr grobe und lapidare Antwort darauf: sie sind zum Teufel. Wie das geschehen ist? Ich erkläre es mir so:

Ich kam aus dem Krieg zurück, ahnungslos, voller guter Absichten, voller aufgestauter Energien. Ich hatte keine Vorstellung von den materiellen Voraussetzungen des Lebens, nicht nur, weil ich aus einem Milieu stammte, in dem die Verheimlichung und Verschleierung dieser Seite des Daseins zum guten Ton gehörte, sondern auch weil ich in den Jahren, in denen man langsam eine Ahnung davon bekommt, bei der Armee war, wo ich, bei allen Ärgernissen, frei von der Notwendigkeit war, mich um meinen Unterhalt zu kümmern. Gut, ich kam nach Heidelberg und wurde Student, und die seltsamen Bedingungen, der allgemeine „Ausnahmezustand“ der ersten Nachkriegsjahre, hinderte mich daran, mir über die entscheidende Tatsache meines Lebens klar zu werden: die Deklasssierung und völlige Verarmung meiner Familie. Mit einem CARE-Paket und einem alten Anzug aus Amerika war ich durchaus auf der Höhe der Situation. Außerdem konnte ich damals mit zwei Zeitungsartikeln so viel verdienen, wie heute ein Universitätsprofessor im Monat. So, ahnungslos, fuhr ich nach Italien, und begriff da immerhin schon Eines: was es heißt, arm sein.

Doch ich konnte noch von der Sondersituation Deutschlands profitieren. Mein Schicksal war noch verdeckt durch das Kollektivgeschick meines

Volkes. Wenn ich mit meinen neapolitanischen Freunden nicht nach Capri fahren konnte, weil ich keinen Pfennig hatte, so machte das nichts aus, ja es gab mir ein gewisses Prestige, ich war der povero tedesco …

Nach meiner Rückkehr nach Deutschland änderte sich die Sache. Unser gemeinsames Leben, die ständigen Geldsorgen, das ständige Umdrehen von Pfennigen, die Erniedrigungen denen Du und ich uns aussetzen mussten, machten mir langsam, langsam sage ich, klar, was eigentlich los war. Parallel zu diesen persönlichen Erfahrungen liefen meine Studien als „Soziologe" – ich lernte, dass es nicht „Menschen" schlechthin gibt (wie man uns auf der Schule weismachen wollte), – sondern solche, die in einer gegebenen Gesellschaftsordnung etwas darstellen und solche, die es nicht tun. Und dass alles darauf ankam, zu der ersten Kategorie zu gehören, dass aber diese Kategorie, man kann sagen was man will, durch ein gewisses Minimum an Besitz gekennzeichnet war. Das alles war noch gar nicht tragisch, denn ich wusste sehr wohl, dass ich durch Herkunft und Namen noch irgendwie „dazu" gehörte, dass ich keineswegs die gleiche Ausgangsstellung hatte, wie, sagen wir mal, ein Arbeitersohn. Aber da war etwas Anderes: ich lernte langsam und in einer Folge bitterster kleiner Enttäuschungen, dass jenes „Lebensideal", das ich aus meiner Jugend und den Träumen meiner Soldatenjahre mitgebracht hatte, in einem krassen Missverhältnis zu meinen tatsächlichen Bedingungen stand. In einem Missverhältnis, das durch nichts, durch überhaupt nichts – es sei denn durch ein Wunder – behoben werden könnte. Auf keinen Fall sicher durch Arbeit. Denn so wie meine Begabungen und Interessen, und vor allem die Ausbildung, die ich ahnungslos und alten traditionellen Vorbildern folgend, gewählt hatte, versperrten mir den Weg in die Bereiche des „Geldverdienens" im wahren Sinne des Wortes. Ich war weder Jurist noch Mediziner noch Kaufmann (oder wollte es sein), um mit einer gewissen Sicherheit in einem gewissen Alter eine „Situation" innehaben zu können. Ich wollte den „geistigen" Idealen leben, auf die ich so stolz war, mich der „Wissenschaft" widmen, wie Vater und Großvater, – oder, ich wollte erzählen, was ich dachte und träumte, das heißt, „Schriftsteller" werden. Sehr schön, sehr gut. Nur musste ich begreifen, dass ich, wie die Dinge lagen, auf dem Wege der Wissenschaft ein Leben lang nicht über die Hungerleiderei hinauskommen würde, die mich Jahr um Jahr mehr bedrückte, und dass ich als Schriftsteller entweder mir sofort einen Strick kaufen könnte, oder mich aber ständig und dauernd – in der Presse – hätte prostituieren müssen. (Was ich nebenbei gesagt schon tat und tun musste.) So also sah es mit den „Lebensidealen" aus. Und wenn man nun zurücksah, um sich zu erklären, wie es denn der gute Papa getan hatte, so lernte man eben, als Soziologe der „Wissenschaft" und als Sohn, dass er der Sohn eines Mannes war, der an seinem Lebensende nicht mehr und nicht weniger als eine Million Goldmark an vier Kinder vererbte …

Bist Du so naiv zu glauben, dass mein (oder Dein) Vater ein einziges Mal in ihrer Jugend darüber nachdenken mussten, ob sie lieber essen wollten, oder sich ein Buch kaufen, das sie dringend brauchten? Dass sie jemals in der Verlegenheit waren, nichts anzuziehen zu haben oder nicht zu wissen, wo sie die nächste Nacht schlafen sollten? Ich versichere Dich, dass das nie der Fall war, ebensosehr wie ich Dir versichern kann, dass ich die Jahre nach dem Krieg, mit wachsendem Bewusstsein in der Atmosphäre dieser mesquinen, niederträchtigen, minderwertigen Sorgen verbracht habe!

Doch ich habe nicht klein beigegeben. Ich habe meinen Standard – mein „Lebensideal" zu erhalten versucht. Ich habe nur wenige Kompromisse zu machen versucht und nach Außen versucht, das Gesicht zu wahren. Doch siehe da: ich habe mich getäuscht. Ich habe – in Frankfurt – lernen müssen, dass man nicht ohne Deformationen solche Sachen durchmacht. Ich habe an mir einen scheußlichen Fehler entdecken müssen: das, was Du meine Parvenueallüren nennst und was andere Freunde meinen Geldkomplex genannt haben. Wie jemand der eine kleine Wunde hat, die er nicht pflegen kann, weil sie an einer Stelle liegt, die er nicht schonen kann, ohne sich außer Aktion zu setzen, hat sich mein dauerndes Leben in der materiellen Misere hyperempfindlich für diesen Aspekt der Existenz gemacht. Weniger der Mangel selbst, als das bewusste Missverhältnis dieses Mangels zu meinen bescheidensten und legitimsten Erfordernissen. Vor allem aber eines, und das war die Krönung meiner Einsicht in die Wahrheit meiner Deklassiertheit und Pauperisierung: ich habe lernen müssen, dass ich nicht unabhängig bin. Dass ich nicht Nein sagen kann, wo ich möchte und dass ich ein Leben vor mir habe, in dem ich tun muss, was anderen, mächtigeren passt. Ich muss entweder betteln (Stipendien) oder mich verkaufen (Fischer und Zeitungen). Das alles zu wissen macht mich, wenn ich es mir klar mache, völlig wahnsinnig. Es nimmt mir jeden Mut und jede Hoffnung. Und ich sehe mit Entsetzen (genau wie Du!), wie sich seltsame, pathologische Kompensationsmechanismen einstellen, wie ich Reaktionen unterworfen werde, die ich nicht mehr kontrollieren kann, und die meine Person faktisch deformieren. Ich komme mir also vor wie ein Krüppel.

Dazu kommt noch eines: dass ich im Laufe der Jahre gelernt habe, was ich mir zumuten kann, und was nicht. Ich weiß, dass ich übernatürlich viel Schlaf brauche und täglich nicht mehr als vier, fünf Stunden konzentriert arbeiten (d.h. schreiben oder intensiv lesen) kann. Das sind aber nicht die Voraussetzungen, um parforce eine Karriere zu machen. Andererseits aber weiß ich, dass ich rezeptive Qualitäten habe, die völlig verkümmern müssen, wenn ich sie nicht pflegen kann (reisen, sammeln etc.), wozu ich indessen niemals in der Lage sein werde. So leide ich auch unter der Atrophie dieses anderen Teiles meines Wesens. (Wie ich Dir scherzhaft hier in Paris einmal sagte, muss ich mich ja um die Bezahlung meines Mittagessens sorgen, statt mit Gedanken über ein schönes Bild, das ich sah, oder ein Gedicht machen zu können.)

Ziehen wir also die Bilanz: ich lebe mit geschenktem und erbetteltem Geld in Paris. Ich habe so viel, dass ich gerade nicht hungern muss. Schon aber eine Freundschaft zu pflegen, wie ich es möchte (Blumen schicken, einmal ein Geschenk machen) ist ausgeschlossen. Ich bin auf die Wohltätigkeit von Menschen angewiesen, mit denen ich unter „normalen" Verhältnissen überhaupt nicht verkehren würde. Mir den Kreis, die Beziehungen zu schaffen, die ich als angemessen betrachte, ist so gut wie ausgeschlossen, weil ich überhaupt keine „Verpflichtungen" akzeptieren kann. Gut, ich kann arbeiten und der Zukunft diese Dinge überlassen. Aber was kann ich mit meiner Arbeit optimal erreichen: ich kann in einem Jahr(!) Assistent sein, irgendwo – das heißt das gleiche Leben irgendwo anders führen. Dann kann ich – immer den Idealfall genommen – irgendwo außerordentlicher Professor werden: großes Ereignis! Ich werde DM 600 im Monat verdienen! Nun wird man mir erlauben, in der Zwischenzeit geheiratet zu haben und vielleicht ein Kind mein eigen zu nennen. Das würde bedeuten, dass ich mit einer Familie auch dann noch genau soweit wäre, wie heute, d.h. jedes Mittagessen überlegen müsste und wie ein Prolet mein Dasein fristen.

Die bescheidene Vorstellung, vielleicht einmal eine Wohnung von drei Zimmern für mich und meine Frau zu haben, ein Dienstmädchen, die sie davor bewahrt, zur Köchin zu werden, ein paar Bücher sorglos zu kaufen, vielleicht einmal ein paar Freunde zu einem Glase Wein einzuladen, erweist sich als völlig phantastisches Hirngespinst, als utopische Wahnidee. Jeder Anzug würde mich in finanzielle Katastrophen, jeder kleine Ausflug in jahrelange Schuldnerschaft stürzen … (Von den Kleidern meiner Kinder ganz zu schweigen. Ich könnte sie nicht einmal auf die Höhere Schule schicken.)

Daran ändert auch die Möglichkeit nichts, dass ich ausgezeichnete(!) Bücher schreibe. Sie bringen Trinkgelder ein! Es sei denn, ich verfasste durch Zufall einmal einen Bestseller – das aber wäre das berühmte Wunder, von dem ich anfangs sprach. (Ebenso gut kann ich eine Millionärstochter heiraten oder das große Los ziehen!) Mit einem Wort, die Misere hat kein Ende, ich muss sie als meine Condition akzeptieren, – und dazu bin ich nicht im Stande, freiwillig.

Doch nützt mir mein Protest nichts! Er ist eine, (d.h. die andere) Form, in der mich die gleiche Tatsache korrumpiert, deformiert und seelisch ruiniert.

Jetzt kommst Du daher und sagst mir, ich sollte mich nicht „zersplittern". Als ob das meine größte Sorge wäre! Warum sagst Du mir nicht, ich sollte mich nicht verkaufen, indem Du mir allerdings das Rezept gibst, was ich stattdessen tun soll, um auch nur das Nötigste zur Verfügung zu haben.

Du weißt selber, dass ich über DM 1000 Schulden in Deutschland habe und weißt auch, dass es keine Spielschulden sind. Die Reise damals hat mir au fond schon viel mehr eingebracht, bloß musste ich damit andere Schulden (Anzüge) bezahlen. Was die Möbel betrifft, so habe ich sie ja für Dich in Marsch gesetzt. Ich lege Dir den Bescheid von Frau Stehlmann bei, dass die Sache mit der Aufwertung des alten Berliner Guthabens ein Reinfall ist. Wie denkst Du Dir, soll ich nun meinen Verpflichtungen nachkommen? Du kannst Dir die Demütigung wohl nicht vorstellen, die ich empfinde, wenn ich hier an der Maschine irgendeinen Dreck für Zeitungen tippe (in dem man dann doch gute Gedanken von sich verhökert) und bekomme als Honorar DM 46,70!!! überwiesen … Ich schriebe auch lieber an dem Ballanchebuch, aber dafür bekomme ich keinen Pfennig (wobei ich keinen Moment vergesse, dass ich es ja schon aufesse, womit ich mich auf andere Weise versklave.)

Und das „Paris“buch? Ein Witz, ein Buch über Paris zu schreiben! Ich würde jeden Menschen auslachen, der es tun wollte!! Aber ich werde 40 000 frc dafür bekommen, womit ich das Defizit auszugleichen hoffe, das natürlich schon längst in meinem Pariser Konto (NOG-Geld) besteht – (weil ich es eben nicht aushalten kann, täglich in der Mensa zu essen!). Außerdem kann man bei einer solchen Arbeit hoffen, dass sie auch später noch etwas (Rundfunk etc.) einbringt. Ich habe mich also verkauft – gegen besseres Wissen, um die Hoffnung haben zu können, dass ich vielleicht einmal meine Gläubiger los sein werde. Voilà, was ich zum Thema „Zersplitterung“ zu sagen habe …

Entschuldige vielmals, ich sehe, dass ich etwas verbittert gesprochen habe. Diese Verbitterung ist nun auch nicht zu verheimlichen, aber sie richtet sich nicht gegen Dich! Im Gegenteil!! Ich weiß, dass Du ja im Grunde genau das gleiche Schicksal teilst, und ich kann Dir verraten, dass ich hier nächtelang (was nie in meinem Leben der Fall war) vor Wut und Trotz wachgelegen habe, weil ich gesehen habe, wie sehr auch Du von der Misere gezeichnet und gedemütigt bist. Zu meinen Sorgen gehörst Du in erster Linie, denn ich weiß, dass ich Dir helfen müsste, Dein Alter angemessen und würdig zu verbringen, und weil ich einfach keinen Weg sehe, das zu tun. Die Armut Deiner Kleidung weniger, als Deine Sorgen und die seelischen Beeinträchtigungen, denen Du ausgeliefert bist, machen mich geradezu krank, und wenn ich hier in Paris vielleicht etwas kalt und zurückgezogen war, so lag das daran, dass ich das alles, was ich vorher nie so klar wahrgenommen hatte, nicht sehen konnte. Und ich fühlte auch nicht die Kraft, Dich zu trösten oder zu belügen.

Mein einziger Trost ist der, dass ich mir sage, Du hast wenigstens Dein Leben gehabt und kannst Dich mit Erinnerungen trösten. Was Du jetzt erlebst, ist ein hässlicher letzter Akt, den Du, vor der Ewigkeit, wirst streichen können. Für mich habe ich aber einen solchen Trost noch nicht gefunden.

Vielleicht kannst Du mir helfen. Doch versuche es nicht mit Überlegungen wie in Deinem letzten Brief, die ich alle tausend und abertausend mal in meinen einsamen Stunden selber gemacht habe. Sie sind nicht stichhaltig. Ich habe bisher mein Bestes getan, mehr als jeder andere mit meinen Voraussetzungen. Dazu gehört es, dass ich mit wenigen Ausnahmen den „lächelnden Jüngling“ markiert habe, den „Optimisten“, den „Glückspilz, dem schon alles gelingen wird“. Das kann man aber nicht ewig tun. Ich werde diese Maske bald fallen lassen müssen, und ich erschrecke vor dem Gedanken, welches Gesicht dahinter erkennbar sein wird!

Ich war nie in meinem Leben so verzweifelt. Und es ist gut, dass Du weit weg bist, denn wenn Du hier wärest, hätte ich es Dir nicht sagen können. Ich hätte mich vor mir selbst geekelt.

So schließe ich diesen Brief, mit dem Wunsch, dass er Dich nicht beunruhigt, denn er enthält nichts Neues.

Ich umarme Dich herzlich
Dein N.

7
Corina Sombart: Gedicht auf Carl Schmitt

ca. 1952

RWN 0260 Nr. 455, hs., 2 S. (unvollständige Rohfassung auf dem Briefbogen des S. Fischer-Verlags); hier wiedergegeben nach der Reinschrift auf der Abb. in: Katalog Tasbach, S. 33 f. Verbleib dieser Reinschrift unbekannt. Corina Sombart schickte das Gedicht an Schmitt, der sich dafür am 30.12.1952 mit dem von Anima Schmitt ins Deutsche übersetzten Hamlet-Buch von Lilian Winstanley bedankte.

Portrait improvisé

Petit de taille, grand d'esprit
Décidément, ce désaccord l'ennuie
depuis toujours
Il dresse sa tête vers les hauteurs
Qui correspondent à sa valeur,
Il fixe un point isolé,
Dans les régions azurées.
Semblable aux aigles, rois,
Qui fixent le soleil sans émoi,
Pour détourner les regards
De notre planète barbare.

Son unique intérêt
Est voué à l'idée.

Rien ne saurait le rendre infidèle
A cette Muse spirituelle
Qui le conduit d'une main sure
Vers le règne de la pensée pure.
C'est une nature contemplative
Mais, par contraste, très combative.
La discussion c'est sa passion:
Voir son ennemie écrasé,
Faisant triompher l'idée
Voilà ce qui le fait vibrer.

Ses collegues, messieurs les juristes
Qui se croient sur la même piste
Il les méprise à titre juste
Car au lieu de l'éclairer ils l'analysent
Ils la déforment, ils la divisent
Et à force de la parceller
Ils lui enlève[nt] tout le cachet
Et finalement elle est fichue
Personne ne s'en débrouille plus!
Voilà pourquoi il les haït
Car lui, il adore l'idée.

– Vous me semblez ignorer
Sa grande passion pour le vin?
Eh bien, oui, vous avez raison
Il l'estime en toute saison
Le vin étant un moyen sur
Pour l'entraîner vers l'idée pure.
Son goût, son odeur, sa couleur
Ce sont là des détails sans valeurs
Ce n'est que son appel à la Muse
Qui fait que parfois il abuse.

– Aussi la femme, finalement
Ne le laisse pas indifferent
Il se laisse animer par sa grâce
Par son charme féminin
Par son sourire mystérieux
Par ses yeux pénétrants
Et par son esprit, si elle en a!
Mais aussitôt que la Muse lui fait signe,

Il la suit d'une allure digne
Et oubliant l'ivresse d'un moment
Il se laisse tirer par la bride
Et la femme disparait, parmi les bouteilles vides.

Il préfère de beaucoup les jeunes gens,
Celui d'un naturel élan
Et de leur souffle juvenil
Peuvent animer le feu sacré
Pendant qu'il prépare l'offrande
Sur l'autel de la Pensée!

La politique n'est pas son fort
Et si on sonde bien le secret
Cela s'explique par l'intérêt
Qu'il porte au monde de l'Idée
En negligeant de l'appliquer
À notre réalité! –

Est-il croyant? Ou non?
Voilà la dernière question
Ça dépend: Si Dieu est une idée pure
Ma foi, pourquoi pas?
Il en est son adepte, j'en suis sûre.

C.[orina] S.[ombart]

[*Deutsche Übertragung von W. Fietkau u. I. Trempler:*]

Ein Konterfei

Ein großer Geist – in kleinem Mann
dies Missverhältnis greift ihn an
vielleicht von Kindesbeinen her
sitzt diese Diskrepanz ihm quer
jedoch sein Auge schaut auf Zonen
wo Könige und Adler thronen
[und wohl auch seine Werte wohnen]
die Sonne fasst er punktgenau
in weiter Räume tiefem Blau
gelassen streift sein Blick von fern
dann unseren Barbaren-Stern.

Alles dort oben ohne Weh
was einzig herrscht: ist die Idee

Der Muse treu, die ihn geleitet,
Die geistvoll ihm den Weg bereitet,
reinem Gedanken zugewandt
führt sie ihn sicher an der Hand.
Zwar ist besonnen sein Gemüt
die Streitaxt dennoch in ihm glüht,
Disput lässt er ja selten aus
und fordert kontrovers heraus.
Und wenn der Feind im Staub dann liegt –
Hauptsache: die Idee obsiegt.

Seine Kollegen, die Herren Juristen,
geflissentlich auf ihren Pisten
gemeinsam mit ihm unterwegs?
– Nein, sie gehn ihm auf den Keks!
De jure – bei näherer Betrachtung –
hat er für sie ja nur Verachtung.
Was tun sie? Belichten? Mitnichten!
Entstellen, Verbiegen, Zerlegen
und das auf all ihren Wegen …
Und von all diesem Krempel
entfernen sie dann noch die Stempel!
Wer will denn wohl um sie weinen?
Es kümmert ja ohnehin keinen.
Er aber hasset sie aus Weh.
Denn was er liebt: ist die Idee.

Und dann seine Liebe zum Wein,
ihn schüttet er immerzu ein
ob Frühjahr, Sommer, Herbst, Winter,
doch was steckt wirklich dahinter ?
Geschmack oder Farbe, Geruch?
– nein, das ist uns nicht genug.
Denn erst beim rheinen Wein
stellt die reine Muse sich ein.
Und treibt er's, weil nunmehr zu zweit …
mit der Muse auch einmal zu weit …

Denn noch ist der Tag ja nicht alt;
die Frau, nein, sie lässt ihn nicht kalt.
Und probt sie, wie sie es kann,
dann ihre Reize am Mann,
Lippen, Augen und zarte Wangen,
sie steigern, ach, sein Verlangen

und lässt dann auch Geist sie noch sehen,
schon wäre es um ihn geschehen …

Doch dann gibt die Muse ein Zeichen,
mein Freund, ich muss Ihnen weichen,
alsbald repektiert er den Zügel
die Frau verschließt ihm den Bügel
und so langsam, dann blass
verschwimmt ihr Bild in dem Glas …

Am liebsten ist ihm ja heute
die Gesellschaft ganz junger Leute;
sie, die mit ihrem Lachen
das heilige Feuer entfachen
wenn er sein Opfer bereitet
und den Altar des Gedankens umschreitet.

Politik – sie ist nicht seine Sache,
Warum ? Er ist nicht von dem Fache.
Es ist die Idee, die ihn hält
Von ihr führt kein Tor in die Welt.

Und glaubt er wirklich – oder nicht?
Die letzte Frage von Gewicht –
Wenn Gott ein rein Gedankending
Sehr wohl, dass Der auch ihn umfing.
Wer will, der möge zweifeln zwar
Ich rechne ihn zu Seiner Schar.

Schriften von Nicolaus Sombart

(Auswahl, chronologisch)

Capriccio Nr. 1. Des Wachsoldaten Irrungen und Untergang, Frankfurt a.M. 1947 (hier zit. nach der Ausg. Baden-Baden/Zürich 1995)

Der Mann in der Zelle. In: Nordseezeitung (Bremen) vom 2.3.1949 und in: Neue Zeitung. Wieder abgedruckt in: Diese merkwürdige Zeit. Leben nach der Stunde Null. Ein Textbuch aus der „Neuen Zeitung". Hrsg. von Wilfried F. Schoeller, Frankfurt a.M. usw. 2005, S. 335 f.

Die geistesgeschichtliche Bedeutung des Grafen Henri de Saint-Simon. Ein Beitrag zu einer Monographie des Krisenbegriffs, Heidelberg 1950 (Maschr. phil. Diss.)

Tage in Neapel. In: FAZ vom 12.7.1951

Rezension zu: Max Weber, Gesammelte Aufsätze zur Wissenschaftslehre (unveröff., Typoskr. im Nachlass), s. Anhang Nr. 4.

Benito Cereno – ein Mythos? Erdachtes Gespräch. In: FAZ vom 30.10.1954. Auszug aus einer Sendung im Hessischen Rundfunk, wovon das Typoskript im Nachlass Schmitt liegt (RW 0265 Nr. 20445).

Planung und Planetarisierung. Planetarisierung und Plan. In: Merkur, 1964, H. 197, S. 601–614

Krise und Planung. Studien zur Entwicklungsgeschichte des menschlichen Selbstverständnisses in der globalen Ära, Wien/Frankfurt/Zürich 1965 (Widmungsex. im Nachlass Schmitt, RW 0265 Nr. 23792)

Patriotische Betrachtungen über die geistesgeschichtliche Bedeutung von Ernst Jüngers ‚Arbeiter', anläßlich der Neuauflage 1964. In: Frankfurter Hefte 20, 1965, S. 390–400 (Sonderdr. mit Widmung im Nachlass Schmitt)

Jünger in uns. In: Streit-Zeit-Schrift, Heft VI/2, September 1968, S. 7–9

Die Friedensforschung. In: Frankfurter Hefte 23, 1968, S. 821–828

Friedensforschung – Ziele und Aufgaben. In: Das Parlament vom 14.8.1971

Die Richthofen-Schwestern. Ein Kapitel aus der Kulturgeschichte der Jahrhundertwende. Sendung des Bayerischen Rundfunks (Nachtstudio) vom 10.6.1976 (Typoskr. im Nachlass Schmitt, RW 0265 Nr. 20201)

Gruppenbild mit zwei Damen. Zum Verhältnis von Wissenschaft, Politik und Eros im wilhelminischen Zeitalter. In: Merkur, 1976, H. 341, S. 972–990 (Rezension zu: *Martin Green*, The von Richthofen Sisters)

Um einen post-freudianischen Max Weber bittend. In: Merkur, 1977, H. 347, S. 405–406 (Antwort auf: *Eduard Baumgarten*, Über Max Weber. Brief an Nicolaus Sombart. In: ebd., H. 346, S. 296–300)

Aufruf zur Rettung des Dritten Menschen. Wiedergelesen: Alfred Webers „Der dritte oder der vierte Mensch“. In: FAZ vom 12.8.1977

Wir sind mit Hitler noch lange nicht fertig. Die künftige Aufgabe der Psychohistorie. In: FAZ vom 19.11.1977

Der letzte Kaiser war so, wie die Deutschen waren. Wilhelm II. – Vergangenheitsbewältigung und Wiedergutmachung. In: FAZ vom 27.1.1979 und 17.2.1980

Jugend in Berlin 1933–1943. Ein Bericht, München/Wien 1984 (hier zit. nach der 6. Aufl., Frankfurt a.M. 2001)

Der Partisan. Carl Schmitts Endspiel. In: Taz vom 16.9.1985

Erbe des Zweiten Reiches. Der politische Theoretiker Carl Schmitt. In: Die Welt vom 9.7.1988

Carl Schmitts Hamlet. In: Politische Vierteljahresschrift 29, 1988, S. 474–486

Politische Phantasmen und Obsessionen. Blutspuren bei Carl Schmitt. In: Emile. Zeitschr. für Erziehungskultur 1, 1988, S. 73–88

Carl Schmitt: theories dangereuses. In: Magazine littéraire, Mai 1989, S. 64–67

Die Angst vor dem Chaos. Zum Carl Schmitt-Syndrom. In: Merkur, 1990, H. 498, S. 638–651

Der Ort der „Ent-Scheidung“. Psychopathologische Elemente in der Politischen Theorie von Carl Schmitt. In: Lettre international, Herbst 1990, S. 61–64

Die deutschen Männer und ihre Feinde. Carl Schmitt – ein deutsches Schicksal zwischen Männerbund und Matriarchatsmythos, München/Wien 1991

Ein Invalide des Untergangs. Gibt es ein Menschenrecht auf politischen Irrtum? Carl Schmitts Aufzeichnungen aus den Nachkriegsjahren. In: Die Zeit vom 17.1.1992

Pariser Lehrjahre 1951–1954. Leçons de Sociologie, Hamburg 1994

Die schöne Frau. Der männliche Blick auf den weiblichen Körper. Zwei Essays, Baden-Baden/Zürich 1995

Carl Schmitt. Die Sammlung Dr. Nicolaus Sombart. Antiquariat & Verlag Elvira Tasbach, Berlin 1996

Wilhelm II. Sündenbock und Herr der Mitte, Berlin 1996

Rendezvous mit dem Weltgeist. Heidelberger Reminiszenzen 1945–1951, Frankfurt a.M. 2000

Die Frau ist die Zukunft des Mannes. Aufklärung ist immer erotisch. Hrsg. von Frithjof Hager, Frankfurt a.M. 2003

Journal intime 1982/83. Rückkehr nach Berlin, Berlin 2003 (hier zit. nach der Ausg. 2005)

Rumänische Reise; ins Land meiner Mutter, Berlin 2006

Nachwort

L'initié tue l'initiateur.

Am Donnerstag, dem 22. Mai 1941, schien in Berlin 11,1 Stunden lang die Sonne bei einer maximalen Tagestemperatur von 22,5 Grad. Das Kriegsgeschehen war noch weit weg. In dem im Westen der Stadt gelegenen Grunewaldviertel herrschte das gewohnte beschauliche Leben. Zu dieser Jahreszeit präsentierte das von Alleen, Parks und kleinen Seen geprägte Villenquartier seine Reize auf die anmutigste Weise. Doch der Tod bleibt davon unbeeindruckt. An diesem Donnerstag fand um zwölf Uhr für einen der Bewohner des Grunewalds im Krematorium auf dem nahen Friedhof Wilmersdorf eine Trauerfeier statt. Bedeutende Gelehrte waren erschienen, um einen der Ihren zu betrauern: Werner Sombart. Deutschland hatte sich im späten 19. Jahrhundert zur führenden Wissenschaftsnation entwickelt. Die Wissenschaft zählte zu den Säulen des Kaiserreiches, und ihre großen Repräsentanten galten als „Mandarine". Einer davon war Werner Sombart gewesen, obwohl er mit seiner Thematisierung des Sozialismus auch ein misstrauisch beäugter Außenseiter war. Nachdem das Kaiserreich mit dem verlorenen Krieg zusammengebrochen war, hatte der Ruhm des 1863 geborenen Sombart nicht nachgelassen, im Gegenteil. Jetzt oder vielmehr: jetzt erst gelang es ihm, von der Handelshochschule Berlin an die Friedrich-Wilhelms-Universität zu wechseln. Trotz dieses Karriereschritts wirkte er in der Weimarer Republik nicht mehr so ganz zeitgemäß, wenngleich weiterhin bedeutende und auch beachtete Werke von ihm erschienen, und er auf dem Katheder auch nach der 1931 erfolgten Emeritierung bis kurz vor seinem Tode präsent blieb.

Als Historiker des Hochkapitalismus und Theoretiker des Sozialismus war Werner Sombart sowohl für die Linken wie für die Rechten von Interesse. Hitler las sein Buch „Die Juden und das Wirtschaftsleben" von 1911, das die wirtschaftlichen Leistungen der Juden ohne den antisemitischen Furor eines Karl Marx beschrieb, das aber auch nicht frei war von antisemitischen Stereotypen, wie überhaupt die politische Haltung des Verfassers mehrdeutig blieb. Neigte er zunächst der proletarischen Linken zu, so beurteilte er im dritten Band seines Werkes „Der moderne Kapitalismus" (1927) Handwerk und Landwirtschaft wieder positiver und zeigte eine kulturkritische Haltung gegenüber der kapitalistischen Gegenwart, die ihn in die Nähe des rechten politischen Spektrums brachte. Dabei war es – wie bei Carl

Schmitt – eher der italienische Faschismus als der Nationalsozialismus, der sein theoretisches Interesse fand. In Italien war Werner Sombart seit seinem Studium in Pisa und Rom und der Dissertation über die Agrarverhältnisse in der römischen Campagna zu Hause und unterhielt Beziehungen zu italienischen Wissenschaftlern; am 7. Juni 1932 schickt er aus Ferrara eine Karte an Schmitt, die gemeinsam mit Corina Sombart sowie dem faschistischen Staatsrechtler Guido Bortolotto und Erwin von Beckerath, dessen Buch über den italienischen Faschismus Carl Schmitt 1929 ausführlich besprochen hatte, unterzeichnet war. Ein Nachklang dieser Italienreise mag sein, was Carl Schmitt von einer Abendgesellschaft in seiner Wohnung am 25. November 1932 im Tagebuch festhält: „Frau Sombart erzählte von Mussolini, für den sie schwärmte."

Zu Beginn des Dritten Reiches versuchte Werner Sombart zunächst – so bei der Gleichschaltung der Deutschen Gesellschaft für Soziologie – zu lavieren. Mit seinem Buch „Deutscher Sozialismus" (1934) machte er dann einen Anbiederungsversuch bei den Nationalsozialisten, was diese jedoch nicht goutierten, zumal Sombart mit eigenen Vorstellungen Einfluss auf die Entwicklung glaubte nehmen zu können. Der befreundete Bernhard Harms schrieb ihm dazu: „Ihre ganze Einstellung zum Staat ist wirklich mehr faschistisch als sozialistisch und weiß Gott nicht ‚nationalsozialistisch'." In zwei fundamentalen Punkten unterschied Werner Sombart sich vom Nationalsozialismus. Einmal mit seiner Kritik am Rassebegriff; so in seinem letzten großen Werk „Vom Menschen" (1938), in dem er ein an Max Scheler orientiertes Geistkonzept vertritt und sich deutlich von der nationalsozialistischen Rassenpolitik distanziert. Sodann wies er den Begriff „Volk" als romantisch zurück. Dafür findet sich auch ein Beleg in dem Brief an Carl Schmitt, mit dem er sich 1939 für die Zusendung von dessen „Völkerrechtliche Großraumordnung" bedankt, und wo er nur Spott übrig hat für einen „organischen" Volksbegriff (s. Brief Nr. 171).

Neben solchen NS-kritischen Tönen stehen aber auch andere. So hatte Sombart anlässlich der Verleihung der Ehrenbürgerwürde seiner Vaterstadt Ermsleben im Januar 1938 in seiner Dankesrede versichert, dass er sich „immer als Nationalsozialist gefühlt habe und der Idee des Nationalsozialismus immer treubleiben werde". Ob das als schwarzer Humor zu werten ist, wie der Sohn Nicolaus meinte, sei dahingestellt, tatsächlich unterhielt Werner Sombart, wenn auch kein Parteimitglied, vielfältige Kontakte zu den neuen Machthabern und war – auch das verband ihn mit Carl Schmitt – ordentliches Mitglied der „Akademie für Deutsches Recht". So blieb die politische Haltung Sombarts schillernd; in seinen Briefen aus jenen Jahren finden sich sowohl zustimmende wie ablehnende Äußerungen zum Nationalsozialismus. Seine Haltung ausschließlich mit Ablehnung zu beschreiben und ein Bild von „Isolation" und „Rückzug" nach 1933 zu zeichnen, wie es der Sohn Nicolaus in seinen Erinnerungen tut, ergibt kein vollständiges Bild. Auch dessen Aussage, nach 1933 sei Carl Schmitt wegen seiner NS-Unterstützung von den Sombarts mit „Verbannung“ belegt worden, wird durch den vorliegenden Briefwechsel nicht gestützt. Es dürfte indes richtig sein, dass die Nationalsozialisten, die mit bedeutenden Gelehrten ohnehin wenig anfangen konnten, in Sombart einen unsicheren Kantonisten witterten. Gleichwohl behielt er bis zuletzt öffentliche Anerkennung als einer der Großen der deutschen Wissenschaft.

Deren Vertreter saßen also nun, in seltsamem Kontrast zu dem expressionistisch-bunten Maitag ganz in Schwarz gekleidet, zusammen mit den Angehörigen und den zahlreichen Freunden der Familie in der Trauerhalle des Krematoriums, hörten die Reden auf den Verstorbenen und bezeugten ihre Reverenz und ihren Respekt. „Respekt“ heißt: Man mochte ihn nicht (s. Anhang Nr. 1). Werner Sombart war nicht nur ein unabhängiger Geist, er war auch einer von gestern; kein Mann der neuen Zeit. Der Nationalsozialismus war eine Jugendbewegung, und wenn einer über siebzig war, wurde er nicht mehr so recht ernst genommen. Sohn Nicolaus schildert in seinen Erinnerungen diese Trauerfeier und seine Empfindung für das Fehlen echter Trauer in den Reden. Er schreibt auch von der einen Ausnahme, die es in der großen Menge gab:

> „Der einzige menschliche, aus tiefer Anteilnahme aufsteigende Blick während der Kondolenzcour war der von Carl Schmitt. Von ihm wusste ich, dass er für meinen Vater eine aufrichtige Verehrung empfand.“ (Jugend, S. 47)

In der Tat: Seine Briefe an Werner Sombart begann Carl Schmitt – und das war durchaus mehr als eine leere Floskel – mit „Hochverehrter Herr Geheimrat“, wogegen Sombart Schmitt mit „Lieber Herr Kollege“ anredete. Das Verhältnis ist insoweit klar: dort, neben aller Verehrung, von Distanz geprägt, hier etwas gönnerhaft-herablassend das Alter ausspielend. Eine gleichrangige Freundschaft war es also schon wegen des Altersunterschiedes nicht. Im Tagebuch notiert Schmitt am 13. Juni 1929 von Werner Sombart: „Ich weiß nicht, warum er mir so leid tut, der alte Mann“, und bei der groß begangenen Feier zu Sombarts 70. Geburtstag 1933 im Hotel „Kaiserhof“ heißt es: „Er erschien mir wie ein Bajazzo.“

Wie stand es mit Schmitts Verehrung für die Mutter von Nicolaus? Corina Sombart gehörte zu seiner Generation. Sie war 30 Jahre jünger als ihr Ehemann, den sie, wie der Sohn schreibt, „offensichtlich […] nach dem Modell ihres Vaters gewählt“, und dem zuliebe sie auf eine wissenschaftliche Karriere verzichtet hatte. Corina war nicht nur – wofür Carl Schmitt sehr empfänglich war – jung und schön, sondern auch von einem Hauch Exotik umgeben, denn sie kam aus rumänischem Adel. Ihr Vater war Zoologe und Rektor der Universität Jassy, die Schwester mit einem rumänischen

Ölmagnaten verheiratet. Vor allem aber war Corina vermögend. Die Einschätzung „reich" weist der Sohn in seinen Jugenderinnerungen zwar zurück, doch „gewisser Wohlstand", den er stattdessen gelten lassen will, ist ein weites Feld, und „reich" ist ein relativer Begriff.

Derartige Relativitäten kannte auch Werner Sombart. Sein reicher Vater hatte ihm und seinen drei Geschwistern eine Million Goldmark vererbt. Diesem Erbe war es wohl zu verdanken, dass der junge Breslauer Ordinarius einen ausgesprochen großbürgerlichen Lebensstil pflegen konnte; die Familie bewohnte in einem großen parkähnlichen Grundstück eine Villa mit 14 Zimmern. Offenbar verringerte sich der Wohlstand später, denn in einem Brief an Ferdinand Tönnies vom 25. November 1919 beklagt Sombart sich über die „Hundehütte", die er in Berlin-Wilmersdorf bewohnte. Dass er dieses Niveau hinter sich lassen konnte, verdankte er seiner Frau Corina, die er 1921 heiratete. Ihr Geld ermöglichte den Erwerb einer Villa im Grunewald. Hier residierte man natürlich mit Personal, das den Rahmen eines Professorenhaushalts weit überstieg. Nicolaus spricht davon, dass es eine Mamsell, ein Zimmermädchen, ein Hausmeisterehepaar und eine französische Gouvernante gab, und er empfand das durchaus als „bescheiden", denn „wir (hatten) keinen Diener, und das schmerzte mich sehr". Der Butler musste bei Bedarf gemietet werden. Auch dieser Wohlstand war nicht von Dauer. Schon in den dreißiger Jahren musste Werner Sombart, um den gewohnten Lebenszuschnitt aufrecht zu erhalten, seine Bibliothek verkaufen und Mitgliedschaften kündigen. Der Krieg brachte dann mit der Zerstörung der Villa eine materielle Katastrophe. Corina kam mit wenigen geretteten Habseligkeiten bei Verwandten in Bad Kösen unter, und auch in der Nachkriegszeit musste sie in Heidelberg mit einer gekürzten Pension bescheiden leben; 1952 sah sie sich sogar gezwungen, Carl Schmitt um Geld anzugehen (Brief Nr. 133). Auch die finanzielle Lage von Nicolaus stand nach 1945 in krassem Gegensatz zu dem vergleichsweise luxuriösen Rahmen, den er von Kindheit an gewohnt war, und auf den zu verzichten er Probleme hatte. Sein Brief an die Mutter vom 24. Januar 1952 aus Paris lässt das sehr deutlich werden (s. Anhang Nr. 6).

Solange die Grunewaldvilla noch heil war, blieb das Leben der Bewohner ungestört. Hier führte man das, was in der Weimarer Republik schon ziemlich aus der Zeit gefallen war: einen Salon. Oder vielmehr: zwei Salons. Denn der Vater lud sich seine wissenschaftlichen Kollegen ein, mit denen er gelehrte Diskussionen führte oder auch die Probleme im Verein für Sozialpolitik oder der Friedrich-List-Gesellschaft besprach, wohingegen die Mutter ihren eigenen, kosmopolitisch-bunt gemischten, aus russischen und georgischen Emigranten, rumänischen Landsleuten, französischen und italienischen Botschaftsangehörigen zusammengesetzen Kreis hatte, den sie in ihrem, dem „Roten Salon", versammelte. Das heißt nicht, dass man nach

Geschlechtern getrennt zusammenkam, im Gegenteil. Die strenge Geschlechtertrennung, die ansonsten in der wissenschaftlichen Welt noch durchaus üblich war, hatte man im Hause Sombart hinter sich gelassen. Als Werner Sombart sich einmal auf einem Bierabend im Anschluss an einen Vortrag in der Deutschen Gesellschaft von seiner Frau vertreten lassen wollte, wurde ihm bedeutet, dass lediglich Herren zugelassen seien. Derartige Schranken gab es für Werner Sombart so wenig wie für Carl Schmitt. Das Männerbündische, das Nicolaus ihnen später vorwerfen sollte, traf hier die Sache gerade nicht. In die Geselligkeit, die Schmitt und Sombart miteinander pflegten, waren Frauen selbstverständlich mit einbezogen; Duška Schmitt war ebenso wie ihr Mann Gast bei Sombarts in der Humboldtstraße wie umgekehrt Corina mit nach Dahlem kam, und auch wenn man sich in der Stadt bei Habel zum Wein traf, waren die Frauen immer wieder mit dabei.

Die Familie Sombart war schon einige Jahre in der Grunewaldvilla etabliert, als die Bekanntschaft Carl Schmitts mit ihr begann, was ziemlich genau mit seinem Wechsel von Bonn nach Berlin im Jahre 1928 zusammenfällt. Schmitt bricht Ende Oktober seine Zelte in Bonn ab, fährt, um sich von Bekannten zu verabschieden, über Köln, Mönchengladbach, Düsseldorf und Plettenberg nach Berlin, wo er am 28. Oktober ankommt. Schon wenige Tage später, am 4. November, erhält er einen ersten Brief von Werner Sombart, mit dem dieser Schmitt für den 8. November zum Abendessen einlädt. Werner Sombart kannte natürlich die Bücher Schmitts, die er seit den frühen zwanziger Jahren zustimmend zitiert, und er wollte den neuen Shootingstar der Handelshochschule, an der er selbst lange gelehrt hatte, persönlich kennenlernen. Doch sollte er die erste Bekanntschaft im Hause eines anderen machen, nämlich bei dem Nationalökonomen Götz Briefs in Nikolassee anlässlich eines Mittagessens am 18. November, bei dem auch Sombart mit seiner Frau erschien. Im Tagebuch notierte Schmitt in seiner gewohnten Lakonik: „erschrak über die balkanische Roheit der Frau Sombart“.

Dieser erste Eindruck hat sich jedoch schnell verflüchtigt; Schmitt urteilt von da an durchgehend günstig über Corina. Sie wurde schließlich sogar seine Mitarbeiterin, insofern sie 1931 seinen Vortrag „Staatsethik und pluralistischer Staat“ ins Rumänische übersetzte. Corina ihrerseits schätzte Schmitt sehr hoch; so verfasste sie beispielsweise ein langes Lobgedicht auf ihn (s. Anhang Nr. 7). Auch zitiert sie ihn in ihrem Beitrag über Werner Sombart in der Festschrift der Handelshochschule Berlin von 1956 als eine Zierde ihres privaten Kreises in der Humboldtstraße. (Außer mit dieser Nennung erscheint übrigens in dem ganzen Buch der Name Carl Schmitt, der an der ersten Festschrift der Handelshochschule von 1931 als einer ihrer wichtigsten Professoren noch prominent beteiligt war, nicht.) Der enge Kontakt, den Carl Schmitt in den zwanziger und dreißiger Jahren zum Hause

Sombart pflegte, war mit Corina wohl intensiver als mit Werner. Sie trifft er auch allein, um mit ihr beispielsweise ins Kino zu gehen. Dass Corina attraktiv und klug war, wird dabei ebenso eine Rolle gespielt haben wie der Umstand, dass sie beide der gleichen Generation angehörten.

Noch intensiver aber wurde dann der Kontakt mit dem Sohn Nicolaus. Während Schmitt von Werner Sombart durch eine Generation getrennt war und er dessen Sohn hätte sein können, war Nicolaus in dem Alter eines möglichen Sohnes von Carl Schmitt. Schmitts erste Ehe blieb kinderlos; die zweite mit Duška Todorović war überschattet von einer fragilen Gesundheit Duškas. Wegen ihrer Tuberkuloseerkrankung weilte sie seit September 1928 in San Remo und musste dann in der Schweiz mehrere schwere Operationen über sich ergehen lassen. Erst nach über einem Jahr, im Oktober 1929, kam sie nach Berlin zurück. 1931 brachte sie die Tochter Anima zur Welt. Im November 1933 erlitt sie eine Fehlgeburt und konnte daraufhin wahrscheinlich keine Kinder mehr bekommen. Sein einziges Kind hat Carl Schmitt über alles geliebt, gerade auch, weil es eine Tochter war. Das Besondere des Vater-Tochter-Verhältnisses sollte er später gegenüber Hans Fleig hervorheben, als dieser 1949 ebenfalls eine Tochter bekam, und Schmitt ihm dazu schrieb:

> „Jedes Mädchen taucht aus dem Ozean der Möglichkeit auf wie eine neue Welt, eine wahre ἀναδυομένη [Schaumgeborene], als Freundin, als Gattin, als Mutter oder Großmutter, Schwester und Cousine. Die Beziehung des Vaters zur Tochter ist aber die erstaunlichste, rätselhafteste, hilfloseste und schönste aller denkbaren menschlichen Beziehungen. Ein Sohn ist bestenfalls eine Doublette, ein ὁμοούσιος [von gleichem Wesen] oder ὁμοιούσιος. Eine Tochter ist das ganz andere. Über und hinter allen Individual-Schicksalen steht diese sublimste und intensivste aller Bindungen." (Glossarium, 22.4.1949)

Wie schön hier aber auch die Liebe Carl Schmitts zu Anima aufscheint, wie eindrücklich er die eigene Erfahrung dieses besonderen Verhältnisses eines Vaters zu seiner Tochter beschreibt und dagegen einen Sohn als „Doublette" herabsetzt – er hatte sich, und zwar in eben dem Jahr, in dem Nicolaus Sombart geboren wurde, von Duška einen Sohn gewünscht (Tagebuch, 13.12.1923). Diesen Sohn, den Duška ihm nicht geben konnte, fand er in Nicolaus Sombart.

Auch auf dessen Seite waren die Weichen gestellt für die entsprechende Orientierung auf Carl Schmitt als „Vater". Nicolaus' Beziehung zu seinen Eltern war nicht unproblematisch. Die Liebe seiner Mutter wehrte er „mit einer chronischen Gereiztheit" ab (Rumänische Reise, S. 80). Das Verhältnis zum Vater war kein normales Vater-Sohn-Verhältnis. Es war nicht so sehr von Liebe, als vielmehr von Verehrung geprägt. Verehrung aber bedeutet auch Scheu und Distanz. Ja, Nicolaus hatte keine Bedenken, für das Verhältnis zu seinem alten Vater den Begriff des Numinosen zu bemühen (6.1.1955). Vor dem Numinosen muss man sein Haupt verhüllen und Abstand halten, wie Moses vor dem brennenden Dornbusch. Diese Scheu, die Nicolaus gegenüber seinem Vater empfand, hatte natürlich zunächst mit dem Altersunterschied zu tun. Bei Carl Schmitt war er sehr viel geringer. Das bedeutete etwa, dass im Hause Schmitt der Hausherr, statt durch „Bildung und Besitz“ und das Mandarinentum des Kaiserreiches, durch etwas ganz anderes, geradezu Gegenteiliges, nämlich expressionistische Literatur und Malerei, Münchener Bohème und Dadaismus in gemieteten Etagenwohnungen geprägt war.

Hier ging es folglich „antiautoritär“ zu, ohne jede Scheu und Verehrung. Was immer die Gründe dafür waren, warum Carl Schmitt sich mit seiner Frau siezte, solche gesellschaftlicher Konvention waren es mit Sicherheit nicht. Mit der Tochter Anima ging der Vater jedenfalls sehr unkonventionell um. Sie ihrerseits verkehrte mit ihm respektlos-ironisch. Nicolaus nahm das mit Erstaunen zur Kenntnis, und noch mehr staunte er darüber, dass Carl Schmitt mit dem kessen Umgangston seiner Tochter überhaupt kein Problem hatte und sich gerne darauf einließ. Dergleichen war im Verhältnis von Nicolaus zu seinem Vater undenkbar. Zwischen Nicolaus und Carl Schmitt dagegen lagen nicht 61 Jahre, sondern nur 35; sie standen sich somit generationsmäßig viel näher.

Nicolaus war zu Beginn der Bekanntschaft Schmitts mit seinen Eltern fünf Jahre alt, aber auch seine Beziehung zu Carl und Duška Schmitt begann schon zu dieser Zeit. In seinem Brief vom 20. September 1950 an die todkranke Duška (s. Anlage Nr. 3) beschwört er die Erinnerung an seine Kindheit, als Duška und Carl Schmitt „von einer Gesellschaft der Eltern weg in unser Kinderzimmer kamen, um eine Matador-Hochbahn mit Zinnpassagieren zu besichtigen“. Als er dann älter wurde, nahm nicht nur Carl Schmitt die Bildung des Jünglings in die Hand, auch Duška spielte dabei eine Rolle. Sie machte Nicolaus mit der von ihr so geliebten modernen Malerei bekannt, besuchte mit ihm den Maler Nolde in seinem Atelier im Westend oder die „Hinteren Räume“ der Galerie Buchholz in der Leipziger Straße, in die man nur „nach geflüstertem Wortwechsel mit ehrerbietigen Hütern der Schwelle“ gelangte, und wo die Werke der verbotenen Expressionisten nicht nur zu besichtigen, sondern auch käuflich zu erwerben waren. Und wenn der Maler Werner Gilles, der von Schmitts unterstützt wurde und zeitweilig bei ihnen wohnte, seine Blätter zeigte, saß Nicolaus stumm dabei und nahm begierig auf, was er da sah. Seine Beziehung zur modernen Kunst verdanke er, so schreibt er in jenem Brief, vor allem Duška Schmitt. Sie war es auch, „die den Primaner wissen ließ, dass er zu einem Wald- und Regenspaziergang antreten solle“.

Mit diesen Spaziergängen wurde eine breitere Öffentlichkeit erstmals in den 80er Jahren bekannt gemacht, und zwar von Nicolaus selbst. Als Anfang 1984 in der Zeitschrift „Merkur“ sein Aufsatz mit dem Titel „Spaziergänge mit Carl Schmitt“ erschien, war das eine kleine Sensation. Der Gymnasiast Nicolaus Sombart hatte mitten im Dritten Reich über drei Jahre lang mindestens einmal die Woche, zumeist auf stundenlangen Spaziergängen im Grunewald, sich mit Carl Schmitt unterhalten. Was er darüber erzählte, bedeutete für manche die Erschütterung eines festgefügten Bildes. Die NS-Zeit ist als eine Leyenda negra, ein Schwarz-Weiß-Bild und eine ganz und gar von der Politik bestimmte Epoche im geschichtlichen Bewusstsein gegenwärtig. Davon aber war in der Schilderung von Nicolaus keine Rede. Stattdessen begegnet man zwei Menschen, die auf den Sandwegen des Grunewaldes endlose Gespräche führten über die Orakelhaftigkeit der deutschen Sprache, die magische Verwandtschaft der Worte „Raum“ und „Rom“, über Theodor Däublers Großdichtung „Das Nordlicht“ oder Herman Melvilles Erzählung „Benito Cereno“, Arnold Toynbees „challenge and response“, den Gegensatz von Land und Meer, den Roman „Tancred“ von Benjamin Disraeli, die Romantik der Seeräuberei, über mythische Bilder wie den Leviathan, Behemoth und den Vogel Ziz.

Nachdem sie dann müde in das Dahlemer Haus Schmitts zurückgekehrt waren, wurden sie von der Hausfrau mit serbischem Landwein und rohen Zwiebeln bewirtet, wobei Schmitt seinem jungen Freund zeigte, wie man Zwiebeln isst, nämlich indem man herzhaft in sie hineinbeißt. Schließlich mussten dann noch die neu erworbenen Bilder von Gilles, Nay oder Werner Heldt bewundert werden. Zum Abschied und zur weiteren Vertiefung ihres Gesprächs pflegte Carl Schmitt Nicolaus ein Buch in die Hand zu drücken, das er unbedingt lesen müsse, nicht ohne beim folgenden Treffen zu fragen, ob er auch den Schlüsselsatz gefunden habe. Dass es dieses von der Politik weit entfernte Alltagsleben in der NS-Zeit selbstverständlich auch gab, war eine ungewohnte Perspektive. Vor allem aber war überraschend, ja verstörend, dass man dem im gängigen Bewusstsein als hochpolitisch präsenten und mit dem Schlagwort „Kronjurist des Dritten Reiches“ scheinbar erledigten Carl Schmitt hier von einer ganz anderen Seite begegnete.

So war Nicolaus Sombart, lange bevor er sein Studium an einer Universität aufnahm, bereits Student – eben privatissime bei Carl Schmitt. Denn „Gespräch“ ist für das, was auf den Spaziergängen stattfand, eine unzutreffende Bezeichnung; es war eine ziemliche einseitige Sache. Der Professor hielt dem Gymnasiasten im Grunewald peripatetische Vorlesungen in einer Art, mit der er nach übereinstimmenden Berichten auch die Studenten an der Universität nachhaltig beeindruckte: als Maieutiker. Carl Schmitt ließ dabei seine intellektuelle Überlegenheit den jugendlichen Begleiter nicht spüren, im Gegenteil: Er sprach mit ihm wie mit einem Gleichrangigen und schob ihm großzügig seine eigenen Entdeckungen und Erkenntnisse zu. „Der Nicolaus hat eine interessante Entdeckung gemacht“, verkündete er seiner Frau bei der Rückkehr und gab dem Jungen damit das Gefühl, ein echter Partner zu sein. Dabei ging es natürlich nicht um juristische Fachfragen, sondern man segelte unter dem weiten Horizont der Schmitt'schen Interessen. Eine ähnliche Erfahrung machte Jahre später der 14jährige Henning Ritter, den Carl Schmitt dauerhaft für sich einnahm, weil er mit ihm „wie mit einem Erwachsenen" redete. In seinem Merkur-Aufsatz, der dann noch im selben Jahr in das Buch „Jugend in Berlin" einging, hat Nicolaus Sombart diesen Umgang mit einem universalen Geist und das von ihm unbedingt Ernstgenommenwerden beschrieben. Die Faszination des Gymnasiasten, die aus jeder Zeile spürbar ist, schlägt auch den Leser in den Bann.

Die Erfahrung war für Nicolaus so überwältigend, dass demgegenüber seine späteren Lehrer an der Universität verblassten. Nur bei Carl Schmitt hatte er das Gefühl, dass Wissenschaft, richtig verstanden, Tua res agitur bedeutet und eine existentielle Dimension hat: „alles, was er sagt, geht mich unmittelbar an." So blieb für Nicolaus auch bei seinem Studium in Heidelberg nach 1945 der von der Universität verbannte Carl Schmitt der archimedische Punkt. Als er seine Dissertation einreichte, war ihm dessen Urteil der eigentliche Maßstab: „nur das interessiert mich" (4.9.1950). Seine Spaziergänge mit Carl Schmitt in den Jahren von etwa 1938 bis 1942 waren für den jungen Sombart „die entscheidende Begegnung meines Lebens", eine Initiation, deren Wirkung nie nachließ – auch und gerade nicht in den Versuchen seiner Loslösung durch heftige postmortale Verdammungen. Entsprechendes gilt für Carl Schmitt, der verschiedentlich sagte, dass er Nicolaus liebe wie einen eigenen Sohn. Als dieser es versäumte, ihm zum 70. Geburtstag zu gratulieren, beschwert er sich bei Corina: „Ich [...] habe nur ein Zeichen von Nicolaus vermisst, den ich doch liebe." Und in einem Brief an Julien Freund vom 16. November 1960 spricht er von Nicolaus als jemandem, „den ich seit seiner Kindheit kenne und liebe". Derartige Bekundungen seiner Liebe finden sich im vorliegenden Briefwechsel, trotz aller Peripatien und Fissuren, bis zu dessen Ende im Jahre 1979. Und noch im Zustand geistiger Umnachtung, unmittelbar vor seinem Tod, sprach Schmitt von Nicolaus als dem „lieben Jungen aus Berliner Jahren".

Diese Liebe entstand zu einer Zeit, als deutsche Soldaten bis Moskau, zum Nordkap und nach El Alamein stürmten, im Berlin des Zweiten Weltkriegs, der Stadt, von der aus nicht nur der Krieg befohlen, sondern auch Mordaktionen größten Stils ins Werk gesetzt wurden, ja, in einem Stadtviertel, in dem die Regisseure dieser Taten in ihren Villen residierten. „Spaziergänge mit Carl Schmitt" aber liest sich wie eine Schilderung aus einer anderen Welt, einer Zeit tiefsten Friedens. Auch wenn das eine große Illusion war, so macht der Text doch eindrücklich klar, dass die politische Wirklichkeit selbst im totalitären Staat niemals die ganze Wirklichkeit ist, dass es jenseits der Politik ein Leben gibt, das den Alltag der Menschen weit mehr ausfüllt als die Gewalt des Krieges, zumal, wenn dieser Krieg in (noch) entfernten Regionen stattfindet. Im wissenschaftlichen Milieu Sombarts und Schmitts ging man seinen geistigen Interessen weiterhin nach. Den Terror des Regimes bekam man nur von weitem mit und suchte ihm möglichst aus dem Weg zu gehen. Lange war das allerdings nicht mehr möglich. Nicolaus wurde Ende 1942 zur Wehrmacht eingezogen, womit die Spaziergänge mit Carl Schmitt ein jähes Ende fanden. Und der Krieg kam bald auch nach Berlin, sogar in den beschaulichen Grunewald und nach Dahlem: Sowohl die Sombart-Villa in der Humboldtstr. 35a als auch Schmitts Dahlemer Haus in der Kaiserswerther Str. 17 wurden im November bzw. August 1943 durch alliierte Bomber zerstört.

„Der liebe Junge aus Berliner Jahren", das heißt: bis zum Ende des Krieges blieb die Liebe zwischen Carl Schmitt und Nicolaus Sombart ungestört. Danach war sie – vor allem auf Seiten Schmitts – mit sich steigernden Irritationen und schließlich großen Verletzungen und Schmerzen verbunden. Schmitt, der 1945 die ganze Fallhöhe seiner Berühmtheit ausmessen musste und nach diesem Absturz in beengten sozialen Verhältnissen mit lädierter wissenschaftlicher Reputation lebte, begegnete in Nicolaus nun einem Erwachsen, der auch in allen Nachkriegsmiseren das Glückskind blieb, das er immer gewesen war. Während der aus kleinbürgerlichen Verhältnissen stammende Schmitt sich seinen Erfolg mühsam hatte erkämpfen müssen, fiel Nicolaus weiterhin alles wie selbstverständlich zu. Er studierte im schönen Heidelberg, bekam ein Stipendium für Italien und schließlich eins für Paris. Bei seiner Dissertation setzt er auf die Unterstützung Schmitts. Dazu hat dieser schon bald keine Lust. Er sieht Nicolaus als parasitär-luxuriöse Existenz. Im „Glossarium", in dem er sich ohne jede Rücksichtnahme äußert, findet sich am 26. Juni 1948 eine bittere Notiz, die laut einer stenographischen Randbemerkung auf den „jungen Sombart" zu beziehen ist:

> „Hoffnungslos der Fall der einzigen Söhne des Bourgeois, Vollmonaden, voller Maden, umhegt, wattiert; der Bauer hat nur ein Kind, der Bourgeois hat nur diesen einen Sohn. Fils de famille, hoffnungsloser Fall. Damit soll ich die Zeit vergeuden?"

Wie Schmitt spricht auch Nicolaus – was er bei seinem Vater nie tat – gegenüber Carl Schmitt immer wieder von „Liebe". Noch seinen letzten Brief an Schmitt vom 23. August 1979 beendet er mit dem Satz: „Ich glaube, dass es niemanden gibt, der Sie tiefer und liebevoller versteht. In diesem Sinne verbleibe ich stets Ihr ergebener Nicolaus Sombart." Das ist allerdings ein Satz, der als Resümee der jahrzehntelangen Beziehung geradezu in die Irre führt. Er verstellt den Blick auf das wirkliche Verhältnis von Nicolaus zu Carl Schmitt und zwar sowohl, was die „Liebe" angeht, wie auch hinsichtlich des „Verstehens". Die auch an anderen Stellen von Nicolaus gemachte Behauptung, er sei derjenige, der von allen Carl Schmitt am besten verstehe, unterstellt, dass persönliche Nähe auch Verständnis des Werkes bedeutet. In der Regel trifft eher das Gegenteil zu; gerade ein schwieriges Vater-Sohn-Verhältnis führt zum Missverstehen. Die schweren Geschosse, die Nicolaus schließlich gegen den toten Carl Schmitt abfeuert, mögen ihm persönlich Erleichterung verschafft haben – den Anspruch eines tieferen Verständnisses können sie nicht erheben. Sie sind vielmehr Dokumente einer Hassliebe.

Bereits vor seinem Heidelberger Soziologiestudium war Nicolaus Student, nicht nur informell bei Carl Schmitt, sondern auch ganz formal. Nach dem Abitur 1941 am Grunewald-Gymnasium schrieb er sich an der Technischen Hochschule in Charlottenburg ein, um Architektur zu studieren. Schon der Schüler liebte es zu zeichnen und Häuser zu entwerfen; das wollte er zum Beruf machen. Doch bald musste er die Erfahrung machen, dass Architektur nicht nur Zeichnen bedeutet, sondern vor allem das Wissen von Statik und Physik, Materialkunde und Mathematik. Architektur aber gehörte für Nicolaus zu den Beaux-Arts, nicht zur Technik, und so konnte er nur enttäuscht werden. Auch fiel es ihm immer schon schwer, sich auf eine Sache festzulegen. Neben der rein ästhetisch verstandenen Architektur war das Theater seine Leidenschaft. Er schrieb sich am Institut für Theaterwissenschaft ein und verbrachte die Tage bei Theaterproben. Zudem interessierte er sich für Philosophie, weshalb er an der Berliner Universität die Vorlesungen von Eduard Spranger, Nicolai Hartmann und Ernesto Grassi besuchte. Schließlich zog ihn die Kunstgeschichte an, und er hörte bei Wilhelm Pinder. Seine literarischen Ambitionen lassen sich ebenfalls schon weit in die Zeit vor 1945 zurückverfolgen. Er verfasste Lyrik und bot 1942 ein Gedicht (s. Anhang Nr. 2) Hans Werner Richter zur Veröffentlichung an. An Richters Gründung der Gruppe 47 war Nicolaus dann beteiligt. Doch blieb auch das für ihn Episode; die lyrische und erzählerische Produktion kam über Ansätze nicht hinaus. Die Orientierung nach vielen Seiten war ein Charakterzug von Nicolaus, sie hing aber vermutlich auch damit zusammen, dass Carl Schmitt den begabten jungen Gymnasiasten auf so reiche und vielfältige Weise angesprochen hatte.

Es fällt auf, dass in dem umfangreichen, mehrbändigen Erinnerungswerk von Nicolaus Sombart entscheidende Jahre fehlen. „Jugend in Berlin“ geht nur bis 1942. Zwar nennt der Untertitel das Jahr 1943, tatsächlich aber sagt der Autor über die Zeit nach seinem Einzug zur Luftwaffe in dem Buch so gut wie nichts mehr. Die Fortsetzung „Heidelberger Reminiszenzen“ beginnt 1945 mit der Aufnahme des Studiums in Heidelberg. Die Jahre der direkten Kriegsteilnahme bleiben in den Erinnerungsbüchern ausgeblendet; Nicolaus spricht nur einmal von „meiner Militärzeit unseligen Angedenkens“, was in seiner Beiläufigkeit signifikant ist.

Es gibt jedoch zwei Texte aus dieser Zeit, die beide als „Selbstbildnis" bezeichnet sind, und die über das Verhältnis bzw. Nicht-Verhältnis des Autors zur Kriegswirklichkeit Aufschluss geben. Einmal jenes Gedicht vom Juni 1942. Es beschwört eine aus der Abenteuerliteratur für die Jugend gespeiste Traumwelt, in der der Krieg ausgeblendet bleibt. Damit in Zusammenhang steht der erste Brief an Schmitt von Anfang 1943. Hier zeichnet der Soldat Nicolaus ein „Selbstbild", in dem vom Krieg nicht die Rede ist. Stattdessen beschwört er metaphernreich die untergegangene Salonkultur des Elternhauses und mildert die banale Realität seines Soldatendaseins auf dem Militärflugplatz damit, dass er sie als Studienobjekt auf die Ebene der nationalökonomischen Theorie hebt, sie damit sozusagen veredelt und verfremdet. Das erste veröffentlichte literarische Werk, eine Erzählung mit dem Titel „Capriccio Nr. 1" (1947) hat die nämliche Tendenz. Sie hat zwar Nicolaus' Zeit als Wachsoldat auf dem Militärflugplatz in Frankreich als Rahmen, das Thema ist aber auf solche Weise abgehandelt, dass die Kriegswirklichkeit nicht vorkommt. „Capriccio Nr. 1" ist ein Traumstück von einer Desertion; der Held flüchtet vor der Realität des Krieges in eine Phantasie. So erscheint der Krieg nur als Kriegsvermeidung und nur in der Parallelwelt der Literatur, wie ja auch sein reales Leben bis 1942 gewissermaßen in einer Parallelwelt stattfand.

Das Ende des Krieges erlebte Nicolaus in Kurland, wo seine Einheit eingeschlossen war und sich realistischerweise nur in die Gefangenschaft ergeben konnte. Aber statt den Russen in die Hände zu fallen gelang es ihm, mit einem der letzten Schiffe nach Schleswig-Holstein zu entkommen, wo ihn die Engländer in Empfang nahmen. Kriegsgefangenschaft blieb ihm bei ihnen erspart. Schon nach zwei Monaten entließen sie ihn aus ihrem Auffanglager. Nicolaus ging nach Heidelberg, obwohl er keinen Bezug zu dieser Stadt hatte und dort niemanden kannte. Warum also ausgerechnet Heidelberg? Die Begründung ist aufschlussreich: Es war „die einzige unzerstörte Stadt in Deutschland". Nicolaus lästert zwar über das verkitschte Heidelbergbild der Tourismusindustrie, doch eben darum ging er hin. Jetzt, wo Architekten doch dringend benötigt wurden, gab er das Studium der Architektur auf. Wiederum ist der Grund aufschlussreich: Konnte es doch zu dieser Zeit nur darum gehen, die Wohnungsnot zu lindern, die Grundbedürfnisse des Wohnens zu befriedigen und einfache Häuser zu bauen. Danach aber stand Nicolaus nicht der Sinn: „Notwohnungen für arme Leute! Das entsprach nicht der Vorstellung, die ich mit den Aufgaben eines Architekten verband." (Jugend, S. 294).

An der Universität Heidelberg schrieb er sich 1945 für Theologie ein, schließlich „nahm es niemand so genau". Auch als er bald darauf an die philosophische Fakultät wechselte, vermied er es, sich auf ein bestimmtes Fach festzulegen. Dieses Verfolgen vieler Interessen hat Nicolaus Sombart später als Studium generale und als das Beste, was man tun kann, bezeichnet. Es lässt deutlich die Prägung durch Carl Schmitt erkennen, der auf den Grunewald-Spaziergängen das empfängliche Gemüt des Jungen mit so vielen interessanten und ganz unterschiedlichen Themen fesselte. Das Heidelberger Studium stand – zumeist verdeckt – ganz im Zeichen Schmitts. So findet sich im Nachlass von Nicolaus ein Referat zum Thema „Alexis de Tocqueville als Theoretiker der Demokratie", was wohl mit den Grunewald-Spaziergängen zusammenhängen dürfte. Ein weiteres hier vorhandenes Referat, das er am 27. Januar 1948 im Völkerrechtlichen Seminar von Walter Jellinek hielt, hatte das Thema: „Der Satz ‚nulla poena sine lege' und das Völkerrecht", wobei vermutlich Schmitts Gutachten vom Sommer 1945 im Hintergrund stand. Über den „Begriff der Klasse" – ein ursprünglich geplantes Dissertationsthema – findet sich ebenfalls ein Referat (bei A. Weber) aus dem Wintersemester 1947, der Zeit also, als Nicolaus mit Schmitt über dieses Thema korrespondierte.

Neben der Grauen Eminenz in Plettenberg nutzte Nicolaus den Umstand, Träger eines großen Namens zu sein. „Die Berühmtheit meines Vaters gehört zu mir wie ein Adelsprädikat", schreibt er in seinen Jugenderinnerungen. Schon als Student schrieb er auf gedrucktem Briefbogen, und der „cand. phil." besaß dann eine Visitenkarte. Als er 1951 seine Dissertation einreichte, versäumte er es nicht, im Lebenslauf darauf hinzuweisen, dass er der „Sohn des Universitätsprofessors Werner Sombart" sei. Für jemanden, der die Absicht hatte, eine wissenschaftliche Karriere als Soziologe einzuschlagen, konnte solche Mitgift manches erleichtern. Auch den Doktorvater Alfred Weber, Kollege und Generationsgenosse des Vaters, mag der klangvolle Name nicht unbeeindruckt gelassen haben, wenn er die schmale Dissertation über die „geistesgeschichtliche Bedeutung des Grafen Henri de Saint-Simon" mit dem höchstmöglichen Prädikat bedachte.

Der informelle Gutachter Carl Schmitt sah die Sache deutlich anders. Das äußerte er wohl vor allem mündlich; in seinen Briefen scheint es nur andeutungsweise auf. Den Fall, dass der Sohn, im Unterschied zur Tochter, „bestenfalls" eine Doublette seines Vaters werden kann, sah er bei Nicolaus nicht gegeben. Schon früh machte Carl Schmitt sich keine Illusionen mehr über den Willen zu konzentrierter wissenschaftlicher Arbeit bei Nicolaus. Unter dem Datum des 27. Juni 1948 findet sich im „Glossarium" ein harsches Urteil:

> „Nicolaus Sombarts Capriccio gelesen, erinnert mich an den jungen Walter Fuchs; es kommt nicht viel dabei heraus. Traurig der Gedanke, daß dieser Junge, den ich liebe, unter die Fruchtabtreiber gegangen ist; er hat einen herrlichen Keim echter wissenschaftlicher Intuition (die Existenz gegen den Apparat) literarisch abgetrieben, aus Ungeduld, Bequemlichkeit, Genußsucht, Eitelkeit und Darbietungsbedürfnis seiner knabenhaften Mysterien des Umgangs mit Mädchen."

Spät erst, Anfang August 1949, kam es zur ersten Nachkriegsbegegnung, als Nicolaus auf dem Weg in den Urlaub nach Sylt in Plettenberg Station machte. Die Gespräche zwischen ihm und Schmitt sind nicht überliefert, aber soviel ist deutlich: Es ging um die wissenschaftlichen Qualitäten des Studenten Sombart. An Corina schrieb Nicolaus am 4. August, er habe einen „verbitterten Mann" angetroffen. Das mag im Licht jener Glossarium-Notiz wohl so gewesen sein; Schmitt konnte offenbar seine Enttäuschung über Nicolaus nicht völlig verhehlen, was für diesen ein großer Schmerz war. Sein auf dieses Gespräch folgender Brief an Schmitt zeigt seine Niedergeschlagenheit. Er sei „traurig, fast unglücklich abgefahren [...] Ich konnte das Gefühl nicht loswerden, dass Sie mich irgendwie aufgegeben und abgeschrieben haben; dass ich einen Lehrer verloren hätte." Und er bekennt, dass „ich damit nicht fertig werde. Es beunruhigt mich schrecklich, denn ich frage mich, welche Erwartungen hast du enttäuscht, was ist so unerfreulich an dir ..." (16.8.1949).

Diese Enttäuschung dürfte bei Nicolaus Sombart die entscheidende Bruchstelle gewesen sein, die sein weiteres Verhältnis zu Carl Schmitt bestimmte: Den Umstand, dass Schmitt ihn nicht als Wissenschaftlern akzeptierte, verstand er als Zurückweisung seiner Person. Eine „Scheidung" aber wollte Schmitt auf jeden Fall vermeiden, und so versicherte er Nicolaus umgehend, dass sein Eindruck, abgeschrieben zu sein, falsch sei. Für seine Zuneigung sei doch gar nicht wichtig, ob Nicolaus nun ein Gelehrter werde oder nicht. Im Übrigen nahm er generös alle Schuld auf sich:

> „Ich stellte fest, dass Du kein Gelehrter geworden bist, sondern ein Schriftsteller; das ist kein Grund zu divorcieren. Meine Erwartung, in Dir einen Gelehrten der Werner Sombart–Max Weber–Zeit wiederzufinden, war doch im Grunde naiv. Ihr lag die Erwartung einer Doublette Deines Vaters zugrunde, und Du hast gut daran getan, meine Senilismen zu enttäuschen." (21.8.1949).

Was Schmitt hier scheinbar harmlos als „Schriftsteller" bezeichnet, enthielt gleichwohl eine deutliche Kritik. Er traute Nicolaus nämlich durchaus den Gelehrten zu, sah den „herrlichen Keim echter wissenschaftlicher Intuition" bei ihm. Der jedoch komme nicht zur Entfaltung, wenn er sich zu „billig" mache, d.h. bloß schriftstellernd für die Zeitung schreibt. Das sollte er ihm auch ganz offen sagen: „Immer habe ich die (ohne Zudringlichkeit gemeinte) Sorge, dass Du Dich zu billig machst, wenn Du solche Keime in den Müllhaufen eines Zeitungsaufsatzes wirfst." (10.3.1949).

Die Dissertation, die Nicolaus dann vorlegte, konnte Schmitts Skepsis nicht zerstreuen. Vorab schon hatte der Autor das erste Kapitel nach Plettenberg geschickt und im Gespräch merken müssen, dass der Meister davon nicht überzeugt war. Nach Abschluss präsentierte er Schmitt den Text in Gänze, allerdings mit Verzögerung; er musste sich erst „ein Herz fassen".

Der Doktorvater Alfred Weber hatte die Arbeit zwar mit „Summa cum laude“ bewertet, aber was bedeutete das schon, wenn man da noch den Lehrer Carl Schmitt hatte? Für Nicolaus zählte nur dessen Urteil. Doch Schmitt hielt sich bedeckt. Zur Dissertation äußerte er sich in seinen Briefen nicht – ein vielsagendes Schweigen! Nicolaus erfuhr die Meinung Schmitts schließlich über einen Dritten: „nur auf dem Umweg über Freund Kesting wurde mir die wenig beruhigende Nachricht zuteil, dass Ihnen Saint-Simon gar nicht gefällt“ (25.11.1950).

Ungeachtet seiner kritischen Beurteilung wollte Schmitt Nicolaus helfen, als dieser ihn um Unterstützung bei der Drucklegung bat. Gerade war Schmitt wieder mit Büchern in der Öffentlichkeit erschienen; 1950 publizierte er vier Titel, davon drei im Kölner Greven-Verlag. Nicolaus fragt an, ob dieser Verlag nicht auch ihn herausbringen könne, und er verhehlt nicht sein aufschlussreiches Motiv: Mich „lockt der Gedanke, meinen kleinen Saint-Simon neben Ihrem Donoso Cortes in einem ebensolchen Bändchen figurieren zu sehen.“ (1.2.1951). Schmitt geht bereitwillig darauf ein und empfiehlt ihm seinen alten Bekannten Karl Epting, der für das Verlagsprogramm von Greven zuständig war. Eine Publikation der Dissertation kam jedoch nicht zustande.

Nach einem kurzen Intermezzo als Lektor beim S. Fischer-Verlag in Frankfurt ging Nicolaus Sombart im Herbst 1951 mit Hilfe eines Stipendiums der Notgemeinschaft der deutschen Wissenschaft nach Paris. „Natürlich gehörst Du nach Paris“, hatte Schmitt ihm schon am 21. Januar dieses Jahres zugerufen, wobei nicht ganz deutlich ist, wie das nun gemeint war. Jedenfalls gab er ihm viele Empfehlungen für Pariser Bekannte mit. Nicolaus beabsichtigte, sich mit dem Thema „Elite“ zu habilitieren. Was lag auch näher, wo doch sowohl der Vater wie der Ziehvater zur wissenschaftlichen Elite gehörten? Auf die Habilitation wollte er sich nun ganz ernsthaft konzentrieren und den „Schriftsteller“, den Schmitt ihm konzediert hatte, endgültig zugunsten des Wissenschaftlers austreiben. An die Mutter schrieb er am 24. September 1951:

> „… dass ich meine literarischen Ambitionen – für die nächsten fünf Jahre wenigstens – liquidiert habe, und zu dem Entschluss gekommen bin, mich jetzt doch mit allen Kräften dem Ziel zu widmen, mich in zwei, drei Jahren zu habilitieren. Das klingt natürlich sehr einfach, ist aber in Wirklichkeit mit großen Schmerzen verbunden, und ich bin gar nicht sicher, ob ich diese Amputation (die wievielte, um Gotteswillen, nachdem ich Architektur, das Zeichnen, Theater und weiß-Gott-was-noch-alles, ausgemerzt habe) ohne Schaden zu nehmen überstehen werde.“

Die Bedenken waren nur zu berechtigt. Denn zwar machte er sich in der Bibliothèque Nationale daran, die Anfänge der Soziologie bei den gegenrevolutionären Autoren des frühen 19. Jahrhunderts aufzuspüren. Fatalerweise aber lag die Bibliothèque Nationale mitten in der Stadt Paris, und Nicolaus hoffte, hier vor allem auch „die Leichtigkeit des Seins zu finden", wie er in den Erinnerungen schreibt. Damit war nun allerdings die Erarbeitung einer Habilitationsschrift nicht recht kompatibel. Jetzt bestätigte sich, was Carl Schmitt 1960 zu Julien Freund über Nicolaus Sombart sagen sollte: er sei „ein begabter, aber etwas dekonzentrierter junger Mann". Nicolaus war klug genug, das frühzeitig zu erkennen und auch sowohl in seinen Briefen an die Mutter wie an Carl Schmitt auszusprechen. An letzteren schreibt er am 27. Dezember 1951, die Stadt sei „interessanter [...] als es ein wissenschaftliches Buch verträgt".

In der Tat, die Pariser Attraktionen, intellektuelle wie vor allem auch erotische, erwiesen sich als stärker und verhinderten, dass das „BUCH" zustande kam. Mit „BUCH" ist die Habilitationsschrift gemeint. Dass Nicolaus sie in seinen Briefen in Versalien setzt, zeigt an, wie schwer sie auf ihm lastete. Zwar arbeitete er durchaus in der Bibliothek und vermeldete regelmäßig Lesefrüchte nach Plettenberg, doch zur konzentrierten Verarbeitung des Gelesenen kam es nicht. Bibliotheksarbeit war für ihn nicht so sehr harte Arbeit als vielmehr eine ästhetisch-künstlerische Lebensform: Er führe, schreibt er am 6. März 1952 an Schmitt, „eine ganz livresque Existenz". Der Mutter gegenüber ist er offener; ihr schreibt er am 24. Januar 1952 einen sechsseitigen und bemerkenswert selbstkritischen Bekenntnisbrief (Anhang Nr. 6). Corina zeigte sich in ihren Briefen an Schmitt dann auch besorgt über die Ablenkungen, denen der Sohn in Paris erlag, und Schmitt musste ihr zustimmen; für ihn war Nicolaus ebenfalls ein „Sorgenkind". So sehr er aber auch eine Beute war für den Pariser Amüsierbetrieb – entscheidend für den Fehlschlag seiner Habilitation war nicht das Zerstreuungsangebot dieser Stadt; entscheidend war, dass Nicolaus sich für seine Arbeit Carl Schmitt zum Maßstab nahm. Dessen Bild hatte er „als Ansporn" auf den Schreibtisch gestellt (14.10.1952), doch dieses Ideal zu erreichen, lag jenseits seiner Möglichkeiten.

Als das Stipendium der Deutschen Forschungsgemeinschaft, wie die Notgemeinschaft inzwischen hieß, auslief, und der Habilitand sich genötigt sah, die Karten auf den Tisch zu legen, stand er mit leeren Händen da. Jetzt sah er sich vor dem Problem, einen Rechenschaftsbericht abliefern zu müssen. „Was soll ich berichten?", fragte er sich mit offensichtlicher Berechtigung und war bedrückt, „dass man in Deutschland anfängt, mich für einen Hochstapler zu halten." (19.12.1954).

Nicolaus Sombart konnte schließlich nicht länger der Notwendigkeit ausweichen, seinen Lebensunterhalt selbst zu verdienen. 1954 wurde er Beamter beim Europarat in Straßburg, was er für die nächsten dreißig Jahre bleiben sollte. Seine materielle Existenz war damit gesichert. Im gleichen

Jahr verheiratete er sich mit Thamara Khoundadzé, „einer recht hübschen und intelligenten Pariserin“, wie Corina an Schmitt berichtet. Mit ihr bezog er ein Haus in Kolbsheim bei Straßburg und bekam in den folgenden Jahren vier Kinder. Auch das familiäre Glück also war gemacht. Trotzdem zeigte Nicolaus sich unzufrieden. Den Europarat empfand er als „lebenden Leichnam“, auf dem er sich parasitär angesiedelt habe (6.12.54). Von dem Projekt der Habilitation und einer Universitätskarriere mochte er sich nicht endgültig verabschieden, weswegen er in Berlin vorfühlte, sich dort aber eine kühle Abfuhr einhandelte. Ebenso zerschlugen sich Pläne, mit Hilfe von Heinrich Popitz an der Sozialforschungsstelle Dortmund zu reüssieren. 1957 machte er einen weiteren Versuch und nahm Verbindung zu dem Freiburger Politologen Arnold Bergsträsser auf. Nach den Erfahrungen von Paris wollte er diesmal seine Ansprüche von vornherein nicht zu hoch hängen. Gerade das tat er aber dann doch, indem er sich wiederum niemand anderen als Carl Schmitt und seine „Politische Theologie“ von 1922 zum Vorbild wählte:

> „Ich werde nicht eine große historische, sondern eine kurze, quasi analytische Arbeit machen ‚Prolegomena zu einer Soziologie der Internationalen Organisationen‘ im Stil – wenn ich mir diesen Vergleich erlauben darf – Ihrer Soziologie des Souveränitätsbegriffs in der Weber-Festschrift.“ (24.8.1957).

Wie schon bei dem Wunsch, sich mit seiner Dissertation neben Carl Schmitt im gleichen Verlag zu sehen und wie bei dem Pariser Habilitationsversuch, bei dem er Schmitts Bild auf dem Schreibtisch stehen hatte, nahm ihn Nicolaus auch hier wieder zum Maßstab und wiederholte den Fehler, seinen Anspruch in eine ihm nicht erreichbare Höhe zu schrauben. So kam auch der Freiburger Anlauf zur Habilitation nicht über den Status des Projektes hinaus. Statt die Gründe des erneuten Scheiterns bei sich selbst zu suchen, führte Nicolaus es „auf den Einfluss von Intrigen“ zurück. Er sei, wie er resigniert an Schmitt schrieb, dazu verurteilt, als „Beamter zweiter Klasse (zur ersten Klasse fehlt das übrige sehr) mit kultiviertem Feierabend“ zu enden (5.2.1958).

Als Carl Schmitt 1958 seine Sammlung verfassungsrechtlicher Aufsätze herausbringt, versieht er jeden Beitrag mit einem Kommentar, in dem die jeweilige „konkrete Situation“ erläutert wird und dem Leser, wie es im Vorwort heißt, der „Durchblick“ erleichtert werden soll. An Nicolaus schreibt er am 2. Februar 1958, dass er ihn in diesen Bemerkungen „natürlich“ auch einmal zitiere. Zugleich fragt er nach dem Fortgang der Habilitation. Das stürzt Nicolaus in eine tiefe Depression. Sah er sich doch in jener Zitierung Schmitts mit seinen beiden Übervätern gleichzeitig konfrontiert. Der Nachruhm von Werner Sombart und Carl Schmitt ist gesichert und wird anhalten, während er mit seiner Produktion zu baldigem Vergessen verurteilt ist:

„In fünfzig Jahren wird dann der Doktorand, der Ihre jetzt gesammelten Aufsätze durcharbeitet, die Erwähnung eines ‚N.' Sombart für einen Druckfehler halten. Oder aber sein Professor wird ihm vorschlagen doch einmal herauszubekommen, was es mit diesem apokryphen Autor für eine Bewandtnis hat – wobei sich dann aber herausstellen wird, dass der Stoff für eine Dissertation nicht ergiebig genug ist … Immerhin danke ich Ihnen dafür, mir eine Chance zu geben, an den Rockschößen Ihres Denkens in die Ewigkeit einzugehen …" (5.2.1958).

Für Schmitt war klar, dass der erste Habilitationsversuch letztlich nicht an Paris gescheitert war. Die Stadt mit ihren Dekonzentrierungsangeboten lieferte lediglich die Anlässe, war aber nicht Ursache für die Probleme von Nicolaus. Das wurde offenbar, als er sich fern von Paris mit den geordneten Verhältnissen in Straßburg nicht abfinden mochte. Auf seine Klagen antwortete Schmitt lange nicht. Schließlich aber wird es ihm zu bunt und er wäscht Nicolaus den Kopf: „Du schreibst unzufrieden; womit bist Du eigentlich unzufrieden? Ich beneide Dich darum, dass Du im Elsass wohnst. Du scheinst die wirkliche Welt noch gar nicht zu kennen." (18.2.1959).

Das BUCH brachte Nicolaus nicht zustande. Was er stattdessen publizierte, waren – wie er selbst sagt (Pariser Lehrjahre, S. 61 f.) – „Schmonzetten", Zeitungs- und Zeitschriftenbeiträge, die er mit seiner flotten Feder schnell herunter schrieb; auch, weil er „dem Honorar nicht widerstehen" konnte (5.2.1957). Die Kritik an Carl Schmitt, den er, wie schon in seinen studentischen Referaten, immer ausgiebig verwertet, findet sich in diesen Publikationen zunächst nicht, doch muss sie frühzeitig dagewesen sein. Nicolaus sagt in den „Pariser Lehrjahren", dass seine Absetzbewegung von Schmitt Anfang 1951 mit der Bekanntschaft von Émile Cioran begann. Cioran war in gewisser Weise das genaue Gegenbild zu Nicolaus Sombart. Am 17. Januar 1951 schildert er ihn Schmitt mit allen Anzeichen äußersten Widerwillens und zeigt sich entsetzt über dessen „unsagbar unsympathische ‚mine', mit abgeknabberten Fingernägeln und verdrucktem Fragen". Schmitt machte sich einen Spaß daraus, diesen bourgeoisen Ekel mit einer kleinen Provokation zu beantworten: „Was Du von Cioran schreibst, entspricht dem Bild des echten Kynikers." Ausschlaggebend wurde dann, so sagt Nicolaus, Ciorans Buch „Histoire et utopie" von 1960, dessen nihilistische Radikalität ihm den Atem verschlagen habe und bei dem ihm die Übereinstimmung mit Schmitts „Begriff des Politischen" aufgegangen sei. Was er aber auch an sachlichen Argumenten gegen Cioran anführen zu können glaubt – es war vor allem der Degout des gepflegten Flaneurs angesichts eines modernen Diogenes in der Tonne, der ihm ganz und gar inkommensurabel war.

So waren zwar die Konflikte zwischen Carl Schmitt und Nicolaus Sombart früh schon da, blieben aber im Briefwechsel lange Zeit verdeckt. In den fünfziger Jahren scheint das herzliche Einverständnis zwischen beiden noch ganz ungetrübt. Erst mit der Veränderung des Zeitgeistes im folgenden

Jahrzehnt änderte sich das. Nicolaus hatte nach wie vor universitäre Ambitionen und übernahm hier und da Lehraufträge. Dabei dürfte ihm klar geworden sein, was Jacob Taubes einmal feststellte: dass kein Dozent der Politikwissenschaft oder Soziologie an der Universität etwas werden kann, wenn er nicht zuvor einen Tritt in den Hintern Carl Schmitts getan hat. Außerdem wird er bemerkt haben, dass der Absatz seiner Schmonzetten erheblich zu befördern war, wenn er Schmitt darin als bête noir auftreten ließ und das auch noch mit dem Anspruch höchster Quellenauthentizität – „Ich kannte ihn wie kein anderer" – verbinden konnte.

Er wagte es aber zunächst nicht, seine Kritik offen zu formulieren, schon gar nicht Schmitt selbst gegenüber. Stattdessen praktizierte er die Methode des „Er schlägt den Sack und meint den Esel." Damit musste er Schmitt besonders treffen; hatte der sich doch immer wieder gegen die „indirekten Mächte" positioniert. Ein erster Höhepunkt dieser indirekten Kritik war das 1965 publizierte Büchlein „Krise und Planung". Es enthält hauptsächlich einen Aufsatz über Planung und Planetarisierung, der vermutlich auf Arbeitspapieren des Europarates basieren dürfte und der im Vorjahr bereits in der Zeitschrift „Merkur" veröffentlicht worden war. Nicolaus verwendet hier Schmitt'sche Begriffe – pouvoir spirituel, Großraum, Ortung und Ordnung, Entortung – und hat keine Hemmungen, einen Abschnitt mit „Der neue Nomos der Erde" zu überschreiben, nennt aber den Urheber aller dieser Prägungen mit keinem Wort.

Dafür bemüht er sich, dessen Begrifflichkeit mit dem Jargon eines Optimismus verbreitenden Europabeamten ins Gegenteil zu verkehren. Wo Schmitt den Staat zugunsten von Großräumen verabschiedet, bei aller beschriebenen Planetarisierung aber jeden Universalismus strikt zurückweist und am Gegensatz von Freund und Feind, Innen und Außen festhält, propagiert Nicolaus Sombart die Eine Welt, in der unter der Regierung der Vereinten Nationen die Unterscheidung von Innen und Außen obsolet und der ewige Friede einkehren wird. Und dann schlägt er auf diejenigen ein, denen diese beste aller Welten nicht geheuer ist: „Ganz besonders schlaue Politologen" würden meinen, dass nur Feinde, die sich gegenseitig anerkennen, den Frieden sichern könnten. Von den Notwendigkeiten planetarischer Planung her aber sei der Feind neu zu bestimmen: „‚Feind' ist derjenige, der den Plan verhindert. Im technischen Sinne ein Saboteur; im moralischen der Friedensstörer; im juristischen ‚hostis generis humani' wie weiland der Pirat." Nationalstaaten seien überholt und der „Souveränitätsfetischismus bestimmter Kreise" habe nur noch „den Charakter einer lokalen Kuriosität". Soziologisch angeleitete planetarische Planung unter der Regie der Vereinten Nationen dagegen stifte „die Grundlage für einen neuen Nomos der Erde", sprich eine universale Welt. Der Soziologe, der auf deutscher Seite dafür die entscheidenden Impulse liefere, sei – in der Nachfolge Saint-Simons – Alfred Weber.

Nicolaus schickte den Merkur-Aufsatz 1964 zum Geburtstag nach Plettenberg und dann ebenso ein Exemplar des Buches, das er sogar mit einer Widmung versah: „Ein ‚Buch'? / Für Carl Schmitt in Erinnerung an lange vergangene Zeiten im Vorgriff auf noch nicht erstorbene Hoffnungen! / N. S. 1965". Der Empfänger ist einigermaßen sprachlos ob solcher Unverfrorenheit; er quält sich mit einem Antwortbrief. Nachdem er einen ersten vom 9. November verworfen hat, schreibt er am 12. November 1965 und reagiert mit einem Spottvers: „Weber neben Saint-Simon zu setzen / Heißt ein Protokoll verletzen." Im Übrigen geht er auf den Text nicht ein, lässt aber keinen Zweifel daran, was er davon hält: „Ich störe Dich nicht in Deinem Selbst-Verständnis. Du musst es wissen. C'est ton affaire à toi. Continue comme ça, si tel est ton plaisir." Eine Bemerkung kann er sich schließlich doch nicht versagen: Was die Feindschaft betreffe, so sei Nicolaus näher „bei dem längst entmilitarisierten Ernst Jünger" als es ihm angenehm sein könne.

Hat Nicolaus dieser Vergleich getroffen? Jedenfalls nimmt er sich jetzt Ernst Jünger vor. Blieb sein Aufsatz über den „Arbeiter" von 1965 noch sachlich und ließ Schmitt sich darüber noch auf eine Diskussion ein, in der er – Corina gegenüber – seine zustimmenden wie ablehnenden Gesichtspunkte abwägt, so verschlug ihm die keinerlei Abwägung mehr zulassende Aggression im nächsten Beitrag über Jünger die Sprache. In der „Streit-Zeit-Schrift" vom September 1968 markierte Nicolaus Ernst Jünger als absoluten Feind und scheute sich nicht, ihn mit Hitler und Eichmann gleichzusetzen; man müsse ihn „meiden wie einen räudigen Hund". Mutter Corina, mit Jünger seit Jahrzehnten persönlich bekannt, reagiert verschreckt und beeilt sich in ihrem letzten Brief an Schmitt, ihm ihr Befremden zu versichern. Auch Ernst Jünger fragt irritiert bei ihm an, was diese maßlose Invektive zu bedeuten habe. Sie sei für ihn, der Nicolaus ebenfalls schon lange persönlich kannte und ein freundschaftliches Verhältnis mit ihm zu haben glaubte, ein „psychologisches Rätsel". Schmitt antwortet wie ein Vater, der sich mit berechtigten Vorwürfen gegen den Sohn konfrontiert sieht, diesen aber nach außen verteidigt. Er habe seit Jahren keinen Kontakt zu Nicolaus mehr und könne nicht viel dazu sagen, schreibt er Jünger. Offenbar aber seien „persönliche Affekte" bei Nicolaus verantwortlich sowie die allgemeine Unsicherheit, die der „Umschwung" von 1968 mit sich gebracht habe.

Jeder gesellschaftliche Umschwung hat seine Modewissenschaft, und das war in diesen Jahren die neue Disziplin der Friedensforschung. In den „Frankfurter Heften" schlägt Nicolaus sich Ende 1968 emphatisch für sie in die Bresche. Im Glauben an den Fortschritt und mit ungebrochenem Bezug auf die Aufklärung sieht er in ihr das Mittel, den ewigen Frieden herzustellen. Für die Politikwissenschaft heiße das: Statt die „Mystifikationen" der Macht zu pflegen, müsse sie in deren Tabuzonen einbrechen und ihr „Arkanum" mit Hilfe der Psychoanalyse bloßstellen. Charakteristischerweise treten Prediger des ewigen Friedens mit einem besonders ausgeprägten bellizistischen Vokabular auf; sie rufen auf „zum letzten Gefecht". So auch hier: Friedensforschung bedeutet zunächst einmal Kriegserklärung, die sich damit rechtfertigt, dass es sich um einen Krieg zur Beendigung aller Kriege handelt. In einem weitgehend textidentischen Aufsatz mit dem Titel „Friedensforschung – Ziele und Aufgaben" in „Das Parlament" vom 14. August 1971 tritt die Aggressivität dieser Friedensforschung noch offener zutage, und es wird auch deutlich, wer hier als Feind angesprochen ist:

> „Die letzten Bastionen politischer Theologie müssen geschleift werden. Es versteht sich von selbst, daß dieser wissenschaftliche Zugriff nicht nur Eulen und Fledermäuse aus säkularem Dämmer scheuchen wird: es wird auch geschossen werden!"

Damit war unmissverständlich der Autor der „Politischen Theologie" gemeint, eines Werkes, das Nicolaus 1957 noch als Vorbild für seine Habilitationsschrift hatte dienen sollen. Davon ist nun keine Rede mehr; jetzt muss jene Theorie „geschleift" und gegen ihre Vertreter „geschossen" werden. Wiederum bedient sich der Angriff indirekter Mittel. Nicolaus vermeidet es sorgfältig, den Namen Schmitt zu nennen. Stattdessen schlägt er auf einen „Schmitt-Schüler" ein, nämlich den französischen Politikwissenschaftler Julien Freund, den er schon in seinem Planetarismus-Text als Feind markiert hatte. Um aber letzte Zweifel auszuräumen, wer in Wahrheit gemeint ist, schreibt er: „Julien Freund und seinesgleichen".

Zu dieser neuerlichen indirekten Attacke, die ihn unter „seinesgleichen" erscheinen lässt und damit kriminelle Kumpanei konnotiert, äußerte Schmitt sich gegenüber Nicolaus nicht. Ernst Forsthoff aber offenbart er in einem Brief vom 21. April 1969, wie sehr er getroffen ist und dass es ihm der Angriff von Nicolaus „unmöglich macht, in der alten unbefangenen Weise mit ihm oder seiner Mutter zu sprechen. Derartige Erfahrungen verschärfen die Altersdepressionen zu einem tödlichen Leiden." Auch Julien Freund versuchte er den Fall zu erklären, konnte aber schließlich nur sagen: „Nicolas Sombart me faisait l'impression d'une homme mécontent, et peut-être malade." [Nicolaus Sombart machte auf mich den Eindruck eines unzufriedenen, vielleicht auch kranken Mannes.] An dem Plädoyer für die Friedensforschung mochte Schmitt vor allem enttäuscht haben, wie wenig Nicolaus mit seiner naiven Hoffnung auf den ewigen Frieden von ihm gelernt hatte. Er glaubt, der Krieg höre auf und der ewige Friede kehre ein, wenn erst die Feinde des Friedens ein für allemal vernichtet sind. Das aber beendet die Feindschaft nicht, sondern ruft sie in um so schärferer Form gerade hervor. Am gefährlichsten sind die „Vernichter der Vernichter", heißt es im „Glossarium".

Erst nach mehr als zwei Jahren gibt Schmitt wieder ein Lebenszeichen an Nicolaus. Er schickt ihm einen Sonderdruck seines Aufsatzes „Über zwei große ‚Dualismen' des heutigen Rechtssystems" von 1939. Die Widmung nimmt Bezug auf Nicolaus' Propagierung des ewigen Friedens mittels einer universalen Welt, die die Grenze zwischen Innen und Außen annulliert: „Innen-Politik ist Polizei, nicht Politik. Welt-Innen-Politik ist Welt-Polizei, nicht Welt-Politik. Ich ziehe Politik der Polizei vor!“ Diese Sendung kam ohne begleitenden Brief und enthielt als persönliches Wort nur die Widmung. Doch Schmitts Unterstreichungen und das Ausrufungszeichen zeigen, wie sehr ihn der Angriff immer noch beschäftigte. Im Übrigen herrschte in diesen Jahren Funkstille zwischen den Briefpartnern.

Nach weiteren zwei Jahren schreibt Schmitt am 20. Juni 1973 wieder einen kurzen Brief. Die Erinnerung an die Spaziergänge mit dem jungen Nicolaus sind für ihn ein bleibender schöner Traum, den er sich durch den „Fraß“, den ihm der erwachsene Nicolaus regelmäßig vorsetzt, nicht zerstören lassen möchte. Er verspürte den lebhaften Wunsch einer Wiederbegegnung: „Ich (habe) mir meine Erinnerungen an unsere Dahlemer Spaziergänge immun zu halten gewußt. Nicht anzuraten ist jeder Fraß denen, die träumen.“ Tatsächlich kam es erneut zu Begegnungen, und 1976 lebt auch die Korrespondenz noch einmal auf. Im Anschluss an einen Besuch bei Schmitt schreibt Nicolaus ihm am 24. Februar dieses Jahres: „Ich bin noch tief bewegt durch die Wiederbegegnung mit Ihnen, der seit meinen Jünglingsjahren die geistig bestimmende Gestalt meines Lebens ist.“ Er möchte Schmitt herzlich „für die Freundschaft und Gastlichkeit danken, mit der Sie den verlorenen Sohn aufgenommen haben“. Und auch Schmitt unterschreibt am 24. August einen Brief mit „Lots of love“. Die alte Liebe brach wieder durch, der „Traum“ schien von dem „Fraß“ separiert zu sein. Auch für Nicolaus blieb die Erinnerung an die Spaziergänge ein anhaltendes und starkes Moment: „Beim Ordnen alter Briefschaften gedachte ich mit Wehmut der schönen Zeiten, in denen wir regelmäßig korrespondierten! Aber was war das, verglichen mit den Gesprächen auf unseren Spaziergängen im Grunewald!“ (31.12.1977). Und ein halbes Jahr später heißt es: „Ich bin in den letzten Monaten tief versunken in Grunewalder Spaziergang-Erinnerungen.“ (13.6.1978).

Seine wehmütigen Erinnerungen halten Nicolaus nicht davon ab, das Verhältnis zu Schmitt mit weiteren Veröffentlichungen zu strapazieren. Als 1976 das Buch von Martin Green über die Richthofen-Schwestern in deutscher Übersetzung erschien, glaubt Nicolaus den Schlüssel für das Verständnis seiner Väter- und Großvätergeneration gefunden zu haben. Greens Buch enthüllt – haarscharf an der Grenze des Klatsches – das bewegte Liebesleben von Else und Frieda von Richthofen, in das auch Alfred und Max Weber gehörten. Nicolaus liest das wie eine Offenbarung: Das Kaiserreich sei „psychohistorisch“ bestimmt gewesen durch den Gegensatz von sexualfeindlichem, patriarchalisch-autoritärem Machtstaat auf der einen (Berliner) Seite und andererseits von dessen anarchistisch-libertärem Gegenpol in der Münchener Bohème, der aus dem Mythos des Matriarchats seine Energien bezog. Die Psychoanalyse wird für Nicolaus zum hermeneutischen Instrument, wobei er sich an deren mit dem Namen Otto Gross verbundene radikal-anarchistische Spielart hält. Gross, der nur Spezialisten noch bekannt war, lernt er durch das Buch von Green kennen. Auch jetzt muss Nicolaus die Erfahrung vom Hasen und dem Igel machen: Das, was für ihn eine sensationelle Neuentdeckung bedeutete, war Carl Schmitt längst bekannt. Er hatte Otto Gross schon 1922 in seiner „Politischen Theologie" – freilich mit einem ganz anderen Interesse als Nicolaus – zitiert. Schmitts Gross-Kenntnis sowie seine Erfahrung mit der Münchener Bohème und Theodor Däubler, machen ihn für Nicolaus plötzlich wieder spannend. Däublers „Nordlicht" liest er nun in dem noch unaufgeschnittenen Exemplar der Straßburger Universitätsbibliothek, „angeschafft zu der Zeit, da Sie hier promovierten [...] Seite für Seite, Zeile für Zeile". Die Korrespondenz belebt sich noch einmal.

Über Otto Gross konnte er mit Schmitt diskutieren, ohne dass dieser sich erregen musste. Dagegen wurden Alfred und Max Weber zum spitzen Stein des Anstoßes. Nicolaus hob den einen in den Himmel, während er den andern vom Sockel stürzen wollte. Max Weber erscheint bei ihm als ein hochgradig neurotischer Repräsentant des preußischen Machtstaates. Den Bruder Alfred Weber aber feiert er in der FAZ vom 12. August 1977 als bedeutenden Denker und beendet seinen Artikel mit dem Satz: „Max Weber, wird man fragen, wer war das? Ach ja, der ältere Bruder von Alfred." Das konnte Schmitt wiederum nur als einen Stellvertreterkrieg gegen ihn selbst verstehen. So wenig er nämlich von dem „Lemurentyp" (26.12.1955) Alfred Weber hielt, der ihm zu seicht und verschwommen war, so hoch schätzte er die erschöpfende Präzision des Bruders Max Weber, dessen Einladung zur Teilnahme an seinem Dozentenseminar 1919/20 er stolz in sein Exemplar von „Wirtschaft und Gesellschaft" eingeklebt hatte. Nicolaus aber betreibt in seinem Aufsatz nichts weniger als die Zertrümmerung des Wissenschaftsheros Max Weber; nicht etwa, indem er sich mit dessen Werk auseinandersetzt, sondern indem er die Person seines Urhebers auf die Couch legt, um eine schwere Sexualneurose zu diagnostizieren. Webers Ausführungen zur politischen Macht seien nur die Rationalisierung der eigenen Ohnmacht. Er sei in die Wissenschaft ausgewichen, wo seine Arbeitswut ihn krank und liebesunfähig gemacht habe. Sombart kritisiert Max Weber mit den gleichen Argumenten, die er dann – post mortem – auch gegen Carl Schmitt ins Feld führen sollte: Er sei ein zwangsneurotischer, frauenfeindlicher Machtmensch und Vertreter eines „Gewaltsamkeitspragmas". Die eigene politische Ohnmacht habe ihn dazu gebracht, die Staatsgewalt zu verherrlichen.

Henning Ritter hat Nicolaus darauf hingewiesen, dass seine Weber-Kritik mit seinem Verhältnis zum Vater Werner Sombart zusammenhänge und er mit der Ablehnung Max Webers nur Probleme des eigenen Lebens verarbeite: „Stellen Sie sich vor, es hätte Max Weber nicht gegeben. Wie stünde Ihr Vater da: als der größte Soziologe des Jahrhunderts." Mit Werner Sombart ist aber bei Nicolaus immer auch Carl Schmitt gemeint. Beide sind ihm wilhelminische Vertreter des preußisch-autoritären Machtstaates; beide sind machtfixierte sexualpathologische Zwangscharaktere. Nicolaus selbst hat in seinem letzten Brief an Schmitt vom 23. August 1979 durchaus den Zusammenhang gesehen:

> „Mir ist auch durchaus bewusst, dass mein obstinates Eindringen in die Wilhelminische Zeit zu dieser permanenten Auseinandersetzung mit meinem Vater gehört. Und das muss ich auch von meiner, davon nicht zu trennenden, Beschäftigung mit Ihnen und Ihrem Oeuvre sagen."

Was hier neutral „Beschäftigung" genannt ist, verstand Carl Schmitt, wie er am 18. November 1976 an Armin Mohler und am 21. November an Hans-Dietrich Sander schrieb, zutreffender als ritualen Vorgang eines Vatermordes. Gegenüber Nicolaus reagierte er am 10. Dezember 1976 äußerst gereizt: „Du schreibst mir: l'initié tue l'initiateur. Eh bien, continuez [!] comme ça. [Der Eingeweihte tötet den Einweihenden. Nun, fahren Sie so fort.] Übrigens weißt Du ja: Jeder kann jeden töten – homo homini homo – und wer es noch nicht getan hat, der hat seinen Mord vielleicht noch zu begehen." Max Weber, schrieb Schmitt an Nicolaus weiter, sei für ihn kein psycho-pathologisches, sondern ein politisches Thema. Das verfehle er völlig, wenn er glaube, mit dem Ausbreiten von Bettgeschichten den Mann erledigen zu können. Auch die Berufung auf die Schwabinger Bohème, die Nicolaus als positives Gegenbild gegen Preußen in Stellung bringen möchte, und vor allem die Vereinnahmung Theodor Däublers dafür weist Schmitt als abwegig zurück. „Das alles irritiert mich, ohne mich durch neue Einsichten zu stärken."

Im Nachlass Schmitts finden sich zu der Max-Weber-Kritik von Nicolaus Notizen, und der scharfe, nicht abgeschickte Brief Schmitts vom 13. November 1976 hat mehrere Entwürfe, die noch schneidender formulieren und seine Betroffenheit anzeigen. Auf einem dieser Notizzettel heißt es in der für Schmitt so typischen Reimerei:

> Oh mein lieber Nicolaus,
> an Deinem Bilde
> fehlt diese milde,
> fehlt diese wilde,
> Ludendorff-Feldherrnpäpstin
> fehlt mir
> Mathilde.[424]

Mehr als solchen Spott hatte Schmitt für die psychohistorischen Thesen von Nicolaus nicht übrig; auf eine ernsthafte Diskussion darüber mochte er

---

[424] Unter „Mathildismus", also den kruden Vorstellungen Mathilde Ludendorffs, verstand Schmitt eine „abgeschlossene Halbbildung"; vgl. BW Mohler, S. 161.

sich nicht einlassen. Er bittet ihn, nicht mehr anzurufen, seine Gesprächsfähigkeit sei erschöpft. Die Formel, mit der er seine Korrespondenz mit Ernst Jünger abbrach, verwendet er ebenso bei Nicolaus: „capisco et obmutesco", ich habe verstanden und verstumme. Dritten gegenüber verschärft er sie noch. Auf jenem Zettel steht auch ein mit dem Datum des 26. April 1977 versehener stenographische Vermerk zu einem Brief an Hansjörg Viesel, in dem es heißt: „Nicolaus Sombarts neueste Bekundungen lassen mich verstummen. Capisco – capisco et obmutueris", ich habe verstanden und du hättest besser geschwiegen.

Damit ist die Beziehung von Carl Schmitt und Nicolaus Sombart an ihrem Ende. Es ist die alte Geschichte des Aufstands gegen den Vater, wobei beide emotional nicht voneinander loskommen. Nicolaus hatte zwei Überväter, die erdrückend auf ihm lasteten. Seinem alten leiblichen Vater, eigentlich ein Großvater, konnte er nur mit Scheu und Verehrung begegnen. Dass er starb, bevor Nicolaus sein Studium aufnahm, war in gewisser Weise eine Befreiung. Dem anderen Vater brachte der Ziehsohn nicht nur Verehrung, sondern vor allem auch Liebe entgegen. Er nahm ihn sich als Vorbild und wollte werden wie er. Aber dieser Vater verkörperte eine geistige Autorität, die je zu erreichen Nicolaus keine Chance hatte. So musste sein Verhältnis zu Schmitt immer schwieriger werden, je länger dieser lebte, und er lebte sehr lange.

Zu einem letzten Zusammentreffen der beiden kam es an Schmitts 90. Geburtstag. Nicolaus war zu der Feier am 11. Juli 1978 in Plettenberg nicht eingeladen, kam aber trotzdem und wurde von Carl Schmitt als verlorener Sohn willkommen geheißen. Das versöhnliche Bild dieser Begegnung war jedoch nur ein dünner Firnis. Schon bald darauf, im Wintersemester1980/81, hielt Nicolaus Sombart an der Gesamthochschule Wuppertal eine Vorlesungsreihe über Carl Schmitt unter dem Oberthema: „Der Hexenmeister der Konservativen". Hier wurde er mit seiner Kritik direkt wie nie zuvor. Das regte den alten Mann im nahen Plettenberg aufs höchste auf; Notizen dazu im Nachlass dokumentieren seine Verstörtheit. Das letzte Buch, das Schmitt las und mit seinen Anstreichungen versah, war 1984 „Jugend in Berlin". Nicht mehr erleben musste er dann 1991 die erweiterte Neuauflage dieses Buches. Dort ist dem Spaziergänge-Kapitel ein kleiner Absatz hinzugefügt, in dem Nicolaus den Mordvorwurf Schmitts („l'initié tue l'initiateur") umdreht und gegen Schmitt wendet: dieser sei ein Mörder gewesen.

So blieb Nicolaus Sombart auch nach dem Tod seines Ziehvaters hochemotional auf Carl Schmitt fixiert, wobei die negativen Züge immer mehr in den Vordergrund traten. Die positiven Züge von Nicolaus Sombart dagegen – seine Courtoisie und Großzügigkeit, seine Begabung zur Freundschaft, auch seine Hilfsbereitschaft besonders Jüngeren gegenüber – bleiben im Spiegel seiner Briefe an Carl Schmitt eher im Hintergrund.

Personenregister

(Die Namen der Briefautoren bleiben unberücksichtigt.)